职业教育人工智能技术应用专业系列教材

人工智能应用基础

主　编　张　健　王小佳

参　编　南楚希　卞成华　厉菲菲

机械工业出版社

本书旨在为高职学生提供人工智能应用基础的学习指南，既涵盖了人工智能的基础理论，也包含了其在实际领域中的广泛应用，同时注重应用人工智能工具进行实际操作技能的训练，比较符合高职的教学特点以及高职学生的认知特点。全书共分7章，第1章为人工智能概述，介绍人工智能的发展历程；第2章为人工智能的技术支撑，介绍大数据、云计算、学习算法等核心要素；第3章为Python基础，介绍Python的基本语法，通过一系列项目实例，使读者掌握Python编程技巧；第4章为计算机视觉；第5章为语音信号处理技术；第6章为大语言模型，介绍其关键技术，通过项目实例，使读者掌握实践应用；第7章为人工智能的行业应用与职业规划。每章设置了本章导学、学习目标和学习导览，方便读者进行相关内容的学习。章后设置了本章小结和习题，以加深读者对知识点的掌握。希望通过本书的学习，使读者切实掌握人工智能应用基础，把握人工智能的时代风口，在未来的智能时代中大有作为。

为方便教学，本书配有电子课件、习题答案、模拟试卷及答案等，凡选用本书作为授课教材的教师，均可登录机械工业出版社教育服务网（www.cmpedu.com）免费领取。咨询电话：010-88379375。

图书在版编目（CIP）数据

人工智能应用基础 / 张健，王小佳主编. -- 北京：机械工业出版社，2025.5（2025.8重印）. -- (职业教育人工智能技术应用专业系列教材). -- ISBN 978-7-111-77842-4

Ⅰ. TP18

中国国家版本馆CIP数据核字第2025D348R4号

机械工业出版社（北京市百万庄大街22号　邮政编码100037）
策划编辑：高亚云　　　　　　责任编辑：高亚云　章承林
责任校对：郑　雪　刘雅娜　　封面设计：王　旭
责任印制：常天培
北京联兴盛业印刷股份有限公司印刷
2025年8月第1版第2次印刷
184mm×260mm・13.75印张・340千字
标准书号：ISBN 978-7-111-77842-4
定价：43.00元

电话服务　　　　　　　　　　网络服务
客服电话：010-88361066　　　机　工　官　网：www.cmpbook.com
　　　　　010-88379833　　　机　工　官　博：weibo.com/cmp1952
　　　　　010-68326294　　　金　书　网：www.golden-book.com
封底无防伪标均为盗版　　　　机工教育服务网：www.cmpedu.com

PREFACE 前 言

  本书是依照高职人工智能技术应用专业人才培养目标的要求，同时兼顾计算机相关专业的培养方案编写而成的。全书教学时数为 48~64 学时。

  本书在编写过程中，落实立德树人根本要求，将素质培养融入知识学习与技能训练中，同时考虑到高职学生的认知规律，简化了冗长的理论介绍，通过丰富的项目实例，生动地展现人工智能应用。

  全书共分 7 章，第 1 章为人工智能概述，介绍人工智能的发展历程；第 2 章为人工智能的技术支撑，介绍大数据、云计算、学习算法等核心要素；第 3 章为 Python 基础，介绍 Python 的基本语法，通过一系列项目实例，使读者掌握 Python 编程技巧；第 4 章为计算机视觉；第 5 章为语音信号处理技术；第 6 章为大语言模型，介绍其关键技术，通过项目实例，使读者掌握实践应用；第 7 章为人工智能的行业应用与职业规划。每章设置了本章导学、学习目标和学习导览，方便读者进行相关内容的学习。章后设置了本章小结和习题，以加深读者对知识点的掌握。

  本书由无锡科技职业学院张健、王小佳主编，南楚希、卞成华、厉菲菲参与编写。其中，第 1 章由张健编写，第 2 章由厉菲菲编写，第 3 章由南楚希编写，第 4~6 章由王小佳编写，第 7 章由卞成华编写。全书由张健统稿。

  限于编者水平，书中难免有疏漏错误之处，恳请读者批评指正，以便修正，让更多读者受益。

编 者

目 录 CONTENTS

前言
第1章 人工智能概述 ……………………………………………………………… 1
　【本章导学】 …………………………………………………………………… 2
　【学习目标】 …………………………………………………………………… 2
　【学习导览】 …………………………………………………………………… 2
　　1.1 人工智能的概念 ………………………………………………………… 3
　　1.2 人工智能的起源和发展 ………………………………………………… 4
　　1.3 人工智能领域的代表性人物 …………………………………………… 8
　　1.4 人工智能的伦理挑战、法律问题与社会影响 ………………………… 10
　　1.5 人工智能的主要应用领域和发展趋势 ………………………………… 11
　　1.6 高职学生的角色与使命 ………………………………………………… 14
　本章小结 ……………………………………………………………………… 15
　习题 …………………………………………………………………………… 15

第2章 人工智能的技术支撑 …………………………………………………… 16
　【本章导学】 …………………………………………………………………… 17
　【学习目标】 …………………………………………………………………… 17
　【学习导览】 …………………………………………………………………… 17
　　2.1 人工智能的核心要素 …………………………………………………… 18
　　　2.1.1 核心要素 ………………………………………………………… 18
　　　2.1.2 大数据、云计算和人工智能之间的关系 ……………………… 18
　　2.2 大数据——人工智能的数据来源 ……………………………………… 19
　　　2.2.1 大数据的概念与特点 …………………………………………… 19

    2.2.2 大数据如何为人工智能提供数据燃料 20
    2.2.3 人工智能技术在大数据处理中的应用 23
    2.2.4 基于大数据的人工智能应用的案例分析 24
  2.3 云计算——后台支持 25
    2.3.1 云计算的概念、类型与模式 25
    2.3.2 云计算助力人工智能 26
    2.3.3 人工智能技术在云计算中的作用 28
    2.3.4 基于云计算的人工智能应用的案例分析 28
  2.4 学习算法——人工智能的"大脑" 30
    2.4.1 人工智能算法 30
    2.4.2 机器学习 30
    2.4.3 深度学习 33
    2.4.4 其他学习算法 35
  2.5 人工智能、云计算与大数据的技术融合 36
    2.5.1 需求分析与规划 36
    2.5.2 数据准备 37
    2.5.3 特征工程 37
    2.5.4 模型设计与训练 37
    2.5.5 部署与应用 38
    2.5.6 日常维护和持续优化 38
 本章小结 38
 习题 38

第3章 Python 基础 40

【本章导学】 41
【学习目标】 41
【学习导览】 41
  3.1 认识 Python 42
    3.1.1 Python 的发展历程 42
    3.1.2 PyCharm 的安装 43
    3.1.3 PyCharm 的使用 49
  3.2 Python 编程基础 53
    3.2.1 代码格式 53
    3.2.2 标识符、关键字和变量 58
    3.2.3 数据类型 64
    3.2.4 运算符 71
  3.3 程序流程控制 76
    3.3.1 条件判断语句 77
    3.3.2 循环语句 80

3.3.3　循环控制语句 …………………………………………………… 86
　3.4　模块（库） ……………………………………………………………… 90
　　　3.4.1　模块（库）的概念 ………………………………………………… 90
　　　3.4.2　模块（库）的安装 ………………………………………………… 91
　　　3.4.3　模块（库）的导入和使用 ………………………………………… 93
　　　3.4.4　常用模块（库） …………………………………………………… 94
　3.5　文件操作 ………………………………………………………………… 99
　　　3.5.1　文件的基本概念 …………………………………………………… 99
　　　3.5.2　文件的基础操作 …………………………………………………… 99
　　　3.5.3　os 库 ……………………………………………………………… 102
本章小结 ………………………………………………………………………… 109
习题 ……………………………………………………………………………… 109

第 4 章　计算机视觉 ……………………………………………………………… 112

【本章导学】 …………………………………………………………………… 113
【学习目标】 …………………………………………………………………… 113
【学习导览】 …………………………………………………………………… 113
　4.1　计算机视觉发展历程 ………………………………………………… 114
　4.2　计算机视觉关键技术 ………………………………………………… 115
　　　4.2.1　图像分类 ………………………………………………………… 116
　　　4.2.2　目标检测 ………………………………………………………… 116
　　　4.2.3　目标跟踪 ………………………………………………………… 117
　　　4.2.4　语义分割 ………………………………………………………… 118
　　　4.2.5　超分辨率 ………………………………………………………… 119
　4.3　百度 AI 开放平台的使用 ……………………………………………… 120
　4.4　项目实例 ……………………………………………………………… 131
　　　【项目实例 4.1】图像审核 …………………………………………… 131
　　　【项目实例 4.2】图像识别 …………………………………………… 135
　　　【项目实例 4.3】人脸识别 …………………………………………… 139
本章小结 ………………………………………………………………………… 143
习题 ……………………………………………………………………………… 143

第 5 章　语音信号处理技术 …………………………………………………… 145

【本章导学】 …………………………………………………………………… 146
【学习目标】 …………………………………………………………………… 146
【学习导览】 …………………………………………………………………… 146
　5.1　语音信号处理技术的发展历程 ……………………………………… 147
　5.2　语音信号处理基础知识 ……………………………………………… 148
　　　5.2.1　语音的产生 ……………………………………………………… 149

5.2.2　语音信号的特征 ·· 149
　5.3　语音信号处理的关键技术 ·· 150
　　　5.3.1　预处理 ·· 151
　　　5.3.2　时域分析 ·· 152
　　　5.3.3　频域分析 ·· 154
　5.4　项目实例 ·· 155
　　　【项目实例 5.1】语音的录制和播放 ·· 155
　　　【项目实例 5.2】语音识别 ·· 158
　　　【项目实例 5.3】语音合成 ·· 162
　　　【项目实例 5.4】语音情感分析 ·· 163
本章小结 ·· 166
习题 ·· 166

第 6 章　大语言模型 ·· 168

【本章导学】 ·· 169
【学习目标】 ·· 169
【学习导览】 ·· 169
　6.1　大语言模型的发展历程 ·· 170
　6.2　自然语言处理技术 ·· 171
　　　6.2.1　分词 ·· 171
　　　6.2.2　词性标注 ·· 172
　　　6.2.3　删除停用词 ·· 173
　　　6.2.4　句法分析 ·· 173
　　　6.2.5　语义分析 ·· 174
　　　6.2.6　情感分析 ·· 176
　6.3　大语言模型 ·· 176
　　　6.3.1　Transformer 架构 ··· 177
　　　6.3.2　预训练和微调 ·· 177
　6.4　项目实例 ·· 178
　　　【项目实例 6.1】词法分析 ·· 178
　　　【项目实例 6.2】文本相似度计算 ·· 181
　　　【项目实例 6.3】文本纠错 ·· 183
　　　【项目实例 6.4】对话大模型 ·· 184
本章小结 ·· 188
习题 ·· 188

第 7 章　人工智能的行业应用与职业规划 ··· 190

【本章导学】 ·· 191
【学习目标】 ·· 191

【学习导览】……191
- 7.1 智能制造——AI技术引领制造业新篇章……192
  - 7.1.1 什么是"智能制造"……192
  - 7.1.2 什么是"智改数转"……193
  - 7.1.3 AI技术在制造业中的应用……195
- 7.2 智能驾驶——AI技术引领交通未来……197
  - 7.2.1 什么是"智能驾驶"……197
  - 7.2.2 AI技术在智能驾驶中的应用……198
- 7.3 智慧金融——AI技术重塑金融服务……200
  - 7.3.1 什么是"智慧金融"……201
  - 7.3.2 AI技术在金融服务中的应用……201
- 7.4 AIGC——AI技术革新创意产业生态……203
  - 7.4.1 什么是"AIGC"……203
  - 7.4.2 AIGC技术在创意产业的关键应用场景……204
- 7.5 职业规划……206
  - 7.5.1 国家政策支持……207
  - 7.5.2 AI技术领域的岗位概览、开放平台与培训资源……207
- 本章小结……210
- 习题……210

参考文献……212

第 1 章

人工智能概述

【本章导学】

　　人工智能技术已经应用到日常生活的方方面面，包括自动驾驶汽车、智能家居、医疗诊断、个性化推荐系统等。本章将探讨人工智能的概念，人工智能的起源和发展，人工智能领域的代表性人物，人工智能的伦理挑战、法律问题与社会影响，人工智能的主要应用领域和发展趋势、高职学生的角色与使命等内容，旨在为读者提供一个全面的视角，帮助大家更好地迎接和参与这个充满人工智能的时代。

 【学习目标】

1. 了解人工智能的定义、基本原理和人工智能的能力层次。
2. 了解人工智能的起源和发展历程。
3. 了解人工智能领域的代表性人物。
4. 了解人工智能的发展趋势。

【学习导览】

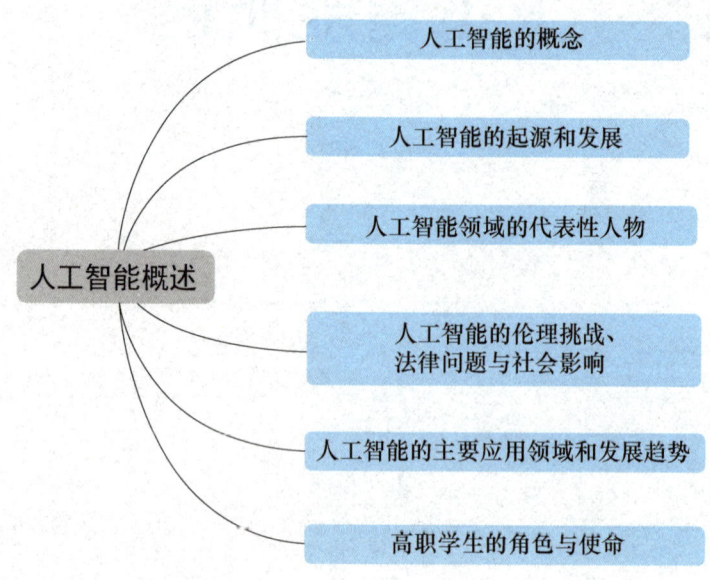

1.1 人工智能的概念

在 20 世纪中叶,人工智能还只是科学幻想和少数先驱者的梦想。然而,随着计算能力的飞速提升和算法的革命性进步,人工智能已经从理论研究走向了实际应用,成为现代社会的一个标志性特征。

人工智能的崛起带来了深远的影响。在工业领域,智能机器人和自动化生产线极大提升了生产效率和安全性;在医疗界,基于人工智能的诊断系统能够凭借海量数据分析,为医生提供精准的辅助诊断建议;在金融行业,人工智能不仅在算法交易领域大显身手,还在风险控制和客户服务中扮演着重要角色。此外,日常生活中的智能推荐系统,如网络购物平台、音乐播放软件和社交媒体平台,都在使用人工智能来提高用户体验。人工智能技术正推动我们进入一个更为高效、精准和个性化的新时代。

人工智能不仅仅是一个技术领域的事情,它的触角已伸向了几乎所有行业,并将继续在经济、社会和文化方面发挥重大作用。

在 20 世纪 50 年代,人工智能的概念就已被提出,并作为一个学术领域在 1956 年的达特茅斯会议上得到正式命名。

1. 人工智能的定义

人工智能(Artificial Intelligence,AI)指使计算机和机器模拟人类学习、思考、做出决策、解决问题的技术,是新一轮科技革命和产业变革的重要驱动力量。

2. 基本原理与技术

人工智能的基本原理涉及多个学科,包括计算机科学、心理学、语言学、神经科学等。其核心可以概括为以下几个关键技术和原理。

1)机器学习:机器学习是人工智能中至关重要的一个分支,使计算机能够通过数据进行学习和改进。机器学习算法使用大量数据来识别模式,并做出预测或决策,而无须人为编写具体规则。这种学习能力对于处理大规模数据集尤其重要,例如在推荐系统中,机器学习能根据用户的历史行为来预测他们可能感兴趣的内容。

2)深度学习:作为机器学习的一个子集,深度学习使用一种被称为神经网络的结构,通过模拟人脑的处理方式来处理复杂的数据集。深度学习模型包含多层神经元,每一层对信息进行更深层次的抽象和处理。这种方法在图像识别、语音识别和自然语言理解等领域取得了显著的成就,如深度学习模型已经能够在医学影像分析中识别出罕见疾病。

3)自然语言处理:自然语言处理让机器能够理解和生成人类语言。从文本分析到语音识别,自然语言处理技术正在改变我们与机器的交互方式。例如,翻译系统现在能够准确地将一种语言翻译成另一种,这得益于对语言结构和语义的深入理解。

4)感知系统:为了使机器能与外界交互,AI 系统中包含了视觉感知系统和听觉感知系统。这些系统使机器能够解释来自现实世界的信号,例如通过摄像头捕捉的图像或通过麦克风捕捉的声音。物体检测和人脸识别技术已经广泛应用于安全和监控系统中。

5)认知计算:它模仿人脑的思维过程,以解决复杂问题。认知计算尝试模拟人类的思考方式,包括推理、规划、理解和学习等。

3. 人工智能的能力层次

弱人工智能（Weak Artificial Intelligence，WAI）和强人工智能（Strong Artificial Intelligence，SAI）是人工智能领域的两个重要概念和能力层次，它们在智能的本质和能力方面存在显著差异。

（1）弱人工智能　也被称为窄人工智能（Narrow AI），是指专注于完成特定任务的人工智能系统。其主要特点包括以下几个。

1）局限性和专业性：弱人工智能只能在特定领域或任务上表现出高度的智能和能力，如图像识别、语音识别、自然语言处理等。它依赖于大量的数据和预先编程的规则或算法来完成这些特定任务。

2）缺乏通用性和适应性：尽管弱人工智能在特定领域内可以表现出卓越的性能，但它缺乏通用性和适应性，无法像人类一样灵活地应对各种复杂和未知的问题。

智能手机中的语音助手、医疗领域的疾病诊断辅助系统等都是弱人工智能的应用实例。这些系统能够在设定的范畴内提供便利和辅助，但其能力仅限于特定任务。

（2）强人工智能　也称为通用人工智能（Artificial General Intelligence，AGI），是指能够像人类一样具有广泛认知能力的人工智能系统。其主要特点包括以下几个。

1）广泛认知能力和通用性：强人工智能不仅能够在特定领域内表现出高度的智能，而且能够像人类一样灵活地应对各种复杂和未知的问题。它能够在各种环境中自主学习、适应和创新，具有广泛的适用性和通用性。

2）高度自主性：强人工智能能够自主决策，不需要人类的持续干预。它具备解决问题、规划、学习和创造性思维等方面的自主性。

3）强大的学习能力和推理能力：强人工智能能够通过学习经验和数据来提高性能，进行逻辑推理和演绎推理，解决复杂问题。它还能够理解自然语言、视觉信息和其他形式的输入，并进行高级的推理和思维抽象。

4）可能具备意识和情感：一些人认为，强人工智能可能具有一定程度的意识和主观体验，能够感知自己的存在和理解周围的环境。然而，这一点目前仍属于理论探讨阶段。

5）未来愿景与挑战：强人工智能的实现是人工智能领域的一个远期目标。目前的人工智能系统更多地属于弱人工智能范畴，专注于特定任务的执行而缺乏广泛的通用性和深度的认知能力。实现强人工智能涉及解决许多复杂的科学和伦理问题，如算法的透明性、伦理标准、安全性等。

1.2　人工智能的起源和发展

人工智能的起源和发展历程可以分为几个重要阶段，每个阶段都标志着理论和技术上的突破。

1. 早期探索与概念提出（1943—1955 年）

人工智能的种子最初是在 1943 年由沃伦·麦卡洛克和沃尔特·皮茨播下的，他们提出了第一个人工神经网络模型 MP 模型（McCulloch-Pitts Model）。这个模型尽管简单，却为理解大脑如何处理信息开启了新的视角。

MP 模型提出了神经元的形式化数学描述和网络结构，证明了单个神经元能执行逻辑功能，从而开创了人工神经网络研究的时代。MP 模型是现代神经网络的基础之一，其拓扑结构被广泛应用于各种神经网络模型中。自诞生以来，MP 模型经历了多次发展高潮，包括感知机的提出、多层网络的反向传播算法的发现以及深度机器学习的发展。

在这一阶段，还有一个重要的标志性成果。1950 年，阿兰·图灵提出了著名的"图灵测试"，作为判断机器是否能够思考的标准，即如果一台机器的回应能够与人类的回应无法区分，那么这台机器就可以被认为是智能的。

现在图灵测试的测试时长通常为 5min，如果机器能回答由人类测试者提出的一系列问题，且超过 30% 的回答让测试者误认为是人类所答，则机器通过测试，如图 1-1 所示。

图 1-1　图灵测试

2. 人工智能的正式诞生与研究兴起（1956—1973 年）

"人工智能"这一概念是在 1956 年的达特茅斯会议上被首次提出。提出这个概念的七位重要参与者都是各领域的杰出代表，如图 1-2 所示，包括信息论的创始人香农、Lisp 语言发明者约翰·麦卡锡、IBM701 计算机总设计师罗切斯特、机器感知之父塞弗里奇等。其中很多人都获得过图灵奖。会议确立了人工智能作为计算机科学的一个独立分支的地位，并激发了一代人对 AI 研究的热情。

在这一阶段，符号主义是人工智能研究的主流方向。科学家们试图通过构建符号系统，让计算机基于规则和逻辑来进行推理、解决问题。例如，艾伦·纽厄尔（Allen Newell）和赫伯特·西蒙（Herbert Simon）开发的"逻辑理论家"程序，能够证明《数学原理》中的部分定理，展示了计算机可以按照逻辑规则进行一定的推理工作，这在当时引起了很大的轰动，也让人们看到了人工智能的巨大潜力。同时，人们开始尝试让计算机理解和处理人类语言。虽然当时的技术水平有限，但已经迈出了最初的步伐，例如，一些简单的机器翻译系统开始被研究开发，旨在打破语言交流的障碍，实现人机之间更自然的沟通。这一阶段也出现了早期的机器学习相关思想和简单模型，例如基于简单的模式识别和统计方法来让计算机进行一定程度的学习，不过功能还比较初级，距离现在的复杂机器学习算法还有很大差距。

图 1-2　达特茅斯会议的七位重要参与者

由于各项成果不断涌现，这期间许多研究人员对人工智能的发展持有非常乐观的态度，甚至有人预测在十几年或者几十年内机器就能实现高度智能，达到和人类同等甚至超越人类智能的水平。大量的人力、物力和资金被投入人工智能相关研究中，呈现出一片繁荣的景象。

3. 面临的挑战与"AI 寒冬"（1974—1989 年）

1974—1989 年间，人工智能面临着诸多挑战，甚至陷入了"AI 寒冬"。

这一时期技术瓶颈凸显。此前以符号主义为主导的研究思路，在实际应用中暴露出很大的局限性。依靠人工构建规则和符号体系来模拟人类智能，面对复杂、模糊且不确定的现实世界问题时，很难灵活应对。例如在自然语言理解方面，简单的基于规则的语法分析方法无法很好地处理语言中的歧义、隐喻以及丰富的语义情境，导致理解效果不佳。早期的机器学习方法较为简单粗糙，缺乏足够的计算能力和有效的算法支撑来处理大规模的数据，难以实现精准的模式识别和有效的知识学习。

另外，计算机的运算速度、存储容量等硬件指标依然相对落后，限制了人工智能复杂算法和大规模模型的运行，很多设想中的智能应用因硬件无法满足要求而难以落地实现。虽然前期对一些应用领域有过设想和初步探索，如机器翻译、智能问答等，但实际取得的效果与预期相差甚远，很难在实际的生产生活中得到广泛且有效的应用，无法形成有效的商业价值闭环，这使得外界对人工智能的信心逐渐降低。

尽管处于"AI 寒冬"，仍有部分执着的科研人员在坚持探索。一些新的思想和技术雏形开始出现，例如在机器学习领域，开始探索基于概率统计的方法来改进学习效果；在神经网络方面，虽然当时还未成为主流，但也有学者在不断尝试完善其理论和算法，为后续人工智能走出低谷、迎来新的发展阶段埋下了希望的种子。

4. 复兴与快速发展（1990—2010 年）

1990—2010 年间，人工智能迎来了复兴与快速发展阶段。

计算机技术在这一阶段取得了长足进步，运算速度大幅提升，存储容量不断扩大，且成本不断降低。同时，图形处理单元（GPU）的出现和发展，为处理大规模并行计算提供了有力支持，这对于很多人工智能算法尤其是深度学习相关的计算需求来说至关重要，使得原本受硬件限制难以开展的复杂算法研究和应用得以推进。互联网的迅速普及使得数据量呈爆炸式增长，大量文本、图像、音频等各类数据不断涌现，为人工智能的学习和训练提供了充足的"素材"，机器学习、自然语言处理等人工智能分支学科能够基于海量数据进行更好的模型训练，从而提升性能和效果。

这一阶段主要技术成果包括统计机器学习的兴起，以及自然语言处理和计算机视觉的快速发展。以支持向量机（SVM）为代表的统计机器学习方法得到广泛应用，这类方法基于概率统计理论，相较于早期简单粗糙的机器学习算法，能更精准地处理数据中的复杂模式，在分类、回归等任务中表现出色，被应用于图像识别、文本分类等多个领域，大大提升了相关应用的准确率。

借助大规模的语料库，通过统计语言模型等手段，自然语言处理的各项任务取得新进展。例如在机器翻译方面，基于统计的机器翻译系统逐渐取代了早期简单的规则翻译方法，翻译的准确性和流畅性有了显著提升。计算机视觉成果初现，研发出了如尺度不变特征变换（SIFT）、加速稳健特征（SURF）等有效的图像特征提取方法，能够更好地从图像中捕捉关键特征信息，进而用于图像识别、图像匹配等任务，提高了计算机视觉应用在复杂场景下的识别准确率。

这一阶段的代表性事件有：1997 年，IBM 的"深蓝"击败国际象棋世界冠军卡斯帕罗夫，标志着人工智能在特定领域达到甚至超越了人类的能力，如图 1-3 所示；2005 年，斯坦福大学的一辆自动驾驶汽车成功完成了 DARPA 挑战赛。

图 1-3 "深蓝"击败国际象棋世界冠军卡斯帕罗夫

5. 快速发展与广泛应用（2010 年至今）

2010 年至今，人工智能进入了前所未有的快速发展与广泛应用阶段。

人工智能技术上有了更进一步的突破。卷积神经网络在图像识别领域取得了巨大成功，能够自动提取图像的特征，大大提高了图像分类、目标检测等任务的准确率，推动了安防监控、自动驾驶等领域的发展。例如，人脸识别技术在安防门禁系统中得到广泛应用。循环神经网络及其变体如长短时记忆网络、门控循环单元在自然语言处理和语音识别方面表现出色，使语音助手、机器翻译等应用更加实用，如科大讯飞的语音识别系统。强化学习在游戏、机器人控制等领域成果显著，例如 DeepMind 的 AlphaGo 通过强化学习击败了世界围棋冠军，展示了强化学习在复杂博弈场景中的强大能力。近几年，生成式人工智能迅速崛起。OpenAI 的 DALL-E 可以根据文本描述生成创意图像，ChatGPT 能生成高质量的文本内容，引发了内容创作领域的变革。

这些成果使得人工智能的应用领域进一步拓展，包括医疗、交通、金融、教育等领域。

6. 未来展望

未来人工智能将从专用智能向通用智能迈进，使 AI 系统能够像人类一样在多个领域灵活运用知识和技能，实现跨领域的学习和推理。多模态融合进一步将文本、图像、语音、视频等多种模态数据深度融合，让 AI 对世界的理解更加全面和准确，提供更自然、高效的人机交互体验。

通过对人工智能起源和发展历程的回顾，可以看到，AI 技术已经从一个抽象的科学概念成为现代社会发展的基本驱动力。

1.3 人工智能领域的代表性人物

在人工智能的发展历程中，一些杰出的科学家对其理论突破和实际应用产生了深远的影响。以下是在该领域具有重要地位的代表性人物。

1. 阿兰·图灵（1912—1954）

图 1-4 所示为阿兰·图灵，他是英国计算机科学家、逻辑学家、密码破译专家和理论生物学家。他在 1950 年提出了"图灵测试"，作为衡量机器是否具备智能的标准。图灵被誉为"计算机科学之父"，并且在第二次世界大战中对德国密码的破译有着重大贡献。

2. 约翰·麦卡锡（1927—2011）

图 1-5 所示为约翰·麦卡锡，他是美国计算机科学家，因在人工智能领域的贡献而闻名。麦卡锡是 Lisp 语言的发明者之一，Lisp 语言至今仍是 AI 研究中常用的编程语言。他于 1956 年在达特茅斯会议上提出了"人工智能"这一概念，并持续致力于 AI 技术的开发和推广。

图 1-4　阿兰·图灵

图 1-5　约翰·麦卡锡

3. 马文·明斯基（1927—2016）

图 1-6 所示为马文·明斯基，他是理论神经科学家和认知科学家，同样参与了 1956 年的达特茅斯会议，并被视为人工智能的创始者之一。明斯基对于人工智能的理解与贡献主要集中在框架理论和神经网络模拟上。他的工作为机器学习和认知计算的发展奠定了基础。

4. 约书亚·本吉奥（1964— ）

图 1-7 所示为约书亚·本吉奥，他出生于法国巴黎，2018 年图灵奖得主，英国皇家学会院士，蒙特利尔大学教授。约书亚·本吉奥是深度学习和神经网络方面的领军人物。本吉奥与其他研究者共同推动了深度学习技术的复兴，特别是在图像识别和自然语言处理领域。他的工作不仅在学术界产生了深远的影响，也极大地促进了工业界 AI 应用的发展。

图 1-6　马文·明斯基

图 1-7　约书亚·本吉奥

5. 杰弗里·辛顿（1947— ）

图 1-8 所示为杰弗里·辛顿，他出生于英国温布尔登，2018 年图灵奖得主，英国皇家学会院士，加拿大皇家学会院士，美国国家科学院外籍院士，多伦多大学名誉教授，被公认为深度学习的先驱之一。辛顿在反向传播算法（一种重要的训练神经网络的方法）的发展中发挥了关键作用，并推动了深度神经网络的现代复兴。他的研究为 AI 在视觉识别、语音识别及自然语言处理方面的应用提供了基础。

6. 吴恩达（1976— ）

图 1-9 所示为吴恩达，美籍华人，计算机科学家，是人工智能和机器学习领域的重要人物，曾任百度公司的首席科学家，并共同创建了 Google Brain 项目。他在深度学习、自然语言处理和在线课程教育方面做出了巨大贡献。吴恩达教授推出的 Coursera 在线课程极大地普及了深度学习知识。

图 1-8　杰弗里·辛顿

图 1-9　吴恩达

1.4 人工智能的伦理挑战、法律问题与社会影响

随着科技的飞速发展，人工智能已经从科幻小说中的概念转变为现实世界中不可或缺的一部分。AI 技术正深刻地影响着我们的生产生活，它极大地提高了效率，促进了社会进步。然而，伴随着 AI 的广泛应用，一系列伦理、法律和社会问题也随之浮现，成为社会各界关注的焦点。

1. 人工智能的伦理挑战

（1）数据隐私与个人信息安全　AI 技术的发展依赖于海量的数据，这不可避免地涉及个人隐私的保护问题。个人数据的滥用、泄露和不当使用已成为公众普遍担忧的问题。为了应对这一挑战，亟须加强数据保护法律，明确数据收集、存储、使用的规范和责任主体，确保个人隐私和信息安全。

（2）算法偏见与歧视　AI 算法在决策过程中可能因数据样本的不平衡或代表性不足而产生偏见和歧视，对特定群体或个体造成不公平影响。例如，在招聘、贷款审批等场景中，如果训练数据存在偏差，AI 可能产生歧视性结果。如何确保 AI 系统的公正性和包容性是一个重要的伦理挑战。为解决这一问题，应建立严格的算法审查机制，确保算法的公正性、透明度和无偏见性。同时，加强对数据采集和训练过程的监管，减少算法偏见的风险。

（3）自主性与责任归属　随着 AI 系统自主性的提高，如何在出现问题时确定责任和进行追责成为一大难题。例如，在自动驾驶领域，若发生事故，责任归属难以界定。因此，需要制定明确的法律框架，明确 AI 系统及其开发者、使用者的责任边界，确保在出现问题时能够迅速、公正地追究责任。

2. 人工智能的法律问题

（1）知识产权与著作权　AI 在创作领域的应用引发了著作权归属的争议。为明确 AI 生成内容的法律地位和保护创作者权益，需要完善相关法律法规，界定 AI 生成内容的著作权归属和权利范围。

（2）监管合规　随着 AI 应用日益广泛，不同行业的监管框架需要更新，以包含 AI 技术的特定需求。合规性问题涉及数据保护法规、行业安全标准等方面，要求监管机构和企业共同努力，确保 AI 技术的健康发展。

（3）数据跨境流动　在全球化背景下，数据跨境流动日益频繁。不同国家和地区的数据保护法律存在差异，如何协调这些差异并确保数据安全是一个重要的法律问题。

3. 人工智能的社会影响

（1）就业与劳动力市场　AI 技术的广泛应用对传统产业和职业结构产生了深远影响。一方面，AI 技术提高了生产效率，创造了新的就业机会；另一方面，自动化也导致了一些传统岗位的消失和就业市场的不稳定。为应对这一问题，应加强职业教育和再培训，提高劳动力适应新技能的能力；同时，推动产业升级和转型，创造更多高质量的就业岗位。

（2）社会不平等与数字鸿沟　AI 技术的发展和应用可能加剧社会不平等现象，特别是

在发展中国家和贫困地区。为确保 AI 技术的普及不会加剧社会不公，需要政府和社会各界共同努力，推动技术在全球范围内平等的获取和应用。此外，还应关注弱势群体的利益，确保他们能够享受到 AI 技术带来的便利和福利。

（3）人机关系与文化变迁　AI 技术的发展正在改变人与机器之间的关系，对社会结构、文化习惯和人际关系产生了深远影响。一方面，AI 技术提高了人类生活的便利性和舒适度；另一方面，过度依赖 AI 可能导致人类智能和创造力的退化以及人际关系的疏远。因此，在推动 AI 技术发展的同时，应关注人类自身的发展需求和文化传承，确保人机关系的和谐共生。

人工智能作为一项前沿技术，正在深刻地影响着社会、经济和文化的发展。面对 AI 带来的伦理、法律和社会挑战，需要政府、企业、学术界和社会各界共同努力，制定完善的法律法规和伦理准则，推动 AI 技术的健康发展和社会应用。通过负责任的创新和明智的政策规划，我们可以最大化 AI 的积极影响，同时控制其潜在风险，共同迈向一个更加智能和人性化的未来。

1.5 人工智能的主要应用领域和发展趋势

1. 人工智能的主要应用领域

随着人工智能技术的不断进步，其应用已渗透到我们生活的方方面面，主要应用领域包括以下几个。

（1）自动驾驶（见图 1-10）　自动驾驶技术是人工智能在交通领域的重要应用，通过集成传感器、计算机视觉、自然语言处理等技术，实现车辆的自主导航和驾驶。随着技术的不断成熟和法规的完善，自动驾驶汽车有望在特定场景下实现商业化应用，提高交通安全和效率。

（2）智能家居（见图 1-11）　智能家居通过 AI 技术实现家居设备的智能化控制，提供便捷的生活体验。例如，智能音箱、智能门锁、智能照明等设备已经广泛应用于日常生活中。智能家居将成为未来家庭生活的标配，AI 技术将使家居设备更加智能化、便捷化，进一步提升人们的生活品质。

图 1-10　自动驾驶

图 1-11　智能家居

（3）智能医疗（见图 1-12）　AI 在医疗健康领域的应用包括疾病预测与诊断、个性化医疗、医疗影像分析等。通过大数据分析和机器学习算法，AI能够提高医疗服务的准确性和效率。未来，AI将在诊断、治疗、研发等方面取得重要突破，为患者提供更加精准、高效的医疗服务。

（4）智慧金融服务（见图1-13） AI在金融服务领域的应用包括风险管理与投资决策、欺诈检测、智能客服等。通过智能算法和数据分析，AI能够提高金融机构的运营效率和竞争力。随着金融行业对智能化解决方案的迫切需求，AI将在金融服务领域发挥越来越重要的作用，推动金融行业的创新发展。

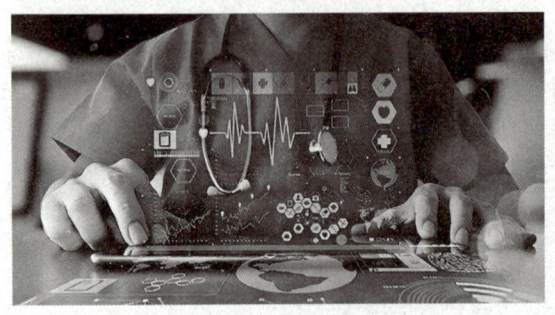
图1-12　智能医疗

图1-13　智慧金融服务

（5）智慧教育（见图1-14） AI在教育领域的应用包括个性化学习、智能教学系统、在线教育平台等。通过对学生数据的分析和理解，AI能够提供定制化的教学方案，提高教学效果。AI将推动教育行业的数字化转型，提供更加智能化、个性化的教学服务，满足不同学生的学习需求。

（6）智慧娱乐（见图1-15） AI在娱乐领域的应用包括智能对战系统、虚拟现实与增强现实等。通过结合AI技术，娱乐产业能够提供更加沉浸式的游戏体验，提升用户参与度。随着技术的不断进步，AI将在娱乐领域创造更多创新应用和商业模式，为用户带来更加丰富多样的娱乐体验。

图1-14　智慧教育

图1-15　智慧娱乐

（7）智能制造（见图1-16） AI在制造业的应用包括生产过程优化、质量控制、智能仓储管理等。通过机器学习和自动化技术，AI能够提高生产效率和质量，降低成本和风险。随着工业4.0的推进，AI将在制造业中发挥更加核心的作用，推动制造业向智能化、自动化方向发展。

（8）智慧零售与智慧电商（见图1-17） AI 在零售与电商领域的应用包括精准营销、库存管理、客户服务等。通过大数据分析和智能推荐系统，AI 能够提高零售业的运营效率和用户体验。随着电商行业的快速发展和消费者需求的多样化，AI 将在零售与电商领域发挥更加重要的作用，推动行业的创新发展。

图 1-16　智能制造

图 1-17　智慧零售与智慧电商

2. 人工智能的发展趋势

人工智能的发展趋势呈现出多元化和深度融合的特点，主要包括下述内容。

（1）技术创新与融合

1）多模态生成式 AI 的崛起：随着生成式 AI 的进一步发展，多模态生成式 AI 系统能够处理文本、声音、旋律和视觉信号等多种输入信息，进行综合理解并生成相应的输出。

2）量子计算与 AI 的结合：量子计算利用量子比特和量子纠缠等特性，能够加速机器学习和优化算法，实现更高效、更准确的 AI 应用。随着量子计算技术的不断成熟，量子 AI 将成为未来 AI 领域的重要发展方向。

3）深度学习与强化学习的融合：深度学习和强化学习的结合将使 AI 系统具备更强的自学习和自适应能力，从而能够更好地理解人类语言、情感和行为。这种融合技术将推动 AI 在更多复杂场景下的应用，如智能制造、金融风控等领域。

（2）应用场景拓展

1）垂直场景应用的深化：针对不同行业的需求，将出现更多面向细分行业的专用大模型。这些模型将结合行业特点进行定制化开发，为智能制造、智慧医疗、智慧教育等领域提供更加精准、高效的智能化服务。机器人可能不仅仅局限在工业和商业，家居机器人会越来越普及，未来的人形机器人可能完全理解并准确执行人类指令，人机交互更加自然、流畅。

2）新业态与新场景的催生：AI 技术正在催生新的业态和场景，如自动驾驶出租车、服务型机器人等。这些新业态和新场景不仅改变了人们的生活方式，还促进了相关产业的发展和升级。

（3）市场规模增长

1）全球市场规模持续增长：随着技术的不断进步和应用场景的拓展，全球人工智能市场规模持续增长。预计到 2025 年，我国人工智能市场规模将超过 5000 亿元，并继续保持快速增长态势。

2）投资增长与产业竞争：尽管整体人工智能领域私人投资有所下降，但对生成式人工智能的投资却大幅增长。这表明投资者对人工智能领域的未来发展持乐观态度。同时，随着市场规模的扩大，产业竞争也将日益激烈。

（4）伦理与合规问题　随着AI技术的广泛应用，其安全性问题也日益凸显。各国政府和企业应加强对AI安全治理的重视，制定更加严格的标准和法规，确保AI技术的健康、可持续发展。

（5）可解释AI与隐私保护　为了增强AI的可信度和可接受度，研究人员将致力于开发可解释的AI模型，使模型的决策过程更加透明和可理解。同时，也需要加强隐私保护等方面的研究，确保AI技术的合法、合规使用。

（6）政策支持与产业生态

1）政策层面的推动：各国政府纷纷出台政策支持人工智能产业的发展，为AI技术的发展提供了良好的政策环境。例如，我国出台了一系列政策文件，如《新一代人工智能发展规划》《关于促进人工智能和实体经济深度融合的指导意见》等。

2）产业生态的构建：平台企业及其构建的产业创新生态在推动人工智能产业发展中发挥着重要作用。这些企业通过在后发地区建设子平台的方式，构建区域产业创新生态，助力当地优势产业的智能化转型。

总之，人工智能的发展趋势呈现出技术创新与融合加速、应用场景不断拓展、市场规模持续增长、伦理与合规问题受到关注以及政策支持与产业生态协同发展等特点。这些趋势将共同推动人工智能技术的健康发展，为人类社会的进步和发展贡献更多力量。

1.6　高职学生的角色与使命

随着人工智能技术的飞速发展，社会对于专业技术技能人才的需求日益增长。高职学生作为未来技术工作的重要力量，在AI领域扮演着重要角色，并肩负着推动技术进步和实现职业发展的双重使命。

1. 高职学生的角色

（1）技术创新的参与者　高职院校身处产业快速发展的前沿，学生有机会直接参与到AI相关的项目和研究中，通过实践学习掌握核心技术，成为技术创新的积极参与者。

（2）技术应用的实践者　高职院校通常注重实践能力的培养，学生在人工智能应用领域拥有将理论知识转化为实际操作技能的机会，通过实习、实训等方式，将AI技术应用于实际问题。

（3）行业需求的响应者　高职学生通过专业学习，能够快速适应行业需求，特别是在人工智能领域，能够迅速填补市场上的人才缺口，为行业发展贡献力量。

2. 高职学生的使命

（1）持续学习与技能提升　在人工智能领域，技术和工具的更新换代速度极快，高职学生需要培养终身学习的习惯，不断更新知识和技能，以适应不断变化的技术环境。

（2）桥梁作用的发挥　高职学生应成为理论与实践、学校与企业之间的桥梁，将学术成果转化为实际应用，促进产学研一体化发展。

（3）伦理责任的担当　在掌握和运用人工智能技术的同时，高职学生应承担起伦理责任，确保技术的发展不会侵害个人隐私、不会加剧社会不平等、不违背可持续发展的原则。

本章小结

本章深入探讨了人工智能的概念，起源和发展，代表性人物，伦理挑战、法律问题与社会影响，以及主要应用领域和发展趋势。AI 已经融入现代社会的方方面面，其发展不仅推动了工业、医疗、金融、教育等行业的革命，也引发了对数据隐私、算法偏见和就业结构变化的思考。高职学生在 AI 时代承担了重要角色，应积极参与技术创新与实践使用，担当时代赋予的使命。

习题

选择题

1. 人工智能的起源可以追溯到（　　）年的达特茅斯会议。
   A. 1952　　　　B. 1956　　　　C. 1962　　　　D. 1976

2. 图灵测试是由（　　）提出的。
   A. 阿兰·图灵　　B. 约翰·麦卡锡　　C. 马文·明斯基　　D. 约书亚·本吉奥

3. 以下（　　）不是人工智能的关键技术。
   A. 机器学习　　B. 深度学习　　C. 量子计算　　D. 自然语言处理

4. 弱人工智能（Weak AI）也被称为（　　）。
   A. 通用人工智能　　　　　　　　B. 窄人工智能
   C. 强人工智能　　　　　　　　　D. 应用人工智能

5. 以下（　　）领域的应用不是目前人工智能的主要应用领域。
   A. 教育　　　　B. 金融服务　　C. 娱乐　　　　D. 农业

6. 人工智能的伦理挑战不包括（　　）。
   A. 数据隐私　　　　　　　　　　B. 算法偏见
   C. 技术过时　　　　　　　　　　D. 自主性与责任归属

7. 以下（　　）不是人工智能领域的代表性人物。
   A. 阿兰·图灵　　B. 约翰·麦卡锡　　C. 马文·明斯基　　D. 斯蒂芬·霍金

8. 人工智能的发展趋势不包括（　　）。
   A. 技术创新与融合　　　　　　　B. 应用场景拓展
   C. 市场规模缩小　　　　　　　　D. 伦理与合规问题

9. 高职学生在人工智能时代的角色不包括（　　）。
   A. 技术创新的参与者　　　　　　B. 技术应用的实践者
   C. 行业需求的响应者　　　　　　D. 伦理责任的忽视者

10. 以下（　　）是人工智能的主要应用领域。
    A. 法律咨询　　　　　　　　　　B. 医疗健康
    C. 心理咨询　　　　　　　　　　D. 以上所有

第 2 章

人工智能的技术支撑

第2章 人工智能的技术支撑

【本章导学】

本章探索人工智能的技术支撑。从理解其核心要素入手,首先揭示大数据、云计算与人工智能之间密不可分的联系,并深入学习大数据技术如何为人工智能提供高质量的数据支持,以及云计算如何成为人工智能发展的强大支持;接着,深入探索人工智能算法的精髓,包括机器学习、深度学习等在内的关键算法;最后,通过技术融合,学习云上大数据处理与人工智能应用的一般流程。

【学习目标】

1. 理解人工智能的核心要素以及大数据、云计算与人工智能三者之间的紧密关系。
2. 理解大数据为人工智能提供数据的技术原理。
3. 理解云计算为人工智能提供算力的理论。
4. 理解常用的人工智能算法。
5. 理解人工智能、云计算与大数据的技术融合流程。

【学习导览】

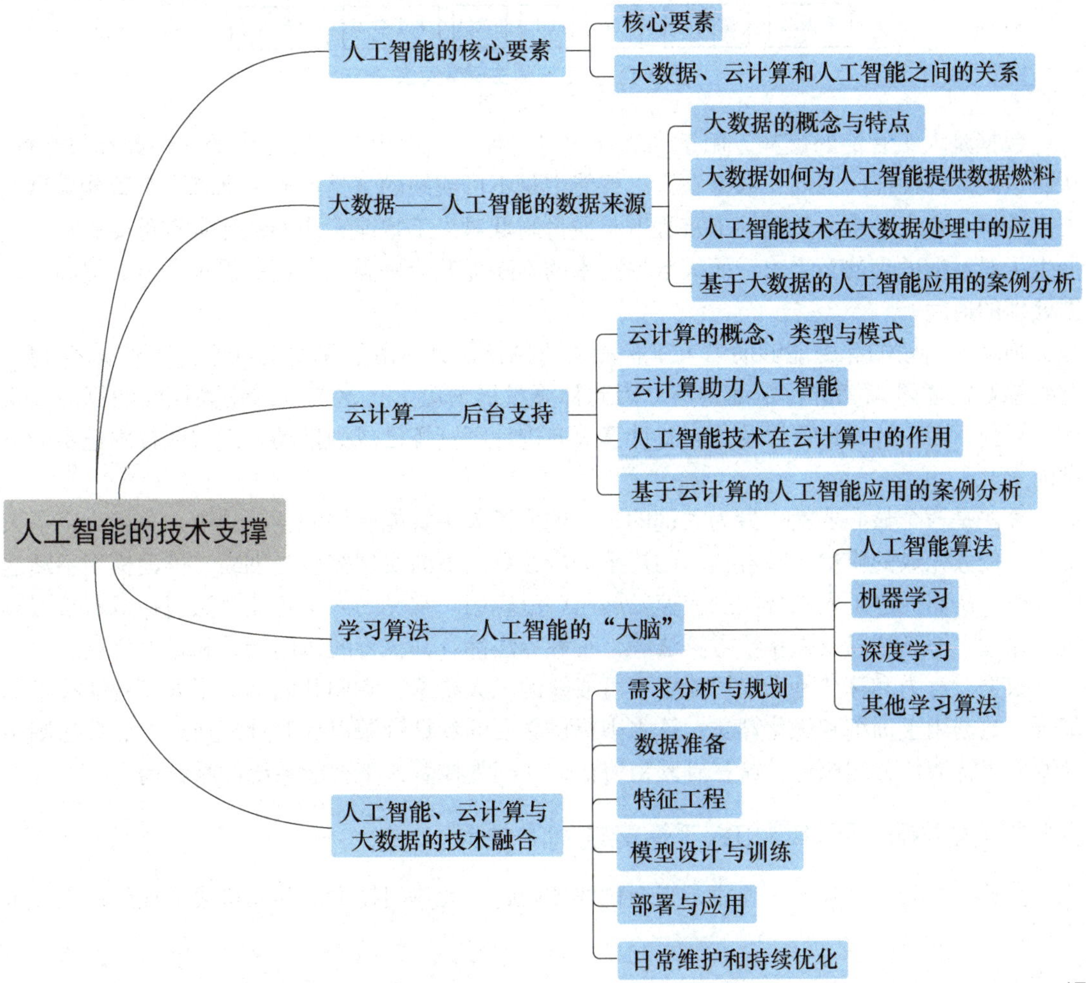

人工智能的技术支撑
- 人工智能的核心要素
  - 核心要素
  - 大数据、云计算和人工智能之间的关系
- 大数据——人工智能的数据来源
  - 大数据的概念与特点
  - 大数据如何为人工智能提供数据燃料
  - 人工智能技术在大数据处理中的应用
  - 基于大数据的人工智能应用的案例分析
- 云计算——后台支持
  - 云计算的概念、类型与模式
  - 云计算助力人工智能
  - 人工智能技术在云计算中的作用
  - 基于云计算的人工智能应用的案例分析
- 学习算法——人工智能的"大脑"
  - 人工智能算法
  - 机器学习
  - 深度学习
  - 其他学习算法
- 人工智能、云计算与大数据的技术融合
  - 需求分析与规划
  - 数据准备
  - 特征工程
  - 模型设计与训练
  - 部署与应用
  - 日常维护和持续优化

2.1 人工智能的核心要素

2.1.1 核心要素

MIT 教授 Patrick H.Winston 认为"人工智能是研究如何使计算机去做过去只有人才能做的智能工作"。那么人可以做哪些事，需要以数据作为载体存储信息；计算机依托何物去做，这就需要算力（计算能力）；计算机如何去做，这就要求算法作为引擎。也就是说，人工智能通过大量的数据和强大的算力以及各种算法使计算能够自动化地感知、理解、学习和决策。因此，人工智能的快速发展依赖于三个核心要素：数据、算力、算法，如图 2-1 所示。

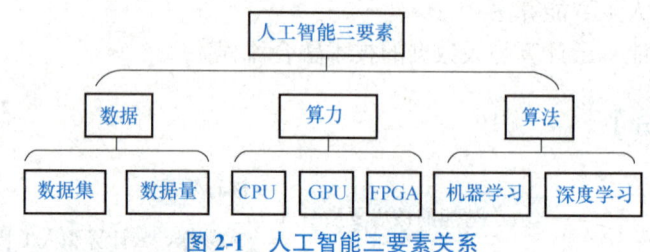

图 2-1 人工智能三要素关系

数据是人工智能的燃料，用于训练和学习过程，以优化人工智能中的各种参数与配置，从而达到最佳性能。因此，数据在人工智能中是不可或缺的，是培养和训练人工智能模型的关键资源。在实验中，数据的丰富程度与质量高低对人工智能算法的性能具有重要影响，这催生了对数据处理的新需求。而大数据技术的不断提升恰好满足了这一需求，显著提高了数据处理的速度。

强大且高效的算力能够助力人工智能快速执行任务。由于深度学习算法涉及众多参数，这些参数需通过训练进行精细调整，因此计算量极为庞大，这要求采用高性能的算力来实现。目前，GPU、云计算以及分布式计算等先进计算资源已成为推动人工智能技术进步的关键因素。

算法是三个核心要素中最为关键的，它构成了人工智能底层的逻辑规则，直接决定了人工智能任务完成的质量。随着技术的持续进步，算法不断实现突破与创新，推动模型不断迭代升级，从而促进了人工智能的快速发展与广泛应用。常见的人工智能算法包括机器学习算法、深度学习算法以及强化学习算法等，每种算法都有其独特的适用场景和显著特点。

数据、算力和算法是人工智能中不可或缺的三大要素，它们共同构成了人工智能技术的基石。数据用于训练和优化算法，算力则提供必要的计算资源以提升处理速度，而算法则指导着人工智能任务的执行。这三者紧密协作，共同支撑着人工智能系统的顺畅运行。

2.1.2 大数据、云计算和人工智能之间的关系

大数据、云计算和人工智能是当今科技领域的三大热门技术，共同构成了现代信息技术

的核心组成部分，它们之间存在着紧密且相互促进的关系，如图 2-2 所示。

大数据的迅猛发展极大地促进了数据的产生与收集，使得人工智能的算法和模型得以充分训练和优化，同时也对数据处理提出了前所未有的挑战。鉴于数据规模庞大、类型繁多且处理速度要求极高，仅凭传统计算与存储手段难以应对。而云计算技术凭借其分布式处理、分布式数据库及云存储等特性，为大数据的存储与计算提供了强有力的物质基础，使得数据处理过程更加高效且灵活。反过来，大数据的快速发展也持续驱动着云计算技术的不断创新与升级，以进一步优化其计算与存储能力，从而更好地满足大数据处理日益增长的需求。在实际应用中，这三者往往紧密集成，共同推动应用系统的智能化进程。以智能推荐管理系统为例，大数据技术负责收集和分析用户行为数据，云计算技术则提供强大的算力支持，而人工智能则在此基础上实现精准的智能推荐和优化管理功能。

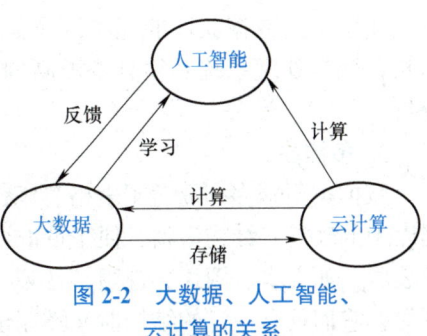

图 2-2　大数据、人工智能、云计算的关系

2.2　大数据——人工智能的数据来源

2.2.1　大数据的概念与特点

随着信息技术的迅猛发展，全球对数据存储的需求日益增长，大数据正步入高速发展的关键阶段。那么，究竟什么是大数据呢？

首先要明确数据的定义。数据是指对客观事件进行记录并可以鉴别的符号。在计算机系统中，数据以二进制信息单元（即 0 和 1）的形式表示。在日常生活中，数据的形式多种多样，可以是声音、图像等模拟数据，表现为一串连续变化的值；也可以是符号、文字等离散形式的数字数据。随着当前技术的飞速发展，互联网企业每天都在产生海量数据，例如腾讯每日即可产生超过十万亿条的数据。据 2024 年 5 月 13 日调研机构 IDC 发布的最新全球数据总量预测报告显示，2024 年全球将生成高达 159.2ZB 的数据量。进一步预测，到 2028 年，这一数据量将翻番，达到 384.6ZB，复合增长率为 24.4%。面对如此庞大的数据量，传统的数据处理应用软件已难以满足需求，因此亟须一门新技术来高效收集和管理这些数据，以充分挖掘其潜在价值，正是在这样的背景下，大数据技术应运而生。

麦肯锡全球研究所对大数据给出了明确的定义：一种规模大到在获取、存储、管理、分析方面大大超出了传统数据库软件工具能力范围的数据集，这些数据集需要新处理模式才能在合理的时间内捕捉、管理和处理，其特点总结如下。

1. 容量

数据的规模往往决定了其蕴含的价值和潜在信息的丰富程度。随着数据规模从 TB 级别急剧增长到 PB、EB 乃至 ZB 级别，这远远超出了传统数据处理工具所能处理的范畴。以新浪微博为例，截至 2024 年 9 月，日均活跃用户数为 2.57 亿，那么每天就可能产生数以亿计的微博动态。

2. 速度

速度是指数据获取的速率以及数据处理的效率。数据的产生正以指数级的速度爆炸式增长，数据处理系统必须具备极高的处理能力，能够迅速响应，并实时进行数据的处理与分析。

3. 多样性

数据类型繁多，涵盖了表格、邮件、视频、音频等多种形式。其中，结构化数据（如数据库中的表格）结构清晰，便于抽取数据规律；非结构化数据则无法直接通过二维表进行抽象表示，如文本、图片、视频、音频等；而半结构化数据则介于两者之间，如电子邮件、网页等，它们具有一定的结构但又不完全遵循传统数据库的结构。这些多样化的数据类型对数据处理能力提出了更高的要求，需要采用更为灵活和强大的技术手段来应对。

4. 真实性

真实性指数据的质量。由于单条数据记录往往难以独立体现价值，且数据中可能掺杂着大量无用或低质量的信息，质量参差不齐，因此需要对数据进行清洗，以提升数据的整体质量和可用性。

5. 价值

在浩瀚的数据海洋中，真正有价值的信息往往只是其中的一小部分，有用信息的价值密度可能相对较低。因此，人们需要借助复杂的数据分析和挖掘技术，提取并有效利用这些有价值的信息。

人们可以将大数据技术理解为对海量数据的掌控，以及对具有潜在价值的数据进行专业化的"加工"，进而实现数据的"增值"。

2.2.2 大数据如何为人工智能提供数据燃料

1. 为什么需要数据燃料

上一小节提到大数据技术能够从海量数据中萃取出有价值的信息，这些信息随后成为人工智能的宝贵输入。人工智能的运作高度依赖于对大量数据进行训练和验证，因此，大数据的多样性和丰富性构成了人工智能数据基础的重要支撑。传感器、搜索引擎、社交网络、网络交易等渠道产生的数据，不仅种类繁多、量级庞大，而且结构复杂，为人工智能提供了极为丰富的数据源。这些多样化的数据使得人工智能模型能够学习到更多元化的特征和模式，进而提升其模型的准确性和泛化能力，增强了推断结论的可靠性。因此，数据无疑是人工智能模型训练的关键要素，而大数据的有效处理则更为关键，它为人工智能提供了高质量的数据"燃料"。

大数据的处理过程涵盖了数据清洗、数据标注、数据审核以及数据融合等一系列技术。当这些技术融入算法后，其处理过程变得更加智能化，比如自动化数据清洗、特征选择和模型调优。当大数据技术结合人工智能技术时，系统能够自动识别和纠正数据中的异常值和错误值，这不仅显著提升了大数据处理的效率和质量，还更快地提取出对模型更为有价值的数据，极大地提高了数据的可用性和准确性。如此一来，人工智能的学习便拥有了更加纯净和高质量的数据作为"燃料"。经过一系列的大数据处理，初步的分析和挖掘能够深入揭示数据背后的隐藏规律和趋势，从而为人工智能提供更为坚实的依据，以做出更加明智的决策和预测。

2. 大数据如何提供高质量数据燃料

在进行模型训练前，未经过处理的数据因其不标准、不规范的特点，通常无法直接用于训练过程，因此需要对这些数据进行技术上的预处理。接下来，从数据源、特征工程、数据标注三个方面深入探讨大数据是如何助力提供高质量数据支持的。

（1）数据源　置身于信息时代，每天涌现的数据量之大不容忽视。作为数据的使用者，需更加审慎地甄别哪些数据源具备实质性的价值。当前，数据源呈现出多样化的特点，广泛覆盖交通、医疗、教育、金融等多个领域，这些数据源不仅对社会发展的方方面面产生深远影响，也是科学研究不可或缺的重要资源。以下是一些主要的数据源：

1）政府和非营利组织公开的数据集，如 Data.gov，是美国政府提供的开放数据库，包括经济、人口、气候等数据。

2）在线数据集库。

① Kaggle：深度学习相关的竞赛平台，该平台提供了大量的数据集供用户下载和使用，这些数据通常和 Kaggle 上的竞赛题相关，方便参赛者在解题中完成数据分析和建模。

② OpenML：面向机器学习的开源数据平台，旨在提供一个统一、标准化的数据集，并且允许用户在平台上分享实验结果、共享数据集，方便其他用户进行机器学习的研究和学习，加快研究进程。

③ Papers with Code：汇聚了大量机器学习领域的论文及其对应的代码实现，还包含了涉及的数据集，这些数据集都是经过严格筛选和整理，由社区上传，用户可以根据研究需求在平台上筛选这些数据集。

3）学术期刊和会议论文。学术期刊和会议论文中，研究者常常会公开他们所使用的数据集，用户可以在相关领域的文献中查找这些数据资源。这些数据资源往往蕴含着较高的学术价值，对于进一步的研究和验证具有重要意义。

4）某些特定领域的数据集。计算机视觉领域拥有特定的数据集，如 ImageNet、MNIST、CIFAR-100、Places、CelebA（CelebFaces Attributes Dataset）等，用于模型训练。而在自然语言处理领域，20 Newsgroups 和 Reuters-21578 数据集常用于文本分类，IMDB 电影评论数据集和 Yelp 评论数据集则用于情感分析，SQuAD 数据集则专用于问答系统。这些自然语言处理数据集包含了大量的文本数据，覆盖了自然语言处理的多种任务。

5）商业数据集。国内外有不少公司会专门提供数据集，比如 Amazon Web Services（AWS）的 AWS Datasets，用户可以通过购买或免费下载的方式获取这些资源。商业数据通常具有一定的现实意义和可靠性。

6）自行创建数据集。在实际项目中，若现有数据集无法满足需求，可能需要自行创建数据集。这可以通过众包平台收集数据，或者利用 API 接口、网络爬虫等技术手段抓取公开数据来实现。然而，自行收集并创建数据集往往需要投入大量的时间和精力，确保满足项目对数据资源的需求。

（2）特征工程　特征工程是人工智能领域中至关重要的一环，它旨在通过一系列精心设计的操作，如数据清洗、转换、集成、选择、提取、编码和降维等，来提高数据的可靠性和准确性，有效挖掘数据中蕴含的关键信息，并揭示数据的潜在内容。这一过程对于构建更加稳健、具有更强泛化能力的人工智能模型至关重要，因为它确保了输入数据符合人工智能模型所需的规范和标准。

1）数据清洗。数据清洗的主要目的是消除数据中的噪声、冗余以及不一致性，以确保数据的准确性和完整性，如图 2-3 所示。这一过程具体包括去除重复值、处理缺失值以及处理异常值。针对缺失值问题，可采取的方法有删除含有缺失值的样本、使用属性的均值填充缺失值、使用最可能的值填充缺失值等方法进行处理。而对于数据中的异常值，为防止它们对数据分析结果产生不良影响，可采用的处理方式包括直接删除、替换或保留并标记。

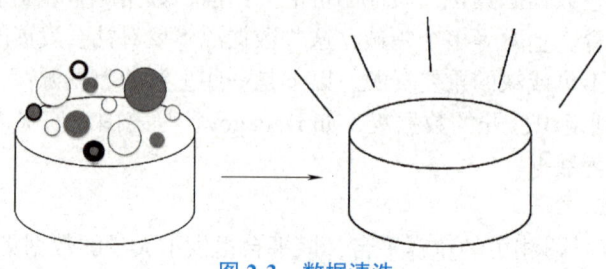

图 2-3　数据清洗

2）数据转换。数据转换是指对原始数据进行一系列转换或归并操作，以构建一个适合后续分析或建模的数据描述形式。主要操作有标准化、离散化、平滑处理、数据类型转换等。

3）数据集成。数据集成是指将来自不同数据源的数据合并到一个统一的数据集合中，以便为数据处理工作的顺利进行提供完整的数据基础，如图 2-4 所示。在数据集成过程中，有两个关键问题需要特别注意。首先是实体识别问题，即如何有效地匹配来自不同数据源的现实世界中的同一实体，比如需要解决如何确定一个数据库中的"id"字段与另一个数据库中的"num"字段是否代表同一实体的问题。其次是冗余问题，这主要源于不同数据源中属性或维度命名的不一致性，这种不一致可能导致集成后的数据集中出现不必要的冗余信息。

4）特征选择与提取。特征选择与提取是从原始数据中精心挑选并提取出对目标任务最具价值的特征的过程。这一过程可能涉及主成分分析（PCA）、线性判别分析（LDA）、奇异值分解（SVD）等方法来减少数据集的维度。通

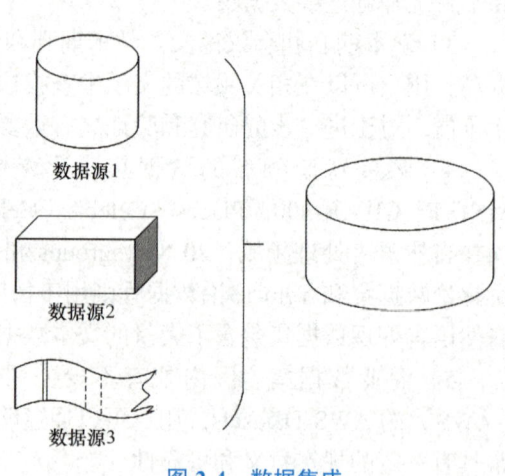

图 2-4　数据集成

过这些方法，数据在较低的维度空间中仍能保持其原有的重要特征，同时这些特征被组合成少数几个新的特征。这些新特征能够更有效地描述数据集，不仅有助于简化模型的复杂度，还能提升模型的训练效率和预测性能。

同时，人们也可以充分利用领域知识、统计方法以及机器学习方法来深入挖掘数据中的潜在信息。在特征选择阶段，可以运用遗传算法、随机森林、决策树等方法来区分并挑选出具有代表性的特征。根据不同的任务需求，还存在更为针对性的特征提取方案。例如，在

处理文本数据时，通常需要进行分词、词干提取、TF-IDF 转换、停用词去除等预处理步骤；而对于图像数据，则可能需要进行纹理分析、边缘检测、方向梯度直方图等特征的提取。

5）编码。对类别型特征进行编码处理，如独热编码、标签编码或目标编码等，以便机器学习算法能够处理。

（3）数据标注　人工智能的核心理念在于使计算机能够通过学习和模仿来接近甚至超越人类的行为与智能水平。因此，在训练的初始阶段，为人工智能系统输入大量标准化、高质量的数据是至关重要的。然而，在现实情境中，仅仅依赖特征工程来处理数据往往显得不足，因为数据常常呈现出非标准化和非结构化的特性。为了克服这些难题，使数据更易于被处理和分析，对数据进行标记或注释，即数据标注，成了一个不可或缺的环节。

数据标注主要通过两种方式进行：自动标注和人工标注。自动标注利用算法和模型对数据进行自动化处理，其速度较快，但准确率可能受到算法性能和数据质量的制约。因此，在自动标注的前期阶段，仍需要向算法"投喂"有效数据以进行训练和优化。而人工标注则需要专业人员通过细致的观察和准确的判断来对数据进行标注，虽然速度相对较慢且成本较高，但具有较高的准确性和灵活性，尤其对于专业领域而言，能够更精确地完成任务，从而生成更有价值的训练数据。尽管自动标注工具在一定程度上提升了标注效率，但在大多数数据标注场景中，人工标注的可靠性仍然是不可或缺的。常见的数据标注类型包括文本标注、语音数据标注、图像标注、视频标注以及 3D 点云标注等。

2.2.3　人工智能技术在大数据处理中的应用

大数据技术为人工智能提供了高质量的数据基础，如同燃料一般驱动着人工智能模型的优化与提升。与此同时，人工智能也为大数据处理带来了自动标注、智能分析、智能推荐以及智能决策等强大功能，极大地增强了大数据的可操作性和价值挖掘能力。据艾瑞咨询推算，2023 年中国 AI 基础数据服务行业的市场规模为 45 亿元，预计至 2028 年，该行业的市场规模将达 170 亿元，复合增长率为 30.4%。数据堂（北京）科技股份有限公司是全球知名的 AI 训练数据服务企业，其近几年的营收呈现出波动增长的态势，这主要归因于 AI 市场规模的持续扩大以及数据需求的快速增长。为了灵活应对日益多样化的数据标注需求，数据堂自主研发了数据标注工具，该工具凭借算法辅助预识别功能，结合人机交互的半自动标注方式，使得人均标注效率提升 30% 以上。

人工智能在大数据处理中的应用举例如下。

1. 智能数据处理与分析

智能数据处理与分析是指通过运用人工智能技术，构建合理的模型，从大量、复杂、多源的数据中挖掘出有价值的信息，揭示数据中隐藏的规律，进而为企业或科研机构提供深入的洞察。此外，随着实时数据处理需求的不断提升，融合人工智能技术能够迅速响应并处理实时数据，满足快速分析的需求，以实现及时决策的目标。

2. 预测分析与决策支持

利用历史数据，结合人工智能技术，可以预测未来的趋势或结果，从而帮助决策者更好地理解和评估问题，并做出更加精准的决策。以电商企业为例，可以利用历史数据和人工智能技术来预测用户行为并进行个性化推荐。此外，人工智能还能根据预测结果和决策需求，自动调整相关参数，实现决策的自动化与智能化。

3. 智能交互

人与计算机之间实现自然、高效且流畅的交互，便是智能交互的体现。例如，基于大数据和人工智能技术的智能问答系统，能够自动、准确地回答用户的问题，及时提供信息。这种系统已经在银行、医疗等多个领域得到了广泛应用，比如导医智能机器人和银行服务机器人，它们均内置了智能问答系统。

4. 自动化运维与智能管理

人工智能技术可以助力实现数据库的自动化运维，通过自动化监控与告警、自动化故障处理等手段，帮助运维人员预测潜在风险、更有效地管理大数据平台，从而降低运维成本，并显著提升系统的稳定性和可靠性。此外，基于大数据和人工智能技术构建的智能管理系统，能够依据业务需求和数据特点，实现数据资源的调度智能化和策略配置智能化，进而达到提高资源利用率的目的。

2.2.4 基于大数据的人工智能应用的案例分析

随着数据量的快速增长，智能数据分析已成为不可或缺的重要技术手段，它利用大数据和人工智能技术来分析庞大的数据集。个性化推荐系统是智能数据分析的一个重要分支，接下来针对基于大数据的电影推荐系统进行案例分析。

1. 案例简介

案例名称：基于大数据的电影推荐系统。

案例说明：在电影推荐系统中，常见的推荐方式分为两类：一是针对用户推荐电影，二是针对电影推荐潜在观众。在本案例中，聚焦于针对某个用户的电影推荐。该案例运用了大数据技术，特别是 Spark 框架，能够基于用户和电影的显著特征以及隐性交互信息，采用合适的电影推荐算法，实现系统的推荐功能。

2. 推荐系统的系统架构

电影推荐系统通常使用分布式架构，根据系统的组成与特性，选择合适的组件进行组合，以满足大数据处理的需求。一般而言，系统架构包括数据采集模块、数据处理模块、数据存储模块、推荐算法模块以及用户交互模块。例如，基于 Spark 的电影推荐系统总体架构如图 2-5 所示。

（1）数据采集模块　本模块可以理解为准备训练模型数据，可以通过爬虫技术从各大电影网站或者社交媒体获取电影信息、用户行为数据，也可以从公开数据库中采集相关数据。

（2）数据处理模块　对数据进行清洗、转换、整合等预处理操作，也可以进一步提炼数据，通过特征工程的相关手段，为推荐算法提供高质量的数据输入。

（3）数据存储模块　数据存储使用 Hbase、Hive、HDFS 来存储海量数据，包括用户行为和电影的相关信息等。

（4）推荐算法模块　当收集的历史用户行为数据达到了一定规模，调用推荐算法模块，为系统提供业务逻辑支持和数据支持。该模块常见的推荐算法有协同过滤、基于内容的推荐、混合推荐等，根据用户的历史行为和偏好生成推荐列表。

（5）用户交互模块　该模块提供用户友好的可视化界面，根据推荐算法模块得出的推荐结果，合理地展现给用户，为用户提供个性化的推荐服务。同时，它还负责收集用户的反馈，为后续推荐模型的训练提供宝贵的原始数据。

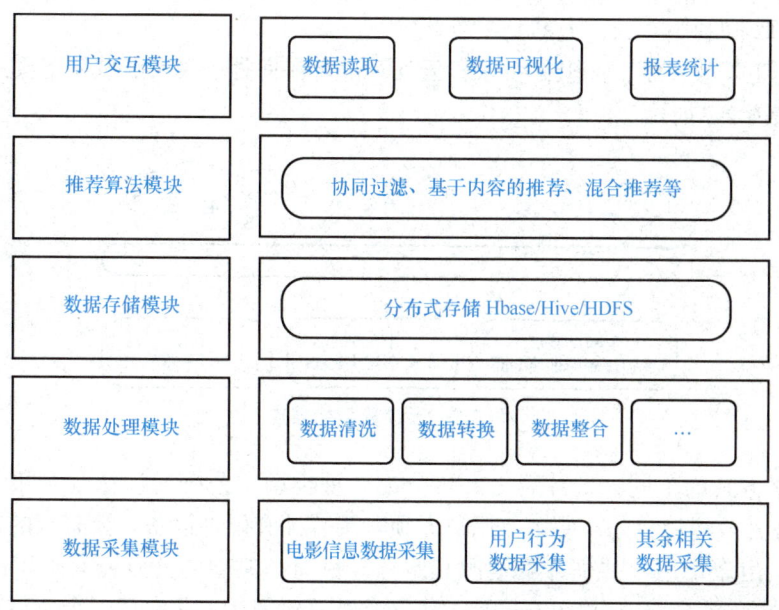

图 2-5 基于 Spark 的电影推荐系统总体架构

3. 推荐算法

以协同过滤算法为例,其基本原理是分析用户之间的相似性或物品之间的相似性。在本案例中,找到与用户兴趣相似的其他用户或电影,从而生成推荐列表。实现步骤如下:

第一步:计算用户之间的相似度,常用的相似度度量方法有皮尔逊相关系数、余弦相似度等。

第二步:找到与指定用户相似度最高的 N 个用户,即邻居用户。

第三步:根据邻居用户对电影的评分,预测指定用户对未观看电影的评分。最后,选择预测评分最高的几部电影作为推荐结果。

2.3 云计算——后台支持

2.3.1 云计算的概念、类型与模式

云计算是一种通过互联网提供计算资源、存储空间和应用软件的服务模式。这些服务被封装在独立的虚拟环境中,企业或个人用户可以通过网络按需、随时从该环境中获取、扩展和使用这些资源,而无需关心资源的具体物理位置或实现细节,从而彻底打破了地域限制。"云"的概念与自来水工厂相似,自来水作为日常生活中不可或缺的资源,在此类比中象征着"云"上提供的丰富资源。云计算提供计算资源,正如工厂提供源源不断的水资源一样。如图 2-6 所示,这种服务模式使得使用者能够随时随

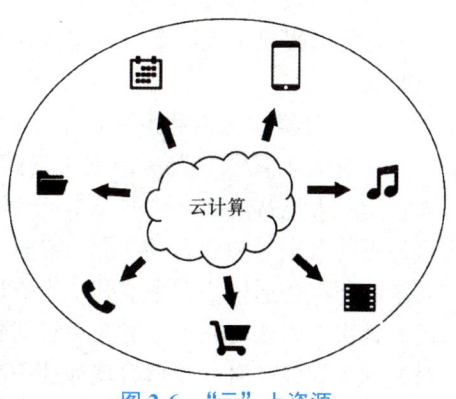

图 2-6 "云"上资源

地、便捷地获取和利用"云"上的公共资源。

那么这个工厂建在哪，又怎么供水？云计算部署在何处，又有哪些服务模式呢？云计算的架构层次如图2-7所示。

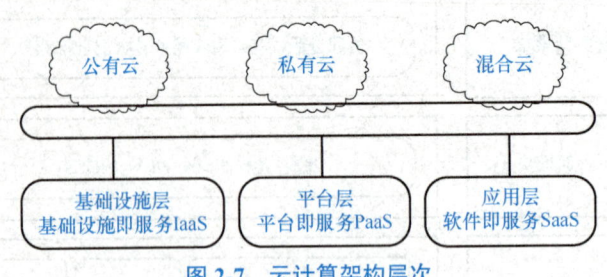

图2-7 云计算架构层次

根据部署方式的不同，云计算大致可分为三种类型：公有云、私有云和混合云。公有云是指将服务开放给社会公众使用，用户无须购买软件和硬件设备。公有云的核心属性是共享资源服务，由多个用户共享计算资源和服务。目前，典型的公有云有阿里巴巴、亚马逊AWS、微软Windows Azure Platform等。私有云通常部署在企业内部，企业自行采购基础设施、搭建云平台，并在此平台上开发应用，提供给内部人员或指定用户使用。私有云的主要优势在于能够确保数据的安全性和系统的可用性。然而，私有云的构建和运营成本相对较高。目前比较常见的是私有云和公共云构成的混合云，既能实现数据的本地化、确保自身数据安全，又可以享受公有云带来的共享资源。

云计算成功部署之后，即可开始为用户提供服务。根据服务类型的不同，云计算主要划分为三种服务模式：基础设施即服务（IaaS）、平台即服务（PaaS）和软件即服务（SaaS）。简而言之，在基础设施即服务模式下，用户通过网络访问计算资源、存储资源和网络资源等基础设施服务，可以自由地部署和运行自己的软件。在平台即服务模式下，用户不仅可以使用云计算提供的软件研发平台，还能开发、测试和管理软件开发环境，享受平台带来的便捷服务。而软件即服务模式则是通过网络直接向用户提供软件服务，用户无需自行安装和维护软件。

2.3.2 云计算助力人工智能

随着科技的迅猛发展，云计算和人工智能结合已然成为技术热点。数据量的急剧增长，对计算能力提出了更高要求，这不仅推动了云计算技术的持续进步，也促进了人工智能的快速发展。

1. 云计算的应用背景

传统人工智能在发展过程中暴露出一些弊端，这些弊端限制了科技的进一步发展。首先，传统人工智能通常依赖于本地计算机或服务器进行数据处理和模型训练，这不仅限制了可处理的数据量和计算复杂度，而且高昂的设备建设、维护和升级成本以及专业技术支持的需求，使得普通中小型企业和个人难以承受，从而在一定程度上阻碍了人工智能的普及和应用。其次，以往的人工智能大多针对特定任务或数据集进行训练，缺乏足够的泛化能力，面对新的未知任务时，模型表现往往不尽如人意；同时，在人工智能技术尚未足够成熟的情况下，也难以在复杂多变的应用场景中得到有效应用。最后，传统人工智能在处理敏感数据时，是否存在隐私泄露和安全隐患，也是企业和个人普遍关注的问题。

因此，基于上述的计算资源限制、成本高昂、泛化能力不足和隐私安全等问题，一个有效的解决方案是借助云计算技术，将人工智能系统部署到云端，实现统一管理。这样做有助于推动人工智能向更高效、更智能、更可靠的方向发展。

2. 云计算为人工智能提供后台支持

云计算通过虚拟化技术将计算资源、存储资源等封装成独立的虚拟环境，用户无需关注底层细节即可申请和使用"云"上的资源，从而为人工智能提供了强有力的后台支持。

（1）计算资源　云计算平台提供了高性能的计算资源，如 GPU、FPGA 等，这些资源能够支持大规模数据的并行处理以及复杂模型的训练和推理。同时，云计算平台还具备弹性扩展的能力，能够根据实际的任务需求动态调整计算资源的分配，这种灵活性不仅能够有效避免资源的浪费，还能确保计算任务的高效执行。对于需要大量计算资源的人工智能应用，特别是深度学习等复杂模型，云计算平台的高性能计算能力显得尤为重要。

（2）存储资源　云计算平台提供了可靠且安全的存储资源，能够高效地存储和管理大规模数据。这正是人工智能应用所急需的，因为人工智能模型依赖于庞大的数据集进行参数的训练和优化，因此，方便地访问、存储和处理这些数据显得尤为重要。同时，云计算还配备了强大的数据处理能力，能够支持数据的预处理、清洗、转换等操作。

（3）开发工具　云计算平台提供了多样化的开发工具，包括但不限于深度学习框架、机器学习框架以及自动化运维工具等。借助这些工具，研发人员能够迅速搭建和训练模型，并根据实际场景和需求快速部署，从而实现人工智能应用的快速上线，大大提高了开发效率。

（4）数据安全与隐私　云计算平台提供了数据安全和隐私保护的服务，使得用户能够在云平台上存储和管理大规模数据集的同时，确保数据的安全性和隐私性。此外，云计算平台还支持数据共享与协作功能，促进了数据分析与模型训练的多方参与，从而在一定程度上增强了模型的泛化能力。

3. 常见的云计算服务平台

目前市面上存在众多云计算服务平台，这些平台通过提供强大的计算能力、数据存储能力以及智能服务等功能，协助用户快速部署和使用人工智能应用。以下是常见的云计算服务平台：

（1）阿里云　阿里云为客户提供强大且易于扩展的解决方案，涵盖的人工智能服务包括图像识别、自然语言处理以及大数据处理等，在零售、物流、医疗保健等行业得到了广泛应用。

（2）腾讯云　腾讯云提供的人工智能服务包括计算机视觉、语音到文本的转换以及自然语言处理等，在娱乐、医疗保健、金融等领域均有实际应用，尤其在社交平台和游戏开发方面提供了出色的支持。

（3）华为云　盘古气象大模型的实现让华为云在气象预测领域有了新突破。

（4）微软 Azure　微软 Azure 在人工智能原生应用、机器语言应用和 AI 基础设施方面提供了许多功能，支持编程语言或框架。

（5）谷歌云　谷歌云平台提供各种工具，包括模板、自动化功能和框架，帮助不同专业水平的用户完成人工智能项目。

2.3.3 人工智能技术在云计算中的作用

云计算构成了人工智能发展的坚实基石，凭借其庞大的计算资源和灵活的存储能力，为人工智能的进步提供了源源不断的动力支持。与此同时，人工智能的蓬勃发展也为云计算注入了智慧元素，带来了先进的处理与分析技术，进一步推动了云计算服务的智能化进程。

1. 效率优化

云计算借助人工智能的智能调度和优化技术，可显著提高计算资源的利用率，并有效降低应用的运行成本。同时，还可集成自动化维护和监控功能，实时监控云资源的使用状况，自动检测并修复潜在故障，从而增强云服务的可靠性和效率，极大地简化人工智能应用的管理与维护流程。

2. 智能云服务

将人工智能技术深度融入云计算服务之中，促进了智能化云服务的蓬勃发展，使用户能够体验到更为智能化、个性化的服务，如智能客服和智能系统维护等。

3. 应用创新

云计算平台深度融合了人工智能技术，通过标准化的封装和部署流程，极大地推动了大型模型的实践应用，显著降低了技术和成本门槛，从而促进了更多创新应用的快速落地。

4. 实际应用

在云计算平台上部署自然语言处理模型、图像识别模型等，能够为云平台用户提供针对特定领域的智能化服务。若成功部署图像识别模型，即可通过云平台迅速实现应用落地，涵盖智能监控、工业视觉检测、自动驾驶、医疗影像分析等多元化功能。例如，智能监控能够实时分析拍摄的视频内容，检测异常行为，排查安全隐患；而医疗影像分析功能则能辅助医生进行诊断，显著提升工作效率。

2.3.4 基于云计算的人工智能应用的案例分析

目前有很多云平台支持人工智能应用的搭建，如阿里云、腾讯云、华为云、微软 Azure 等。此处以阿里云为例，搭建一个智能图像识别应用。

1. 案例简介

案例名称：基于阿里云的智能图像识别系统。

案例说明：智能图像识别技术已在多个领域得到成熟应用，将其迁移到云平台，在云端处理千亿量级的数据，可有效解决存储资源和计算能力紧缺的难题。

2. 部署实施

假设智能图像识别系统已通过本地测试，现计划借助阿里云平台将其部署到云端。部署过程涉及一系列步骤，包括注册阿里云账号、安装操作系统及必要软件、部署人工智能模型，并配置相关服务等。以下是对这些步骤的简要说明。

（1）准备工作

1）注册阿里云账号：在阿里云官网注册账号并完成实名认证。

2）购买云资源：根据应用需求购买相应的云资源。

3）了解阿里云智能图像识别服务：详细了解相关技术原理、应用场景。

4）准备开发环境：根据项目需求，安装操作系统（如 Ubuntu、CentOS 等）、配置网络，选择合适的开发语言和框架（如 Java、Python 等），确保本地或云端开发环境已配置好相应的人工智能库（如 PyTorch、Keras、TensorFlow 等）。

（2）搭建与部署

1）上传项目文件：将本地开发好的智能图像识别项目文件上传到 ECS 实例上。

2）配置项目环境：在 ECS 实例上配置项目所需的环境变量、数据库连接等。

3）部署项目并测试：按照项目文档或指导，将项目部署到 ECS 实例上，上传待识别的图像并获取识别结果，进行充分测试，确保功能的准确性和稳定性。

（3）后续工作 设置网络和防火墙规则，可配置 GPU 加速，根据性能指标进行有必要的优化，做到定期检查应用的安全漏洞和隐患，加强用户数据的保护等。

3. 案例效果

将智能图像识别系统部署到云平台，不仅降低了部署和运行成本，还突破了地理环境的限制，使得系统能在各种场景下发挥重要作用。当用户上传商品图片后，系统即刻运用图像识别技术精准提取图片中的关键特征，并与平台上的图片库进行比对，最终迅速返回与上传图片相似的图片列表。以零售电商场景为例，通过智能图像识别系统，用户无需输入冗长的文字描述，仅需上传商品图片即可快速定位到所需商品。此外，系统还能根据上传的图片智能推荐相关商品或配套商品，从而显著提升购物效率和用户体验。

4. 人工智能云平台应用

微信小程序"形色识花"允许用户上传花朵图片，该小程序能够自动识别上传花朵的名称，并提供相关的诗词和介绍，如图 2-8 所示。

图 2-8 微信小程序"形色识花"

2.4 学习算法——人工智能的"大脑"

2.4.1 人工智能算法

算法是人工智能的灵魂，它是任何良定义的计算过程，这一过程包含了一系列指导计算机如何执行任务、做出决策以及解决问题的规则和步骤。简而言之，算法是解决问题的一系列清晰指令。人工智能算法可以理解为通过模拟人脑来处理和分析数据，来完成特定功能和任务的算法。它们就像是人工智能的"大脑"，负责处理数据、分析信息，并发出精确无误的指令，以应对和解决复杂的问题。

随着机器学习和深度学习等技术的飞速发展，算法在人工智能领域的影响力日益凸显。算法的质量与效率直接决定了人工智能的智能水平。人工智能算法被广泛应用于构建模型并进行训练，它们通过深入学习和分析海量数据，从中提取出有价值的信息，将现实世界中的复杂信息转化为计算机能够高效处理的特征。越是卓越的算法，越能精准地提取信息，并据此作出更为合理的决策，从而提升系统的整体性能。因此，随着人工智能技术的不断进步，算法的不断优化与创新正推动着人工智能向更高层次发展，使其能够游刃有余地处理包括图像识别、自然语言处理、计算机视觉等在内的复杂智能任务。

现如今，行业的深度融合也推进了人工智能算法的不断改进，常见的人工智能算法多种多样，包括机器学习、深度学习等，它们的关系如图 2-9 所示。

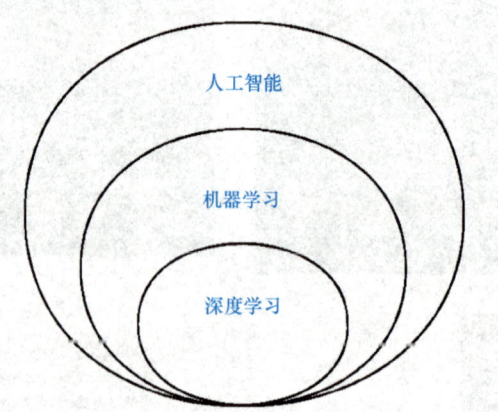

图 2-9　人工智能、机器学习、深度学习之间的关系

2.4.2 机器学习

机器学习是人工智能的一个重要分支，它注重算法的设计，旨在使计算机能够自主地从数据中挖掘出潜在的规律，进而利用这些规律对新数据进行预测或做出决策。由于机器学习算法深深植根于统计学理论，包括数理统计、概率论、线性代数以及数值逼近等，因此它也常被视作一种统计学习方法。常见的机器学习算法有线性回归、决策树、随机森林、支持向量机等。

1. 线性回归

线性回归是要找一条直线来建立因变量与一个或者多个自变量之间的联系，让这条直线能够最大限度地贴近或拟合数据集中的各个数据点，然后使用这条直线来预测未来的值，如图 2-10 所示，该图展示了散点图中数据的最佳拟合线。

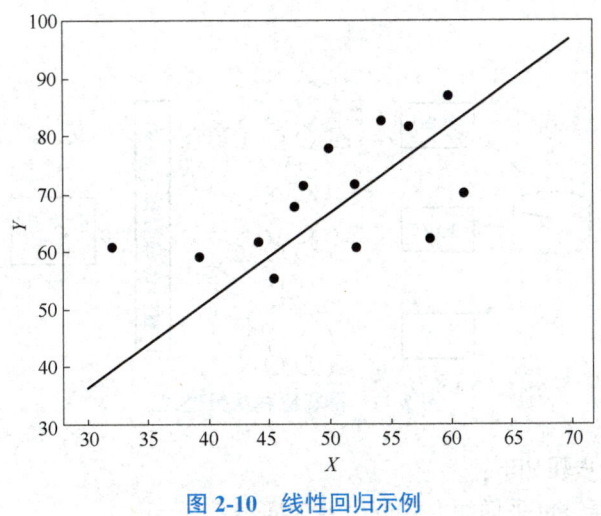

图 2-10 线性回归示例

但是该方法的难点在于如何计算出最佳拟合线，最常用的方法是最小二乘法。该方法的核心思想是试图让所有数据点到直线上的欧式距离之和最小来拟合模型。

2. 决策树

决策树是一种基于树形结构进行决策和分类的方法。它从根节点开始，每个非叶节点代表一个特征的问题或判断条件，根据这些条件将数据划分为两个或多个子集，并继续递归地在子节点上进行相似的划分过程，直至达到叶子节点。每个叶子节点对应一个最终的决策或分类结果。这样的多次判断与划分过程，使得决策树非常适合于处理分类任务和回归任务。

以挑西瓜为例，我们要对"这是好瓜吗"这一问题进行决策，通常要通过一系列的子判断，如判断"西瓜的纹理怎么样"，如果是"清晰"的，那再看"根蒂是什么形态"，如果是"蜷缩"的，再判断"它敲起来是什么声音"，如果是"清脆"的，得出最终决策：这是好瓜！面对挑西瓜的问题，从纹理、根蒂、敲声等方面分别讨论，这个讨论的过程产生的决策树如图 2-11 所示。

在该图中，每个非叶节点通常代表一个特征或决策点，而节点的每个分支则对应着该特征的不同取值或判断结果，即可能的路径选择。最终的叶子节点则直接关联到一个预测值或分类结果。在挑西瓜的决策树中，如果纹理特征的节点比触感特征的节点更靠近根节点，这反映了在当前构建决策树的过程中，纹理特征被优先用于数据的划分。

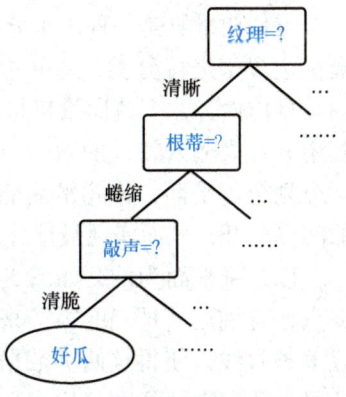

图 2-11 挑西瓜的决策树案例

3. 随机森林

随机森林是一种非常流行的集成机器学习算法，它结合了多个决策树进行集成学习。该算法的特点是简单易实现、计算成本相对较低，并在众多任务中展现出强大的性能。其基本思想是从原始数据集中随机抽取多个子集，每个子集独立地训练一个决策树模型。这样，每个决策树都可以看作一个独立的分类器或"裁判"，它们各自拥有自己的分类结果。当新的数据被投入这些决策树时，每个决策树都会给出一个分类结果，最终通过多数投票来决定数据的最终分类。随机森林决策过程如图 2-12 所示。

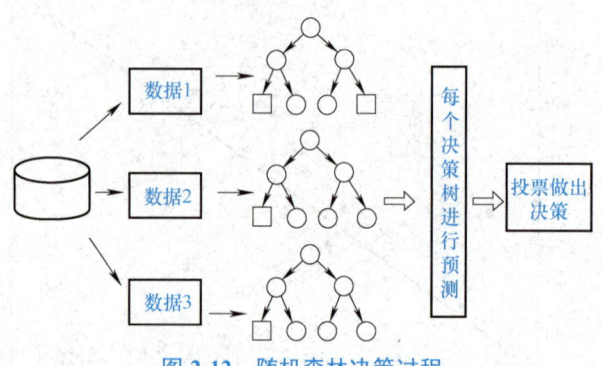

图 2-12　随机森林决策过程

随机森林的实现步骤如下：
1）从样本集中通过重采样的方式产生 n 个样本。
2）假设样本有 x 个特征数，对 n 个样本选择 x 个特征数中的 k 个特征，获得最佳分割点，生成一个决策树。
3）将第二步重复 m 次，即产生 m 个决策树。
4）统计 m 个决策树的结果，通过投票计数决定最终的分类。

不难看出，随机森林实际上是通过综合多个决策树的判断结果进行投票，由于多数决策树的共同判断往往比单个决策树的判断更为准确，这体现了随机森林中基学习器的多样性。这种多样性使得随机森林的泛化能力得以增强，因为个体学习器之间的差异度增加有助于减少整体模型的过拟合风险，并进一步提升集成的泛化性能。

4. 支持向量机

支持向量机是一种用于分类和回归分析的监督学习算法，该算法试图在数据点之间找到最优边界来进行分类，这一边界能够最大化不同类别之间的间隔。具体而言，支持向量机将数据映射到一个 n 维特征空间中，其中 n 代表输入特征的数量。在这个空间中，支持向量机寻找一个划分超平面，该超平面能够将不同类别的样本以尽可能大的间隔分开，从而实现最佳分离的效果。

以二维平面为例，如图 2-13 所示。平面上有两类不同的数据点，分别用"+"和"-"来表示。通常，我们能够找到一条或多条直线，使得这两类数据完全分开。为了达到最佳的分离效果，我们需要找到这样一条直线：它使得距离该直线最近的点到直线的距离（即间隔）最大化。这等价于要求两条边界线

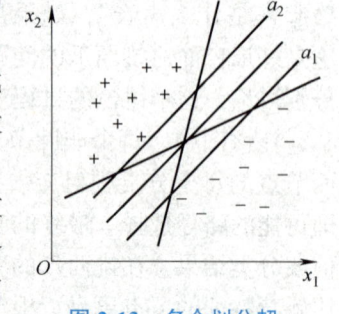

图 2-13　多个划分超平面划分训练样本

（a_1 和 a_2）之间的间隔达到最大。在高维空间中，这样的直线概念被扩展为划分超平面，它

同样追求"最大间隔"以优化分类效果。而距离这个超平面最近的那些点,即支持向量,对于确定超平面的位置起着关键作用。支持向量机的主要应用场景广泛,包括但不限于字符识别、面部识别、文本分类等多种识别任务。

2.4.3 深度学习

深度学习的最初版本是人工神经网络,是机器学习的一个分支。它试图模拟人脑,通过构建多层网络结构,以高层次特征来表示数据的抽象语义信息,对未知数据进行分类或回归。目前比较流行的网络结构有:深度神经网络(DNN)、卷积神经网络(CNN)、循环神经网络(RNN)、生成对抗网络(GAN)等。

1. 深度神经网络

在生物神经网络中,神经元之间相互连接,每个神经元存在激活与未激活两种状态。深度学习中的神经网络正是模拟了生物神经网络对真实世界物体做出的交互反应,特别是神经元之间的连接和信号传递方式。神经网络的基本组成单元是神经元,每个神经元负责接收输入、进行处理并输出结果的任务。众多这样的神经元相互连接,构成一个错综复杂的网络结构。其关键特点之一在于它包含多个隐藏层,这些隐藏层使得网络能够学习并表达复杂的模式和数据关系。

从理论上来说,参数越多的模型复杂度越高,这意味着它可以完成更加复杂的任务,对于神经网络模型来说,一个提高复杂度的办法是增加隐藏层的数目和增加隐藏层神经元的个数,这就是典型的深度神经网络结构。该网络结构主要包含输入层、隐藏层和输出层,具体结构如图 2-14 所示。

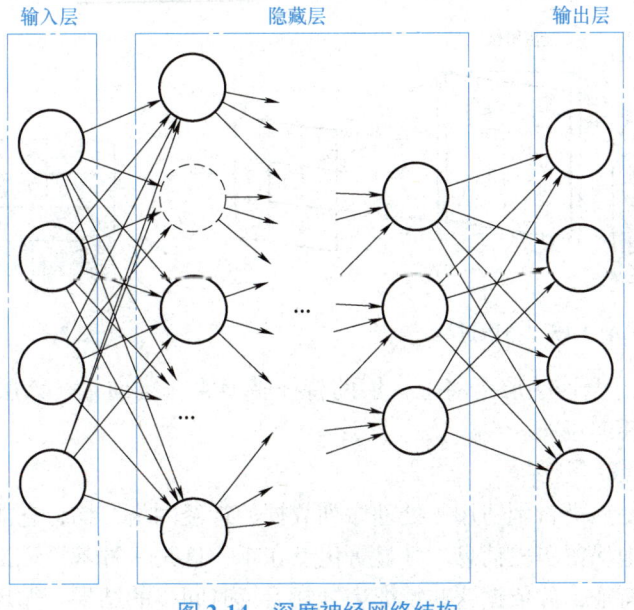

图 2-14 深度神经网络结构

图 2-14 中最左侧的是输入层,最右侧的是输出层,中间连接输入层和输出层的是隐藏层。

输入层：网络的第一层，负责接收非线性数据信息。在图像识别任务中，输入层接收由像素值组成的数组。

输出层：网络的最后一层，输出层的神经元数量取决于特定任务的需求。

隐藏层：是网络的核心，每一层都包含若干神经元，这些神经元对从前一层接收到的数据进行处理，并将结果传递到下一层。隐藏层的数量和每层的神经元数量可以根据特定问题的复杂性来设定。

2. 卷积神经网络

卷积神经网络适用于处理具有明显空间结构特征的数据，在图像数据方面表现出优异的效果，如判断一张图片里具体是什么物品。卷积神经网络中的主要层结构有三个：卷积层、池化层、全连接层。通过将这些层结构按照一定的顺序堆叠起来，形成一个完整的卷积神经网络架构，有时也会根据任务需要加入激活函数来增加模型的非线性。

（1）卷积层　卷积层是卷积神经网络的核心，大多数计算都是在卷积层中进行的。该层的计算是通过多个卷积核在输入图像上滑动，执行卷积操作来提取图像中的局部特征，可以理解为将一个可移动的小窗口与图像进行逐个元素相乘再相加的操作，逐个可移动的小窗口就是卷积核了。每个卷积核都会生成一个特征图，这些特征图会被用作下一层的输入。卷积过程如图2-15所示，中间的小窗口就是卷积核。

（2）池化层　池化层一般紧随卷积层之后，它通过降低特征图的尺寸来减少后续层的参数数量和计算量，同时有效保留图像中的重要特征。常见的池化操作有最大池化和平均池化。

以最大池化操作为例，如图2-16所示。图2-16a左上角2×2矩阵中最大数是6，右上角2×2矩阵中最大数是8，左下角2×2矩阵中最大数是3，右下角2×2矩阵中最大数是4，所以最大池化的结果如图2-16b所示。

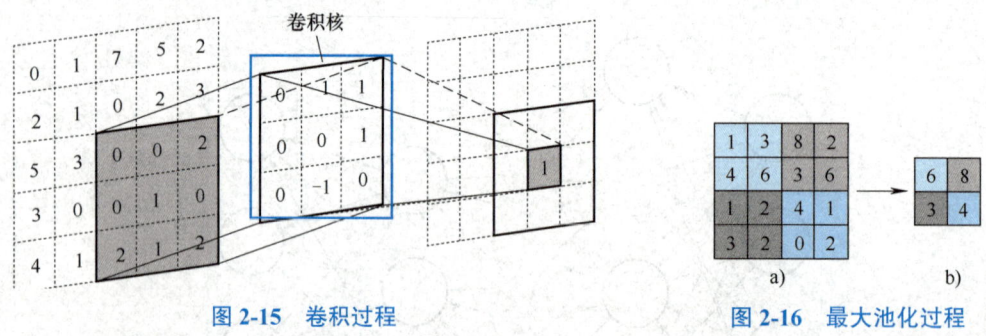

图2-15　卷积过程　　　　　　　　　图2-16　最大池化过程

（3）全连接层　全连接层可将上一层的特征转换为一维向量，该层每个神经元都与前一层的所有神经元相连接。

3. 循环神经网络

循环神经网络是一类特别适用于处理序列数据的神经网络结构，它能够处理任意长度的序列数据，并有效地保留历史信息。其显著优点在于，这是一种基于记忆的模型，能够记住前面时间步出现的特征，并依据这些特征来推断后续时间步的结果。循环神经网络的基本结构包括输入层、隐藏层和输出层。特殊的是隐藏层是循环的，这意味着每个隐藏层节点在当前时间步产生的结果会作为下一个时间步输入的一部分，从而直接影响后续时间步的输出。这样的结构在文本分类、情感分析等自然语言处理领域的任务中表现出色。

如图 2-17 所示，以"What time is it？"为例，需要让模型判断用户的说话意图，如判断这句话是问时间还是问天气。在传入模型前先对其进行基本的分词操作，即"What""time""is""it""？"。由于循环神经网络是按照顺序进行工作的，每次只接收一个单词进行处理，所以将以上单词按照次序传入模型。首先将 What 传入模型，得到输出结果 a1 并将 a1 存入记忆单元，继续将 time 传入模型，此时输入信息不仅有 time，还有上一隐藏层的输出结果 a1。重复进行这样的操作，直到处理完整个序列。最后将输出的 out5 进行处理来解析用户意图，得到最终的预测结果，很明显这句话是"询问时间"，即"Asking for the time"。

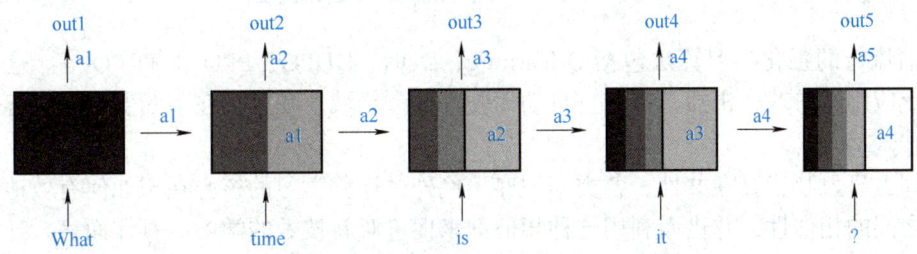

图 2-17　循环神经网络处理整个序列的过程

随着自然语言处理任务复杂度的不断提升，长时依赖问题变得尤为突出。为了应对这一问题，传统循环递归神经网络的变体应运而生：LSTM、GRU。

4. 生成对抗网络

生成对抗网络由生成器和判别器组成对抗性模型，生成器负责生成尽可能逼真的样本，而判别器则负责区分生成器生成的样本和真实样本。简而言之，这个网络结构通过让生成器和判别器相互竞争来实现其目标：生成器努力制造假数据，而判别器则试图辨别真伪，最终目标是让生成器生成的数据能够以假乱真，成功欺骗判别器。生成对抗网络结构如图 2-18 所示。

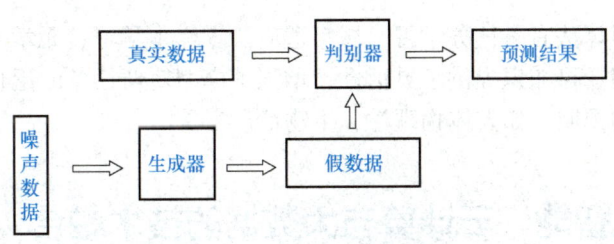

图 2-18　生成对抗网络结构

2.4.4　其他学习算法

1. 强化学习

DeepMind 团队于 2017 年在《自然》杂志上发表了关于围棋人工智能程序 AlphaGo 的升级版——AlphaGo Zero 的论文。相较于上一版本，这个新版本在名称上多了一个"Zero"，这象征着它完全从零开始，无需依赖任何历史棋谱的学习，仅凭自身学习来提升棋艺。这一特性的实现与 AlphaGo Zero 的底层工作原理紧密相连，即采用了强化学习的方法。

强化学习是一种通过从环境状态到动作的映射来学习的方法。如图 2-19 所示，智能体不断地与环境进行交互，执行动作并观察环境对这些动作给予的奖励以及随后发生的状态变化。其目标是学习到一种策略，该策略能够指导智能体在不同状态下选择出最佳动作，从而最大化累积的奖励值。

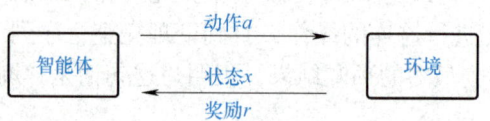

图 2-19　强化学习中智能体与环境的交互

目前流行的强化学习算法包括 Q-learning、DQN、DDPG、PPO 和 TRPO 等。这些算法已被广泛应用于游戏、机器人控制、自动驾驶等多个领域，并且仍在不断发展和完善中。

2. 迁移学习

世间万事万物皆存在共性，各类知识亦不例外。迁移学习的核心在于如何有效地发现新旧知识之间的相似性，并进而利用这种相似性来促进对新技术的学习。具体而言，迁移学习是一种学习策略。如图 2-20 所示，迁移学习利用数据、任务或模型之间的共通性，将在一个旧领域学习到的模型或知识，迁移到一个新领域中，以实现知识的有效转移和应用。

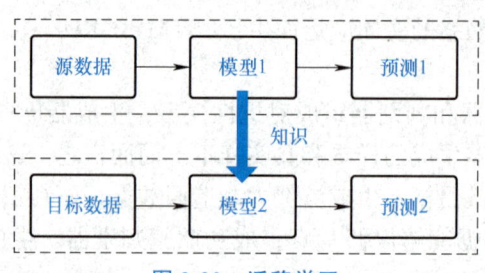

图 2-20　迁移学习

经典的迁移学习算法有多任务学习、域自适应、零样本学习、元学习等。这些算法为在不同领域和任务之间迁移知识提供了灵活性，增强了模型对新任务的泛化能力，因此有可能被应用于更加广泛的领域，如天体物理学、生物信息学等。

2.5　人工智能、云计算与大数据的技术融合

人工智能、云计算与大数据的技术融合已成为当前科技发展的重要趋势，它们之间相互依存、相互促进，共同驱动了数字化时代的显著进步。以下是对基于云计算的大数据处理与 AI 应用项目实践一般流程的简要说明。

2.5.1　需求分析与规划

1. 需求分析

确定项目的业务背景、目标，明确需求或问题的底层逻辑，将业务需求转换为产品需

求，并分析资源需求、性能需求等，确保项目能够满足实际业务需要，基于上述分析，输出详细且可行的解决方案。

2. 技术分析

根据项目需求，选择合适的人工智能框架，比如 Keras、PyTorch；明确使用的云计算平台，如阿里云、腾讯云等；确定大数据处理工具，如 Hadoop、Spark 等。

3. 系统架构分析

设计系统的整体架构，该架构需涵盖数据处理流程、模型训练与部署的详尽方案，以确保系统能够在安全、稳定且高效的状态下运行。

2.5.2 数据准备

1. 数据收集

本章 2.2 节介绍了各类数据源，可以根据项目使用场景需求下载相应数据，也可以使用网络爬虫、API 等方法收集数据，确保数据的真实性和有效性。

2. 数据预处理

对收集到的数据进行清洗、去重、缺失值填充、异常值处理等，提高数据的可靠性；若存在多个数据源，可将多个数据源的数据整合，提高数据的完整性，方便后续流程的处理和分析。

3. 数据存储

利用云计算平台的分布式存储系统进行数据存储和数据管理。

2.5.3 特征工程

特征的选择和提取直接影响模型的精度和效果，所以此步骤的主要目的是从原始数据中提取关键的有效特征，并以恰当的表现形式输入到人工智能模型当中。本章 2.2 节中展示了部分特征工程的处理方法。

2.5.4 模型设计与训练

1. 模型设计

根据项目需求选择合适的人工智能模型以及算法，这部分内容已在 2.4 节中展示，如线性回归、深度神经网络等。

2. 模型训练

使用云计算平台的计算资源对人工智能模型进行训练，同时可以通过大数据处理工具对海量数据进行快速处理和分析，加快模型训练的速度。

3. 模型评估

常见的模型评估指标包括准确率、精确率、召回率、F1 值、ROC 曲线下的面积（AUC 值）等，这些指标综合反映了模型的性能与效果。若模型效果未能达到预期，通常需要重新调整模型参数，甚至重新设计模型结构，直至模型性能达到满意水平。此外，针对特定领域，还会引入专门的模型评估指标，比如在目标检测任务中，就常常会采用交并比作为评估指标之一。

2.5.5 部署与应用

将训练完成的模型部署至云计算平台上,在 2.3 节中以阿里云为例,详细阐述了部署的具体流程。通过严格的测试后,该模型可安全地投入实际业务场景中应用。

2.5.6 日常维护和持续优化

积极收集并整理用户的使用反馈意见,以便深入了解模型在实际应用中的不足之处,根据这些反馈意见,对模型进行持续的优化和改进,以提升模型的性能表现和智能化水平;同时,及时排查并解决系统可能出现的故障,确保系统能够稳定运行;此外,还需加强系统信息的安全保护和管理,以保障数据的安全性和完整性。

本章小结

本章深入阐述了人工智能、大数据与云计算之间的紧密联系,并展示了它们如何相互支撑,共同促进技术的革新与发展。

大数据为人工智能提供了宝贵的数据源,使人工智能从中学习、发现潜在规律,并据此做出智能决策。云计算作为强大的后台支撑,为数据处理提供了高效、可扩展的计算资源和存储能力,确保了人工智能能够迅速响应并处理大规模数据。而算法,作为人工智能的核心驱动力,指导着人工智能的智能化进程和优化方向。在大数据、云计算与算法的共同驱动下,人工智能正引领人们步入一个前所未有的、充满无限可能的智能新时代。

习 题

选择题

1. 人工智能技术有三个核心要素,(　　)为 AI 系统提供了处理任务所需的知识和方法。
   A. 数据　　　　　　　　　　B. 算法
   C. 硬件设备　　　　　　　　D. 软件平台

2. 在人工智能领域,(　　)被视为与算法和数据同等重要的核心要素。
   A. 用户体验　　B. 计算能力　　C. 网络安全　　D. 数据可视化

3. 人工智能的核心目标是(　　)。
   A. 替代人类工作　　　　　　B. 使机器像人类一样思考、学习和解决问题
   C. 仅仅进行数据分析　　　　D. 提高计算机运算速度

4. (　　)不属于机器学习的一部分。
   A. 深度学习　　　　　　　　B. 支持向量机
   C. 随机森林　　　　　　　　D. 云计算

5. 大数据指的是(　　)。
   A. 可以用传统数据库处理的小规模数据
   B. 互联网、移动设备和物联网产生的海量数据

C. 文本数据

D. 只需要简单统计分析的数据

6. 云计算为大数据处理提供的优势包括（　　）。

A. 降低了数据处理成本　　　　　　　B. 无需本地计算资源

C. 提高了数据处理和分析的效率　　　D. 以上都是

7. 人工智能在大数据处理中的主要作用是（　　）。

A. 仅仅存储数据

B. 通过算法和模型对数据进行智能分析和预测

C. 提供网络基础设施

D. 替代人类决策

8. 深度学习作为机器学习的一个分支，其主要特点是（　　）。

A. 使用浅层神经网络　　　　　　　　B. 处理结构化数据

C. 依赖更复杂的神经网络结构和算法　D. 不需要大数据支持

9. 在人工智能、大数据和云计算的关系中，以下描述错误的是（　　）。

A. 大数据是人工智能和云计算的基础

B. 云计算为大数据处理提供了计算能力和存储资源

C. 人工智能仅依赖于云计算，与大数据无关

D. 三者相辅相成，共同推动科技进步

第 3 章

Python 基础

第3章　Python基础

【本章导学】

Python 作为一种简单易学、功能强大的编程语言，已经成为数据科学、人工智能、Web 开发等领域的首选语言。本章学习 Python 的基本语法、变量与数据类型、运算符、输入输出、条件判断、循环结构和基本的列表与字典操作等内容。通过一系列的实例与练习，读者能够编写出简单的 Python 程序，了解编程的逻辑与流程，为后续深入学习打下坚实的基础。

【学习目标】

1. 了解 Python 编程的基本概念，掌握 Python 的发展历程、安装与环境配置，熟悉 Python 解释器和编程环境的使用。

2. 掌握 Python 的基础语法，理解变量与数据类型的概念，能够进行基本的数据输入与输出，掌握运算符与表达式的使用方法。

3. 能够运用控制结构，熟悉条件判断语句（if语句）和循环语句（for、while 循环语句）的使用，能够根据不同情况编写相应的控制逻辑，实现程序的逻辑控制。了解函数的定义与调用方法。

【学习导览】

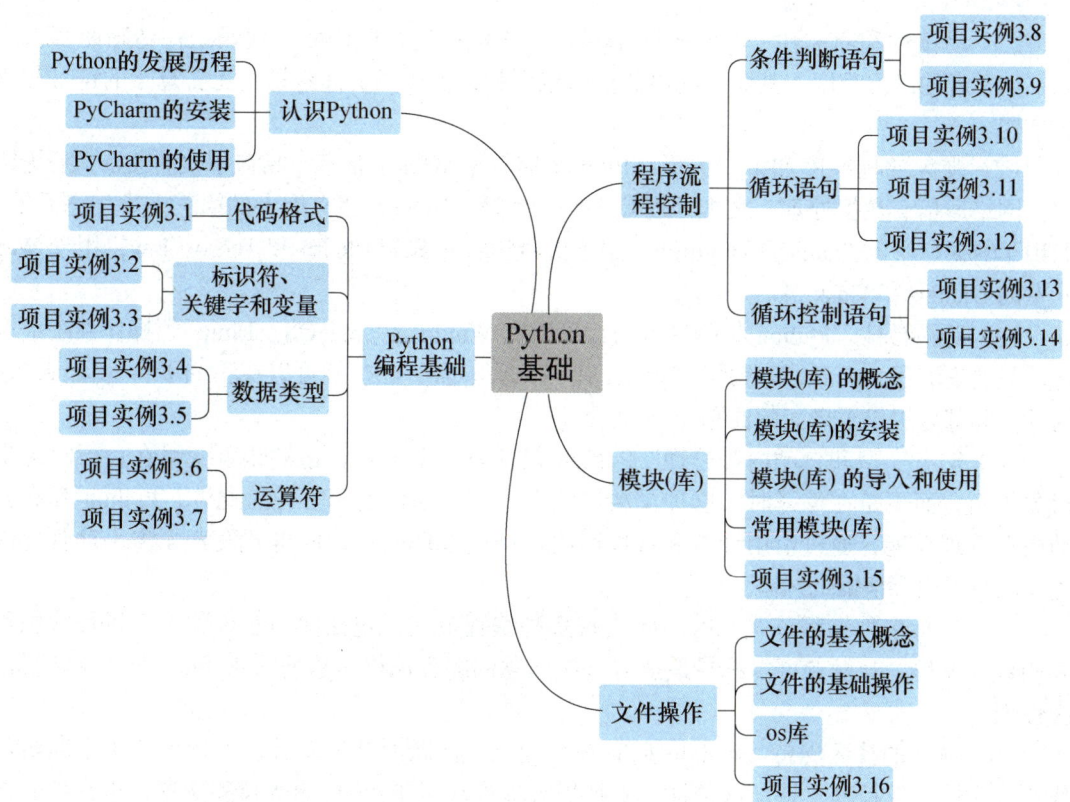

人工智能应用基础

3.1 认识 Python

3.1.1 Python 的发展历程

Python 是一种高级编程语言，以易读性和简洁性著称。它的起源可以追溯到 20 世纪 80 年代末期，荷兰计算机科学家 Guido van Rossum 在国家数学与计算机科学研究所（CWI）工作时，受到 ABC 编程语言的启发，决定创建一种既保留简洁性又能处理复杂任务的语言。1989 年圣诞节期间，他开始开发 Python。Python 的名字来源于他喜欢的英国喜剧团体"蒙提·派森"。

1991 年，Python 的第一个公开版本 0.9.0 发布，包含模块、异常处理、核心数据类型等。Python 1.0 于 1994 年推出，增加了 lambda 等功能。2000 年，Python 2.0 发布，加入了垃圾回收和列表推导。Python 2.x 系列推动了社区的成长。2008 年，Python 3.0 发布，尽管不兼容旧版本，但修复了许多设计问题。Python 3.x 系列逐渐成为主流，2014 年引入了异步编程支持，2018 年数据类等新功能的加入显著增强了性能和功能。

Python 之所以受欢迎，不仅在于其不断改进的特性，还因为它在 Web 开发、数据科学和人工智能等领域的广泛应用。活跃的社区和第三方库生态系统进一步推动了 Python 的普及。最新的稳定版本是 Python 3.13，它于 2024 年 10 月发布。

Python 具有以下优点：

（1）易读性和简洁性　Python 的语法设计非常接近自然语言，代码结构清晰明了，降低了初学者的学习难度。其简洁的语法使得编写和维护代码更加容易，无需复杂的符号和语法结构。

（2）强大的标准库和第三方库　Python 拥有丰富的标准库，涵盖了文件 I/O、系统调用、网络通信、数据处理、文本处理等方面。此外，Python 还有庞大的第三方库生态系统，如用于数据科学的 Pandas 和 NumPy，用于机器学习的 Scikit-learn 和 TensorFlow，用于 Web 开发的 Django 和 Flask 等。

（3）跨平台性　Python 是跨平台的，可以在 Windows、macOS、Linux 等操作系统上运行。只要安装了 Python 解释器，Python 代码几乎不需要修改就可以在不同平台上运行，这为开发和部署提供了极大的便利。

（4）动态类型和自动内存管理　Python 是动态类型语言，这意味着变量在运行时绑定对象类型，而不是在编译时。这种灵活性使得开发更加快速和方便。此外，Python 具有自动内存管理功能，通过引用计数和垃圾回收机制来管理内存，使得开发者无需手动管理内存，减少了内存泄漏的风险。

（5）支持多种编程范式　Python 支持多种编程范式，包括面向对象编程、过程式编程和函数式编程。开发者可以选择最适合解决问题的编程风格，这使得 Python 非常灵活且适应性强。

（6）强大的社区支持　Python 拥有一个庞大且活跃的开发者社区，社区成员不断贡献代码、文档、教程和支持。这种社区支持极大地推动了 Python 的普及和发展。丰富的文档和在线资源也帮助开发者快速上手和解决问题。

（7）可扩展性和集成性　Python 可以与其他编程语言（如 C、C++、Java 等）集成，并且可以通过扩展模块实现性能优化。例如，使用 C 扩展模块，开发者可以在需要高性能的部分使用 C 语言编写代码，而在其他部分继续使用 Python，这种混合编程提高了程序的效率和性能。

（8）广泛的应用领域　Python 的应用范围非常广泛，包括 Web 开发、数据科学、机器学习、脚本编写、系统管理、游戏开发等。其广泛的应用领域使得 Python 成为一门非常通用的编程语言。

3.1.2　PyCharm 的安装

Python 有许多工具可以帮助开发者提高效率和优化工作流程。常见的集成开发环境（IDE）包括 PyCharm、Visual Studio Code（VS Code）、Jupyter Notebook、Spyder 和 IDLE，其中 PyCharm 提供智能代码编辑、调试、版本控制和测试工具，VS Code 是一个插件丰富的开源代码编辑器，Jupyter Notebook 适合数据科学和机器学习，Spyder 专为科学计算设计，IDLE 是 Python 官方自带的轻量级 IDE。

常用的代码编辑器有 Sublime Text 和 Atom，它们支持多种编程语言和插件。版本控制工具如 Git 和 Mercurial 可以管理代码和协作开发。虚拟环境管理工具如 virtualenv 和 conda 用于创建隔离的 Python 环境，适合不同项目使用不同的依赖版本。测试工具如 pytest 和 unittest 帮助编写和运行单元测试和功能测试。

本书主要采用 PyCharm 作为开发环境。

1. 安装 Python 解释器

1）访问 Python 官网：https://www.python.org/downloads/。单击"Downloads"，选择"Windows"系统，如图 3-1 所示。

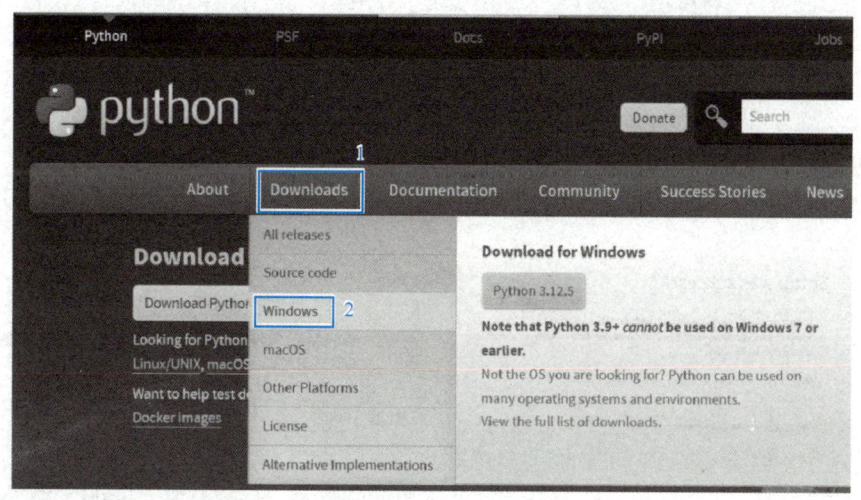

图 3-1　进入下载界面

2）选择合适的 Python 版本。选择"Windows"后，跳转到下一个界面，如图 3-2 所示。Python 3.8.0 简洁易学，非常适合初学者。找到 Python 3.8.0 版本，选择 64 位的下载，如

图 3-3 所示。

图 3-2　下载 Windows 系统版本

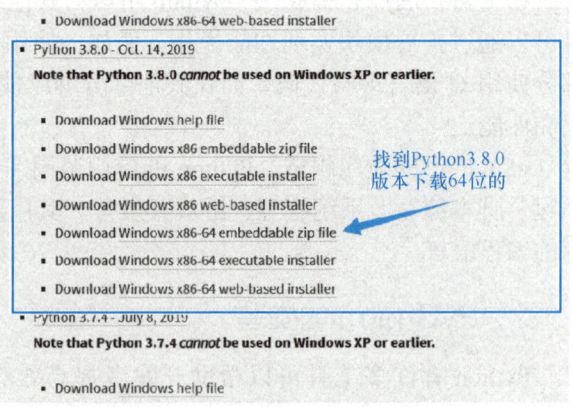

图 3-3　下载 Python 3.8.0 版本

3）下载完成后双击运行，出现图 3-4 所示界面。需要勾选再下载（①提示框勾选后，下载完成环境变量就已配置完成；②文件下载路径为 Python 解释器下载的默认路径）。

图 3-4　安装界面

4）出现图 3-5 所示界面则表示安装成功，单击 "Close" 关闭界面。

5）安装成功后，调用 \<Win>+\<R> 打开运行窗口，输入 "cmd" 后回车，如图 3-6 所示。

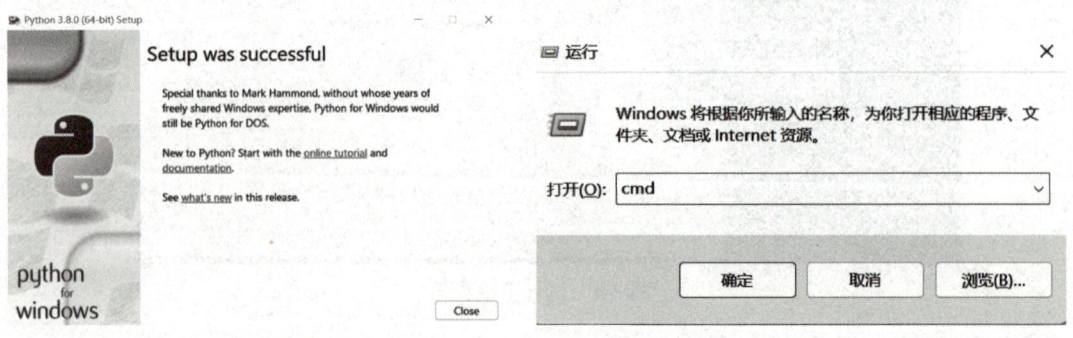

图 3-5　安装成功　　　　　　　　图 3-6　输入 "cmd"

6）检查 Python 是否安装成功。输入 "cmd" 后弹出命令提示符窗口，在命令提示符窗口中输入"python",出现图 3-7 所示界面则为安装成功。">>>"提示符表明已经在 Python 交互式环境中。输入指令"exit()",回车,可退出 Python 交互式环境。

若输入"python"出现"'python'不是内部或外部命令,也不是可运行的程序或批处理文件",可能是因为在安装 Python 时未勾选"Add Python 3.8 to PATH"这一选项,那就需要手动添加 python.exe 所在路径,如图 3-7 所示。

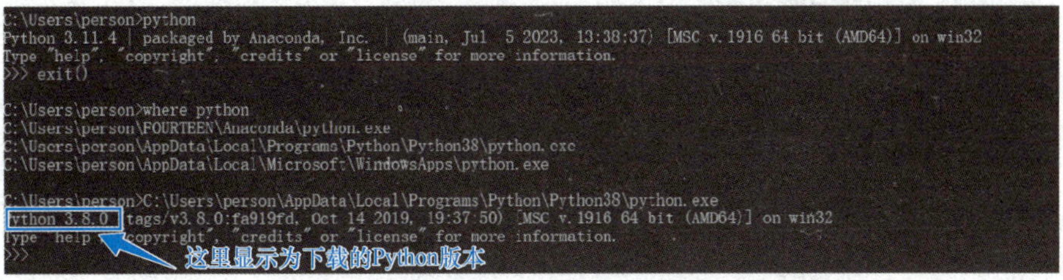

图 3-7　添加路径

2. 下载 PyCharm

(1) 访问官网　打开浏览器,访问 JetBrains 官方网站 https://www.jetbrains.com.cn/pycharm/download。

(2) 选择版本

1) PyCharm 有两个版本:Professional 和 Community。Professional 为收费版本,适用于企业开发,提供了更多高级功能,如数据库工具、Web 框架支持等;Community 为免费版本,适用于一般的 Python 开发需求。

2) 根据需求选择版本,本书选择 Community 版本即可,如图 3-8 所示。

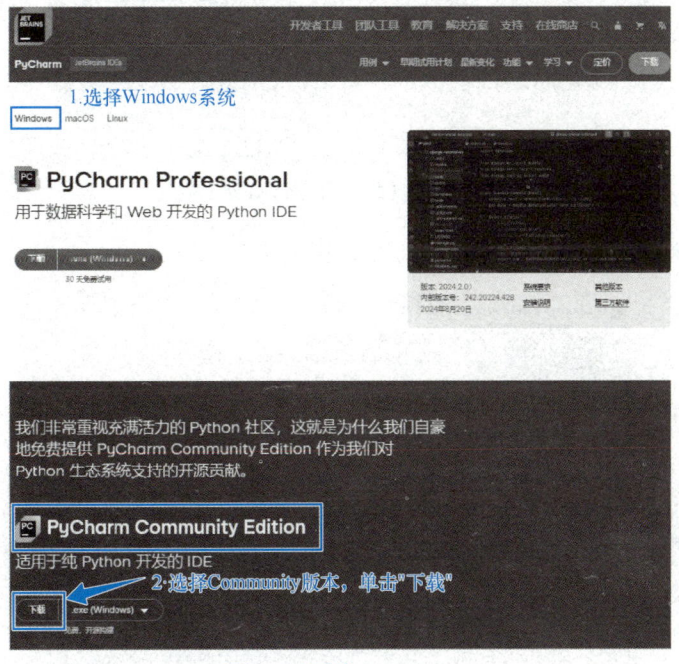

图 3-8　下载 PyCharm

3. 安装 PyCharm

1）下载完成后，找到下载的安装包文件，双击运行安装程序。

2）进入安装向导，如图 3-9 所示。

图 3-9　进入安装向导

3）单击"浏览"选择 PyCharm 安装路径，如图 3-10 所示。

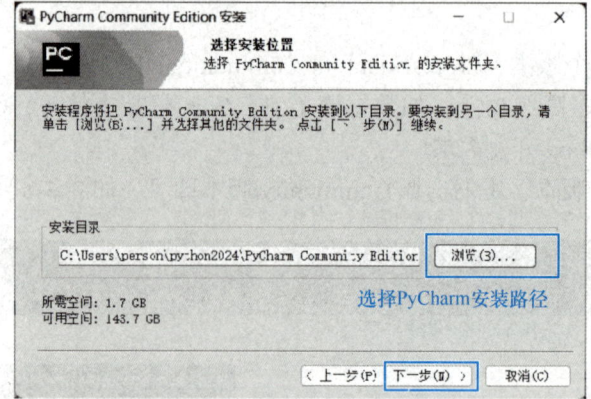

图 3-10　选择 PyCharm 安装路径

4）勾选相应选项，单击"下一步"，如图 3-11 所示。

图 3-11　勾选相应选项

5）单击"安装",如图 3-12 所示。

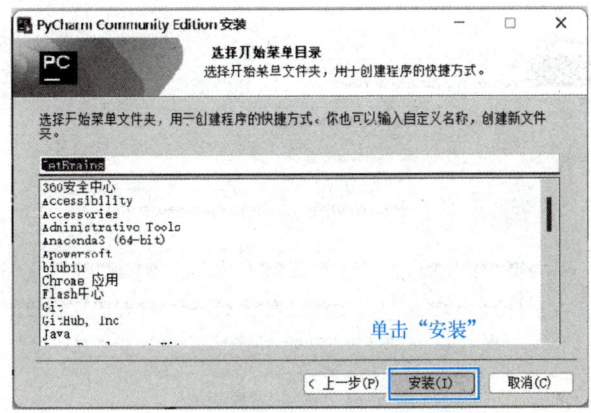

图 3-12　安装

6）安装完成后,选择"否,我会在之后重新启动",再单击"完成",如图 3-13 所示。

图 3-13　安装完成

4. 配置 PyCharm

安装完成后,首次启动 PyCharm 时进入欢迎界面。

1）创建新项目。在欢迎界面,单击"New Project"选项创建新项目,如图 3-14 所示。

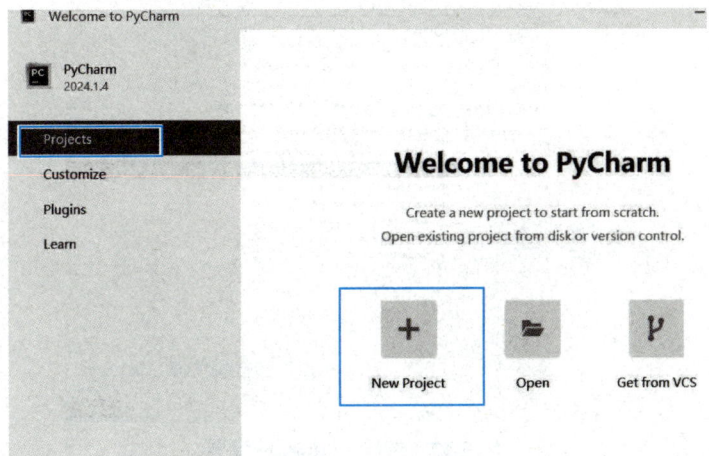

图 3-14　创建新项目

2）设置项目名称，如图 3-15 所示。

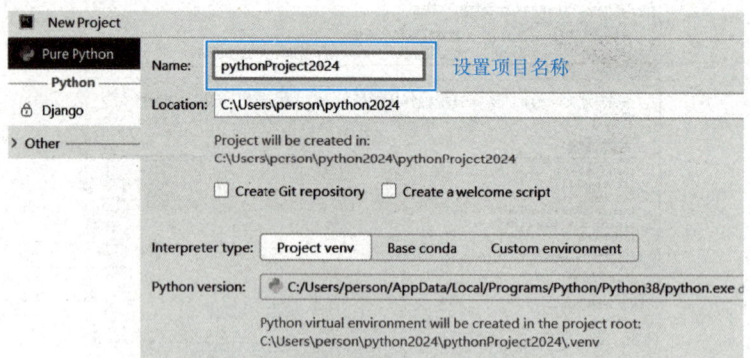

图 3-15　设置项目名称

3）选择项目存放路径，如图 3-16 所示。

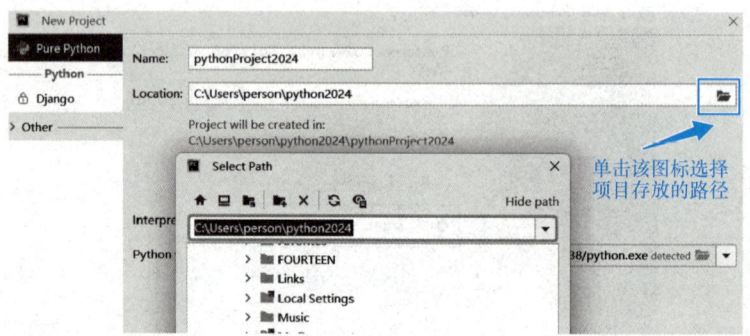

图 3-16　选择项目存放路径

4）选择 Python 解释器，可以选择已有解释器或新建虚拟环境，推荐选择已有解释器，如图 3-17 所示。

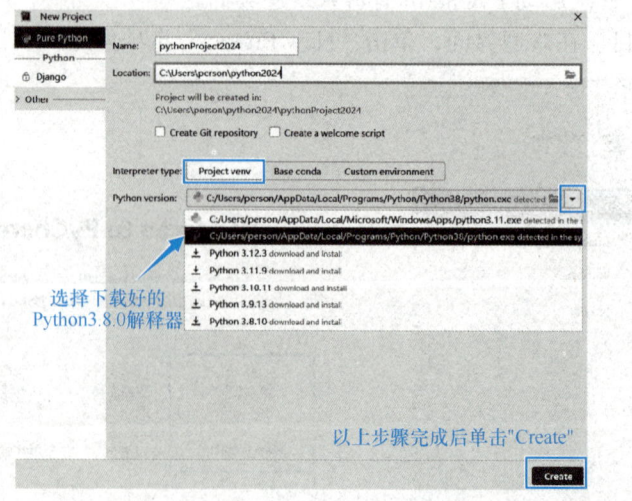

图 3-17　选择 Python 解释器

3.1.3 PyCharm 的使用

1. 新建文件夹

1）打开项目：启动 PyCharm 并打开要操作的项目。

2）选择文件夹：右键单击需要新建文件夹的父文件夹，如图 3-18 所示。

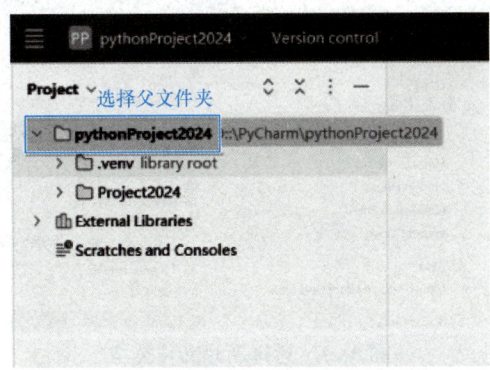

图 3-18 父文件夹

3）新建文件夹：选择"New"→"Directory"菜单命令新建文件夹，如图 3-19 所示。

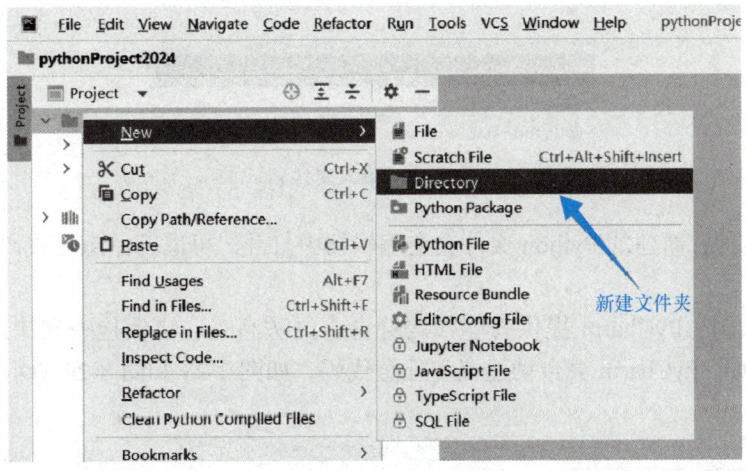

图 3-19 新建文件夹

4）命名文件夹：在弹出的对话框中输入文件夹名称，然后回车，如图 3-20 所示。

图 3-20 输入文件夹名称

5）管理文件夹：新建的文件夹会出现在项目视图中，可以在其中创建文件或子文件夹。

2. 新建文件

1）新建文件：右键单击需要新建文件的文件夹，选择"New"菜单命令，并在下一级菜单命令中选择新建文件类型，这里选择"Python File"，如图 3-21 所示。

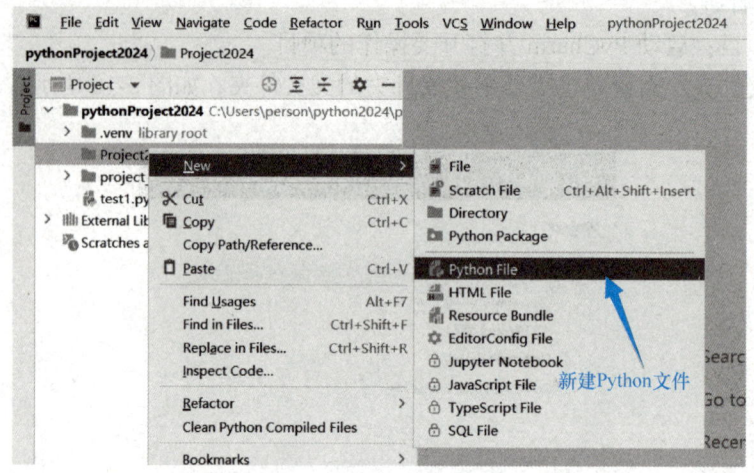

图 3-21　选择新建文件类型

2）命名文件：在弹出的对话框中输入文件名，然后回车，如图 3-22 所示。

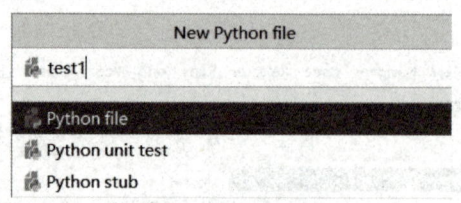

图 3-22　输入文件名

3）编辑文件：新建的 Python 文件会在编辑器中打开，可以开始编写代码。

3. 代码编写

1）代码编辑：PyCharm 提供智能代码补全、语法高亮、错误检查和快速修复等功能。开始编写代码时，PyCharm 会自动建议和补全代码，如图 3-23 和图 3-24 所示。

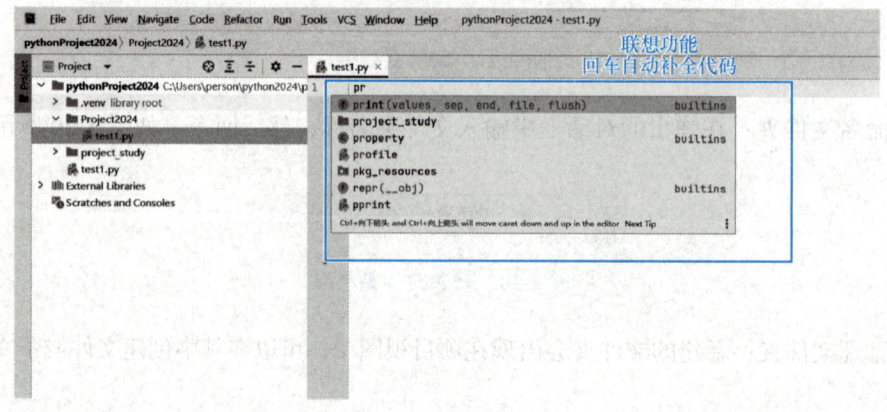

图 3-23　程序代码

第3章　Python基础

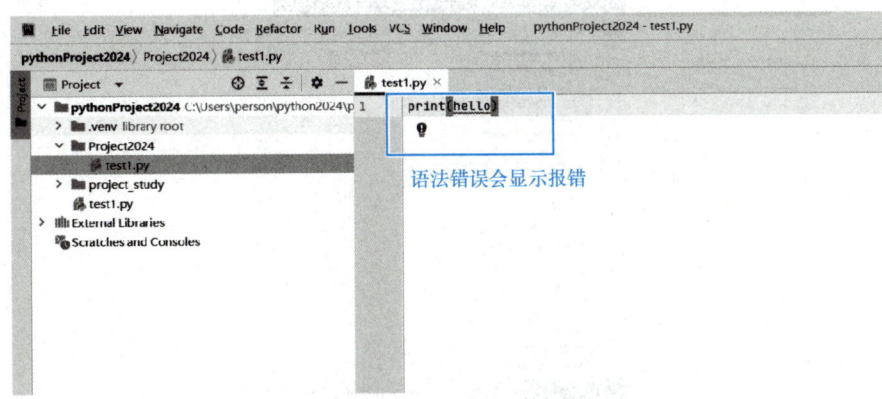

图 3-24　错误提示

2）代码格式化：使用快捷键 <Ctrl>+<Alt>+<L>（Windows/Linux）或 <Cmd>+<Alt>+<L>（macOS）可以格式化代码，使其符合代码风格指南。

3）重构：右键单击程序文件选择"Refactor"命令，可以进行重命名、移动、复制等操作，选择"Delete"命令可以进行删除操作，PyCharm 会自动更新相关引用，如图 3-25 所示。

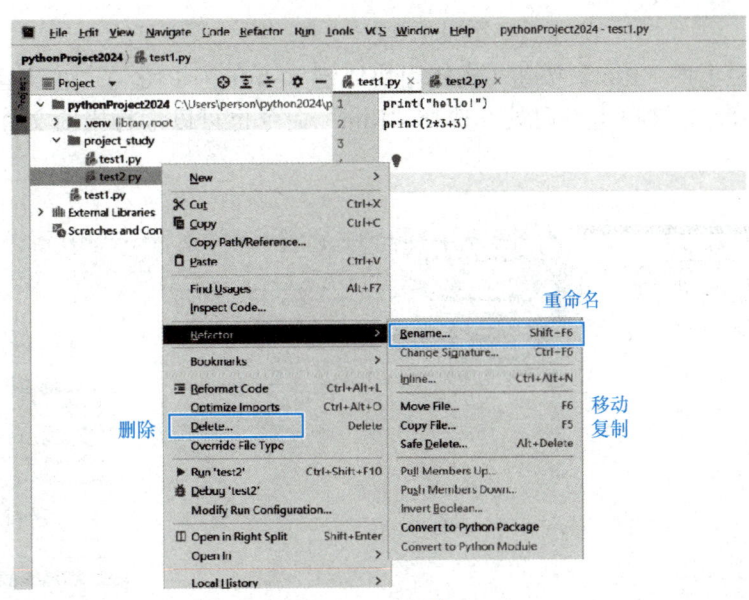

图 3-25　重构

4. 代码调试

1）设置断点：单击代码行号左侧，可以设置断点。

2）启动调试：单击工具栏上的"Debug"按钮（或使用快捷键 <Shift>+<F9>），程序会在断点处暂停，如图 3-26 所示。

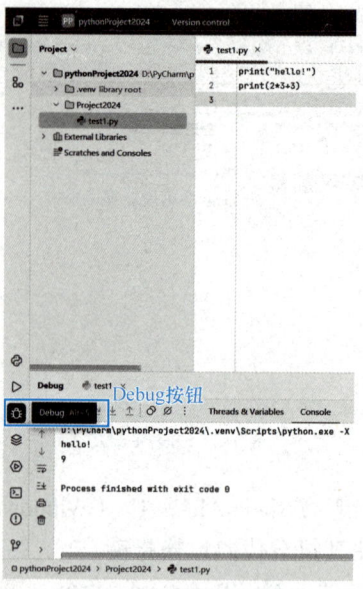

图 3-26　Debug 按钮

3）调试窗口：调试窗口可查看变量值、表达式计算和程序执行流程。可以逐步执行代码、跳入函数、跳出函数等。

5. 运行

单击工具栏上的"Run"按钮（或使用快捷键 <Shift>+<F10>），可以运行当前文件，如图 3-27a 所示。右键单击空白处，选择"Run"命令也可以运行当前文件，如图 3-27b 所示。

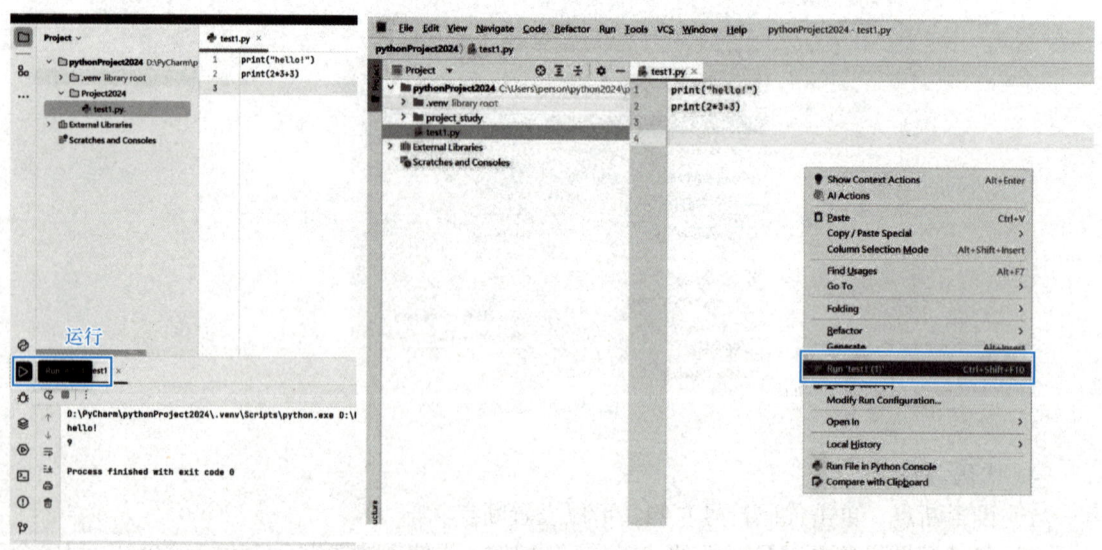

a）运行程序（1）　　　　　　　　　　　　b）运行程序（2）

图 3-27　运行程序

3.2 Python 编程基础

3.2.1 代码格式

Python 程序格式化规则是编写高质量代码的重要基础。遵循一致的代码格式有助于提高代码的可读性、简洁性和一致性，特别是在团队协作中，统一的格式减少了沟通成本，简化了代码审查和合并的流程。此外，良好的代码格式帮助新加入的开发者快速理解和融入项目，减少学习时间。

代码格式不仅仅是美学上的要求，它直接影响代码的可维护性和扩展性。格式统一的代码逻辑清晰，易于理解和跟踪，能降低错误发生的概率。尤其对于大型项目，规范的代码格式能避免代码混乱、难以维护的问题，确保项目的顺利进行。遵循格式规范还能够提高开发效率，使团队协作更加顺畅。

1. 注释

在 Python 语言中，注释用于向代码添加解释或备注，以便于代码的理解和维护。注释的基本功能是准确描述代码的功能或意图。注释不会被 Python 的解释器执行，因此开发者可以大胆地在代码中添加注释。但注释的核心功能是提供额外的信息或者解释复杂的逻辑，所以尽量不要为显而易见的代码添加注释。

合理地使用注释可以提高代码的可读性、可维护性和一致性。可读性和可维护性体现在注释可以解释代码中复杂、不明确的部分，帮助开发者更容易地理解和使用代码。注释的一致性主要体现在两个方面：当代码修改时，与此相关的注释也应及时做出相应的修改；在团队协作中，通过注释来确保团队中的每一位成员对代码的认识是一致的。

在 Python 中，注释有两种定义方法，分别是单行注释和多行注释，下面将分类详细介绍。

（1）单行注释　单行注释主要用于添加简短的备注或解释。这类注释仅占一行，并从该行的某个位置开始，直到行末结束。单行注释以"#"开头，后面的所有文本都被视为注释，不会被解释器执行。单行注释通常用于解释代码的某一部分，或者临时禁用一行代码进行调试。

示例：

```
# 这是一个单行注释
print("Hello,World!")          # 这也是一个单行注释
```

在上面的示例中，第一个注释单独占一行，而第二个注释位于代码行的末尾。无论注释在行中的什么位置，只要有"#"，其后的内容都会被解释器忽略。

使用单行注释的场景：

1) 解释代码功能：

```
x=10                           # 初始化变量 x 为 10
```

2) 标记待办事项：

```
#TODO：添加错误处理
```

3）临时禁用代码：

```
#print("This line is commented out and won't run")
```

4）提高代码可读性：

```
for i in range(5):
    print(i)                        #打印从 0 到 4 的数字
```

（2）多行注释　多行注释用于在代码中添加跨越多行的备注或解释。在 Python 中，虽然没有专门的多行注释语法，但通常使用三重引号（''' 或 """）来实现。

示例：

```
"""
这是一个多行注释的示例。
它可以跨越多行，用于提供更详细的解释或备注。
"""
print("Hello,World!")

'''
这是另一个多行注释的示例。
也可以跨越多行。
'''
```

使用多行注释的场景：

1）详细说明代码块：

```
"""
这个函数用于计算两个数的和。
参数:a(int):第一个整数,b(int):第二个整数。
返回:int:两个整数的和
"""
def add(a,b):
    return a+b
```

2）注释掉大段代码：

```
'''
print("This is a test.")
print("This line is also commented out.")
'''
```

2. 行与空格

在 Python 编程语言中，行与空格的使用对于代码的可读性和正确性至关重要。通过遵循行与空格的规则，可以编写出结构清晰、易于维护和理解的 Python 代码。以下是关于行与空格的一些关键点。

（1）行　Python 程序由一行行的代码组成，每行代码通常代表一个语句或一个表达式。大多数情况下，每个语句独占一行，我们称这类语句为单行语句。

除非有特殊需要，否则每行代码应该只包含一个语句。

```
print("Hello,World!")
x=10
y=20
```

但如果一个语句太长，可以使用反斜杠（\）将其分为多行。

```
total=1+2+3+\
      4+5+6
```

也可以使用括号（）、[ ] 或 {} 将表达式分为多行，而不需要反斜杠。

```
total=(1+2+3+
       4+5+6)
```

（2）空格　空格在 Python 中有两种主要用途：分隔单词和缩进代码块。

1）分隔单词。空格用于分隔单词或操作符，使代码更具可读性。

```
x=10
y=20
result=x+y
```

2）缩进代码块。缩进是 Python 语言的"特色"。缩进是语法的一部分，它用于定义代码块的结构。代码块是由多个语句组成的代码组，它们共同执行特定的任务或逻辑。与许多其他编程语言使用符号来表示代码块的层级和范围不同，Python 采用缩进来明确代码块的开始和结束，还可以通过增加缩进级别来表示嵌套的代码块。因此，Python 中的控制结构，如条件语句（if、elif、else）、循环语句（for、while）和函数定义（def）等，都依赖于缩进来表示包含在这些结构中的代码块。以下是关于 Python 缩进的一些关键点。

通常，缩进由四个空格（Space）组成，但也可以使用制表符（Tab），使用空格是 Python 社区的推荐做法，但在实际编程中建议根据个人代码习惯决定缩进方法。缩进需要保持一致性，这是指所有属于同一代码块的语句必须有相同数量的空格（Space）或制表符（Tab）。在编程中，注意不要混用空格和制表符，否则极易发生语法错误。

```
if x > 0:
    print("x is positive")
else:
    print("x is non-positive")
```

3. 转义字符

转义字符用于在字符串中插入无法直接表示的字符，例如换行符、制表符等。转义字符通常以反斜杠（\）开头，后跟一个或多个字符，表示特定的特殊字符或控制序列。

Python 中常见的转义字符见表 3-1。

表 3-1 Python 中常见的转义字符

转义字符	含义
\n	换行符
\t	制表符
\r	回车符
\b	退格符

（1）换行符

```
text="Hello,World!\nWelcome to Python."
print(text)
# 输出：
#Hello,World!
#Welcome to Python.
```

（2）制表符

```
text ="Column1\tColumn2\tColumn3"
print(text)
# 输出：
#Column1 Column2 Column3
```

4. 输入

Python 提供了多种方式来获取用户输入，主要包括从标准输入（控制台）读取数据以及通过图形用户界面（GUI）或文件读取输入，这里主要介绍从控制台进行输入。

从控制台输入主要通过 input() 函数，input() 函数用于暂停程序，等待用户输入，并在用户按下回车键后返回输入的数据。返回的数据类型为字符串。

语法：

```
input("t 显示在运行界面的提示信息 ")
```

参数说明：input() 可以提供一个提示字符串，该字符串将显示在控制台中，引导用户进行输入。

返回值：input() 函数返回用户输入的字符串。

示例：

```
# 使用 input() 获取用户输入
name = input("请输入您的姓名:")
print(f"您好,{name}!")
```

这里使用的 f-string（格式化字符串）是在 Python 3.6 引入的一种用于字符串插值的语

法，使得在字符串中插入变量和表达式更加简洁和易读。

f-string 是通过在字符串前添加 f 或 F 前缀来定义的，允许在字符串中使用大括号 {} 插入变量或表达式，f-string 会自动将其替换为对应的值。

示例：

```
# 定义变量
name="Alice"
age=30
# 使用 f-string 插入变量
greeting=f"你好,{name}!你今年{age}岁。"
print(greeting)
```

【项目实例 3.1】

生成个性化邮件：创建一个新的 Python 文档，命名为 XXXXX.py。代码要能够根据用户输入的信息生成个性化的电子邮件内容。邮件内容包括问候语、正文和结尾。

要求：

1）使用合理的注释对代码进行解释，包括多行注释和单行注释。
2）使用适当的空格，使代码易于阅读。
3）使用转义字符处理特殊字符。

代码示例：

```
1    '''
2    电子邮件生成器
3    根据用户输入的信息生成个性化的电子邮件内容
4    '''
5    # 获取用户输入的信息
6    # 提示用户输入收件人的姓名,并将输入值存储在变量 recipient_name 中
7    recipient_name = input("请输入收件人姓名:")
8    # 提示用户输入自己的姓名,并将输入值存储在变量 sender_name 中
9    sender_name = input("请输入您的姓名:")
10   # 提示用户输入邮件的主题,并将输入值存储在变量 subject 中
11   subject = input("请输入邮件主题:")
12   # 提示用户输入邮件的正文,并将输入值存储在变量 body 中
13   body = input("请输入邮件正文:")
14
15   # 使用 f-string 格式化字符串生成邮件内容
16   # 使用 f-string 创建多行字符串 email_content,在适当位置插入变量值
17   email_content = f"""
18   To:{recipient_name}
```

```
19
20      Subject:{subject}
21
22      Dear{recipient_name},
23
24      {body}
25
26      Best regards,
27      {sender_name}
28      """
29
30  # 显示生成的邮件内容
31  print("生成的邮件内容如下:")      # 输出说明邮件内容将被显示
32  print(email_content)              # 输出生成的邮件内容
```

第1~4行：多行注释，说明以下程序是一个"电子邮件生成器"，根据用户输入的信息生成个性化的电子邮件内容。

第5、6行：单行注释，用于解释后续代码块，表明接下来的代码将会收集用户的输入信息。

第7~13行：第8、10、12行的结构是一样的。recipient_name、sender_name、subject、body 都是变量，分别用来存储收件人的姓名、发件人的姓名、邮件主题和邮件正文。input() 函数提示用户从控制台输入相应的信息，并将用户输入的内容保存在相应的变量中。

第14~29行：email_content 是一个变量，用于存储格式化后的邮件内容。f"""…""" 是一个格式化字符串（f-string），使用三引号可以创建多行字符串。三引号前的 f 表示这是一个格式化字符串。大括号 {} 内可以放置变量名或表达式，f-string 会自动将其替换为对应的值。这个代码块将用户输入的收件人姓名、邮件主题、邮件正文和发件人姓名插入到邮件模板中，形成完整的邮件内容。

第30、31行：print() 函数输出"生成的邮件内容如下："，提示用户接下来会显示邮件内容。

第32行：print() 函数输出 email_content 变量的内容，即之前格式化后的完整邮件内容，展示在控制台中。

3.2.2 标识符、关键字和变量

1. 标识符

在 Python 中，标识符用于标识变量、函数、类、模块或其他对象。标识符的命名规则和惯例对代码的可读性和可维护性非常重要。

（1）标识符的命名规则

1）字母和数字。标识符可以包含字母（a~z、A~Z）、数字（0~9）以及下划线（_）。

2）首字符。标识符的第一个字符必须是字母或下划线，不能是数字。

3）大小写敏感。Python 区分大小写，即 Variable 和 variable 是两个不同的标识符。

4）关键字。不能使用 Python 的关键字作为标识符。例如，if、else、while 等都是关键字，不能用作标识符。

示例：

```python
# 有效的标识符
variable1=10
_variable=20
variable_3 = 30
Variable = 40                           # 与 variable 不同
myFunction = lambda x:x+1
# 无效的标识符(会导致语法错误)
#1variable = 50
#for=60
#def=70
```

（2）标识符的命名惯例　为了提高代码的可读性和一致性，通常遵循一些命名惯例：

1）变量和函数：使用小写字母和下划线（如 snake_case）。

2）常量：使用全大写字母和下划线（如 UPPER_SNAKE_CASE）。

3）类名：使用首字母大写的单词（如 CamelCase）。

示例：

```python
# 变量
counter=1
total_sum=100
# 常量
PI=3.14159
MAX_CONNECTIONS=10
# 函数
def calculate_area(radius):
    return PI*(radius 2)
# 类
class Circle:
    def __init__(self,radius):
        self.radius = radius
    def area(self):
        return calculate_area(self.radius)
```

2. 关键字

在 Python 中，关键字（或保留字）是预定义的、具有特殊含义的标识符。它们用于表示语言的基本结构元素，不能用作变量、函数、类名或任何其他标识符。注意，Python 的关键字是区分大小写的。

Python 中所有关键字见表 3-2。

表 3-2 Python 中所有关键字

关键字				
False	await	else	import	pass
None	break	except	in	raise
True	class	finally	is	return
and	continue	for	lambda	try
as	def	from	nonlocal	while
assert	del	global	not	with
async	elif	if	or	yield

（1）关键字类型

1）控制流关键字：if、elif、else、for、while、break、continue、return。

2）定义和声明关键字：def、class、lambda、import、from、global、nonlocal。

3）异常处理关键字：try、except、finally、raise、assert。

4）逻辑运算关键字：and、or、not、is。

5）布尔类型关键字：False、True。

6）NoneType 类型关键字：None。

7）其他关键字：with、yield、async、await、pass、del、in。

（2）常用关键字含义

1）控制流关键字：

if：条件判断语句，程序根据不同情况执行不同逻辑。根据条件判断来决定是否执行相应的代码块。如果条件表达式的结果为 True，则执行 if 后面缩进的代码。

elif：是 else if 的缩写，用于在 if 语句的条件不满足时，进一步检查其他条件。可以在一个 if 语句中添加多个 elif 语句，以实现多条件分支判断，使程序根据不同的条件执行不同的操作。

else：当 if 和 elif 条件都不满足时，执行 else 后相应代码。它提供了一个默认的操作选项，确保在所有前面的条件都不满足时，程序仍然有相应的执行逻辑。

for：用于遍历序列（如列表、元组、字符串、字典等）或其他可迭代对象，将可迭代对象中的元素依次赋值给循环变量，实现对可迭代对象的遍历操作，使程序可以对序列中的每个元素进行相同或相似的操作。

while：只要 while 后面的条件表达式为 True，就会重复执行循环体代码，直到条件为 False。这是一种实现循环操作的方式，适用于在满足特定条件时持续执行某段代码的场景。

break：在循环结构（for 或 while）中，使用 break 可以立即终止当前循环，跳出循环体。当满足某个特定条件时，可以使用 break 提前结束循环，提高程序执行效率。

continue：在循环结构中，使用 continue 可以跳过当前循环的剩余部分，直接开始下一次循环迭代。

return：返回。

2）定义和声明关键字：

def：用于定义函数，指定函数的名称和参数列表，并将函数体缩进。函数是代码的组织单元，将实现特定功能的代码封装在一起，提高代码的复用性和可维护性。

class：用于定义类，包含属性和方法。可以通过类创建对象，实现面向对象编程，将数据和操作数据的函数组合在一起，便于管理和扩展。

lambda：用于创建匿名函数，通常用于简单的函数表达式，可作为参数传递给其他函数。匿名函数在需要简洁地定义一个小函数，并且该函数只在一处使用时非常方便。但它只能包含一个表达式，不能包含多条语句。

import：用于导入模块，从而可以使用该模块中的函数、类、变量等。通过导入模块，可以使用 Python 标准库或第三方库提供的功能。

from：与 import 结合使用，可以从模块中导入特定的函数、类或变量，而不是导入整个模块，更精确地导入所需的内容，避免命名空间污染。

global：用于在函数内部声明一个变量为全局变量，允许在函数内修改全局变量的值。当在函数内部需要修改全局变量时，使用 global 关键字进行声明。

nonlocal：用于在嵌套函数中声明一个变量为非局部变量，允许在内部函数中修改外部函数中的变量。在嵌套函数的场景中，需要修改外部函数的变量时使用。

3）异常处理关键字：

try：包含可能引发异常的代码块，程序将尝试执行其中的代码。将可能出现异常的代码包裹在 try 块中，以便后续进行异常处理。

except：紧跟在 try 后面，用于捕获并处理 try 块中抛出的异常。可以有多个 except 来处理不同类型的异常，根据不同的异常类型执行不同的处理逻辑，保证程序的健壮性。

finally：无论 try 块中是否发生异常，finally 块中的代码都会被执行，通常用于清理操作，如关闭文件、释放资源等，确保程序执行完后资源得到正确的处理。

raise：用于手动引发一个异常。在程序中，当满足某些条件时，可以使用 raise 抛出异常，通知调用者发生了错误或异常情况。

assert：用于在程序中插入断言，当断言的条件为 False 时，会引发 AssertionError。通常用于调试，确保程序满足预期条件，在开发过程中帮助发现程序中的逻辑错误。assert 语句可以带有可选的错误信息，例如，assert condition，"Error message"。

4）逻辑运算关键字：

and：逻辑与运算符，只有当左右两边的表达式都为 True 时，结果为 True。用于多个条件同时满足的逻辑判断，使程序可以根据多个条件的组合进行决策。

or：逻辑或运算符，只要左右两边的表达式有一个为 True，结果为 True。用于多个条件中满足一个即可的逻辑判断。

not：逻辑非运算符，对表达式的结果取反。可以将一个条件的结果进行反转，方便程序的逻辑表达。

is：用于比较两个对象是否是同一个对象。比较的是对象的标识，即内存地址，而不是比较它们的值是否相等。与 == 运算符不同，is 用于检查对象的身份（即是否为同一个对象），而 == 用于检查对象的值是否相等。

5）布尔类型和 NoneType 类型关键字：

False：布尔类型的值，表示假，用于表示条件不成立的情况。

True：布尔类型的值，表示真，用于表示条件成立的情况。

None：表示空值或缺失值，属于 NoneType 类型。常用于函数没有返回值时，或者作为变量的初始值，表示未赋值，用于表示某个对象或变量没有实际的值。

6）其他关键字：

with：用于简化资源管理，例如文件操作，确保资源在使用后正确关闭。使用 with 可以避免忘记关闭资源，使代码更加简洁和安全。

yield：用于定义生成器函数，每次调用 yield 会暂停函数的执行，并将结果返回给调用者，下次调用时，从暂停的位置继续执行。允许函数在迭代过程中暂停和恢复，节省内存和提高性能。

async 和 await：用于异步编程，async 用于定义异步函数，await 用于等待异步操作完成。这两个关键字用于处理并发操作，提高程序的性能和响应能力。

pass：作为占位符使用，当语法上需要语句但不执行任何操作时使用。在编写代码的过程中，当暂时不想实现某个函数或类的具体逻辑时，可以使用 pass 作为占位符。

del：用于删除变量或对象的引用，释放内存。当不再需要某个变量或对象时，可以使用 del 进行清理，释放系统资源。

in：用于检查元素是否存在于序列或集合中，或者用于 for 循环遍历可迭代对象。可以方便地检查元素的存在性和实现遍历操作。

（3）关键字查询　　当不确定是否是关键字时，可以使用 keyword 模块查看当前 Python 版本中的所有关键字。以下是查询关键字的代码。

```
import keyword
print(keyword.kwlist)
```

3. 变量

在 Python 中，变量用于存储数据值，数据类型则决定了变量所存储数据的类型。Python 是一种动态类型语言，这意味着在定义变量时不需要指定类型，变量的类型会在赋值时自动确定。

遵循命名规则在 Python 编程中非常重要，良好的命名使得代码更容易理解，提高代码质量，帮助快速识别变量的用途和数据类型，便于调试和排查问题，使其他开发者或自己在一段时间后阅读代码时能够快速理解其含义，还可以使代码更符合社区标准，便于开源项目的协作和贡献。同时，Python 中有许多内置函数和模块，如果随意命名变量，可能会导致命名冲突，覆盖内置对象，导致程序出错。因此，建议变量的命名遵循以下规则：

1）变量名可以包含字母（a~z、A~Z）、数字（0~9）和下划线（_）。

2）变量名必须以字母或下划线开头，不能以数字开头。

3）变量名对大小写敏感（var 和 Var 是两个不同的变量）。

4）不能使用 Python 的关键字作为变量名。

示例：

```
#定义变量
name="Alice"
age=30
height=5.6
```

【项目实例 3.2】

创建一个 Python 文件，命名为 XXXXX.py。程序可以从键盘获取用户的名字，并生成个性化的问候语。用户可以通过输入自己的名字，最终自动输出一条个性化的欢迎信息。

要求：

1）从键盘获取用户的名字。
2）确保输入的数据是有效的字符串。
3）使用格式化字符串（f-string）生成问候语。
4）打印生成个性化问候语。

代码示例：

```
1 #定义一个变量 name,表示用户的名字,从键盘输入。
2 name = input('请输入自己的名字:')
3 #使用字符串格式化方法创建个性化问候语
4 greeting = f"Hello,{name}!Welcome to the Python world."
5 #打印个性化问候语
6 print(greeting)      #输出:Hello,Alisa!Welcome to the Python world.
```

第 2 行：定义一个变量名为 name，用于存储用户的名字。input() 函数从键盘获取输入。函数内的字符串"'请输入自己的名字:'"是提示信息，会显示在控制台上，提示用户进行输入。用户输入的内容以字符串的形式返回，即便用户输入的是数字或其他字符。待用户输入姓名后，将用户输入的姓名存储在变量 name 中。

第 4 行：创建一个格式化字符串，将变量 name 的值嵌入到问候语中。假设用户输入了名字"Alisa"，则 greeting 将是 "Hello, Alisa！ Welcome to the Python world."。

第 6 行：将 greeting 的内容输出到控制台。输出将会是个性化的问候语。

【项目实例 3.3】

编写一个程序，定义两个变量，并使用 Python 的多重赋值语法交换它们的值。通过该程序，理解变量交换的基本原理和多重赋值的灵活性。

要求：

1）定义变量：定义两个变量 a 和 b，并给它们赋初始值。
2）打印初始值：输出交换前变量 a 和 b 的值。
3）交换变量值：使用 Python 的多重赋值语法交换 a 和 b 的值。
4）打印交换后的值：输出交换后变量 a 和 b 的值。

代码示例:

```
1        #定义两个变量a和b
2        a=5
3        b=10
4        #打印交换前的值
5        print("交换前:a=",a,",b=",b)
6        #使用Python的多重赋值语法来交换a和b的值
7        a,b=b,a
8        #打印交换后的值
9        print("交换后:a =",a,",b =",b)
```

第2、3行:a = 5 和 b = 10 是赋值语句。在 Python 中,等号(=)用于将右侧的值赋给左侧的变量。这里,a 被赋值为整数 5,b 被赋值为整数 10。

第5行:用 print()函数输出交换前的值,即交换前:a = 5,b = 10。

第7行:a,b = b,a 是多重赋值语法。Python 允许在一行中同时为多个变量赋值,也称为解包赋值。右边的(b,a)创建了一个包含两个值的元组,分别是当前的 b 和 a。然后,这两个值被同时赋给左边的变量 a 和 b,从而实现了两个变量值的交换。

第9行:输出交换后两变量的值:a = 10,b = 5。

3.2.3 数据类型

Python 支持多种数据类型,用于存储和操作不同类型的数据。数据类型决定了可以对数据执行的操作,并帮助程序更高效地管理和使用内存。因此,理解数据类型是编写可靠和高效 Python 代码的基础。

1. 数值类型(Numeric Type)

(1)整数(int) 整数(int)是一种基本的数据类型,用于表示没有小数部分的数字。整数可以是正数、负数或零。Python 的整数类型没有固定的范围限制,取决于可用内存大小,这意味着可以表示非常大的整数。整数可以直接赋值给变量,无需特别的声明。

```
a=10
b=-20
c=0
print(type(a))                    #<class'int'>
```

(2)浮点数(float) 浮点数(float)是一种用于表示带小数部分的数字的数据类型。浮点数在 Python 中用双精度数(64 位)表示,这意味着可以存储非常大或非常小的数值,并具有一定的精度。浮点数可以直接赋值给变量,通常包含小数点。

```
a=3.14
b=-2.5
c=0.0
print(type(a))                    #<class'float'>
```

浮点数可以用科学计数法表示，使用 e 或 E 表示 10 的幂。

```
d=1.23e4                          #1.23*10^4
e=5.67e-3                         #5.67*10^-3
print(d)                          #12300.0
```

（3）复数（complex） 复数（complex）是一种用于表示具有实部和虚部的数字的数据类型，可以进行各种复杂的数学计算和数据处理。复数的形式为 a + bj，其中 a 是实部，b 是虚部，j 是虚数单位。复数可以直接赋值给变量，使用 j 或 J 表示虚部。

```
a=1+2j
b=-3+4j
c=5-6j
print(type(a))                    #<class'complex'>
```

可以使用 .real 和 .imag 属性来访问复数的实部和虚部。

```
z=3+4j
print(z.real)                     #3.0
print(z.imag)                     #4.0
```

2. 序列类型（Sequence Type）

（1）字符串（str） 字符串（str）是一种常用的数据类型，用于表示文本数据。字符串是由一系列字符组成的不可变序列，可以用单引号、双引号或三引号来定义。

```
# 使用单引号
str1 ='Hello,World!'
# 使用双引号
str2="Hello,World!"
print(str1)                       #print(str2)
```

（2）列表（list） 列表（list）是一种用于存储有序、可变序列的数据类型。列表可以包含任意类型的元素，并且元素可以重复。列表是 Python 中最常用的数据结构之一，提供了丰富的方法来进行各种操作。

1）定义列表。列表使用方括号 [ ] 来定义，元素之间用逗号分隔。

```
# 定义一个包含整数的列表
numbers=[1,2,3,4,5]
# 定义一个包含字符串的列表
fruits=["apple","banana","cherry"]
# 定义一个包含不同类型元素的列表
mixed=[1,"hello",3.14,True]
```

2）访问列表元素。在 Python 中，可以使用索引来访问列表中的元素。索引分正负索引，用于标识元素在列表中的位置。正索引从列表的开头访问元素，从 0 开始，依次递增，如 0，

1,2,3,4等。

```
print(fruits[0])              #访问第一个元素,输出:apple
print(fruits[1])              #访问第二个元素,输出:banana
```

负索引从列表的末尾访问元素,从 –1 开始,依次递减,如 –1,–2,–3,–4 等。

```
print(fruits[-1])             #访问最后一个元素,输出:cherry
print(fruits[-2])             #访问倒数第二个元素,输出:banana
```

3)切片操作。想要访问列表中的子列表,可以采用切片操作。切片操作是通过指定索引范围来访问列表中的子列表。切片的语法是 list[start:end],其中 start 是起始索引,end 是结束索引(不包括 end 位置的元素)。

```
#列表定义
numbers=[0,1,2,3,4,5,6,7,8,9]
#访问从第三个元素到第六个元素
print(numbers[2:6])           #输出:[2,3,4,5]
#访问从第五个元素到末尾
print(numbers[4:])            #输出:[4,5,6,7,8,9]
#访问从开头到倒数第三个元素
print(numbers[:-3])           #输出:[0,1,2,3,4,5,6]
```

4)修改、删除列表中的元素。可以通过索引直接修改和删除列表中的元素。

```
#修改第一个元素
fruits[0]="pear"
#修改最后一个元素
fruits[-1]="mango"
```

(3)元组(tuple) 元组(tuple)是一种用于存储多个项目的有序、不可变的序列。元组与列表类似,但元组一旦创建就不能修改。元组通常用于存储一组相关的数据,其不可变的特性使得元组更加安全,可以作为字典的键使用。

1)定义元组。元组使用圆括号()定义,元素之间用逗号分隔。

```
#定义一个包含整数的元组
numbers=(1,2,3,4,5)
#定义一个包含字符串的元组
fruits=("apple","banana","cherry")
#定义一个包含不同类型元素的元组
mixed=(1,"hello",3.14,True)
#如果元组只有一个元素,需要在元素后加一个逗号
single_element_tuple=(42,)
```

2)访问元组元素。可以使用索引来访问元组中的元素。

```
# 访问第一个元素
print(fruits[0])              # 输出:apple
# 访问最后一个元素
print(fruits[-1])             # 输出:cherry
```

3）元组切片。可以使用切片操作来访问元组的子序列。

```
numbers=(0,1,2,3,4,5,6,7,8,9)
# 访问从第三个元素到第六个元素
print(numbers[2:6])           # 输出:(2,3,4,5)
# 访问从第五个元素到末尾
print(numbers[4:])            # 输出:(4,5,6,7,8,9)
# 访问从开头到倒数第三个元素
print(numbers[:-3])           # 输出:(0,1,2,3,4,5,6)
```

3. 映射类型

字典（dict）是一种用于存储键值对的数据类型，这意味着字典的元素是键值对。每个键值对包含一个唯一的键和一个与之关联的值，键值对之间由逗号隔开。字典是无序的、可变的，并且键必须是不可变类型（如字符串、数字或元组），值可以是任意类型。

1）定义字典。使用花括号定义字典。

```
# 创建空字典
my_dict={}
# 创建具有初始键值对的字典
my_dict={"name":"Alice","age":25,"city":"New York"}
```

2）访问字典中的值。有两种方法可以访问字典中的值，第一种方法是使用键值对中的键访问值。

```
# 访问键为 "name" 的值
name=my_dict["name"]          # 输出:"Alice"
# 如果键不存在,会引发 KeyError
#value=my_dict["gender"]      #KeyError:'gender'
```

另一种方法是使用get()函数访问值。

```
# 使用get()函数访问值
name=my_dict.get("name")      # 输出:"Alice"
# 如果键不存在,返回 None 或提供的默认值
gender=my_dict.get("gender")  # 输出:None
gender=my_dict.get("gender","Not specified")
                              # 输出:"Not specified"
```

3）修改字典。添加或更新键值对到字典中。

```
# 添加新键值对
my_dict["work"]="Teacher"
# 更新已有键的值
my_dict["age"]= 26
print(my_dict)                    # 输出:{'name':'Alice','age': 26,'city':'New York',work:'Teacher'}
```

4. 集合类型（Sequence Type）

在 Python 中，集合是一种内置的数据类型，用于存储无序的、不重复的元素。Python 提供了两种集合类型：集合（set）和冻结集合（frozenset）。集合是可变的，可以添加或删除元素，而冻结集合是不可变的。

1）创建集合。使用花括号 {} 创建集合。

```
# 创建空集合(注意:空花括号 {} 创建的是字典)
empty_set=set()
# 创建一个非空集合
my_set={1,2,3,4,5}
还可以使用 set() 函数创建集合。
# 从列表创建集合
my_set = set([1,2,3,4,5])
# 从字符串创建集合(每个字符是一个元素)
char_set = set("hello")           # 输出:{'h','e','l','o'}
```

2）集合的基本操作。使用 add() 函数可以添加元素到集合中。

```
my_set ={1,2,3}
my_set.add(4)
print(my_set)                     # 输出:{1,2,3,4}
使用 remove() 函数可以移除指定元素。
my_set.remove(3)
print(my_set)                     # 输出:{1,2,4}
# 如果元素不存在会引发 KeyError
#my_set.remove(5)                 #KeyError:5
```

【项目实例3.4】

一周天气数据分析：编写一个程序，从键盘获取一周的每日温度数据，然后计算并输出该周的平均温度、最高温度和最低温度。

要求：

1）用户输入：从键盘输入一周的每日温度数据（以℃为单位）。确保输入的数据是有效的浮点数。

2）数据存储：将输入的温度数据存储在一个列表中，以便后续处理。

3）计算：计算一周的平均温度。找出一周中的最高温度和最低温度。
4）输出结果：打印一周的平均温度、最高温度和最低温度，保留两位小数。

代码示例：

```
1    # 天气数据分析,计算一周的平均温度、最高温度和最低温度
2
3    # 从键盘输入一周天气温度数据
4    print("请输入一周的每日温度数据(以℃为单位):")
5    temp1 = float(input("第 1 天的温度:"))
6    temp2 = float(input("第 2 天的温度:"))
7    temp3 = float(input("第 3 天的温度:"))
8    temp4 = float(input("第 4 天的温度:"))
9    temp5 = float(input("第 5 天的温度:"))
10   temp6 = float(input("第 6 天的温度:"))
11   temp7 = float(input("第 7 天的温度:"))
12
13   # 将温度存储在列表中
14   temperatures = [temp1,temp2,temp3,temp4,temp5,temp6,temp7]
15   # 计算平均温度
16   average_temp = sum(temperatures)/len(temperatures)
17   # 计算最高温度和最低温度
18   max_temp = max(temperatures)
19   min_temp = min(temperatures)
20   # 显示结果
21   print(f"平均温度是:{average_temp:.2f}℃")
22   print(f"最高温度是:{max_temp:.2f}℃")
23   print(f"最低温度是:{min_temp:.2f}℃")
```

第 1 行：注释，说明程序的功能：计算一周的平均温度、最高温度和最低温度。

第 4 行：使用 print() 函数向用户显示一条提示信息。

第 5~11 行：input() 函数用于从键盘获取用户输入的每日温度数据，参数为提示信息。用户输入的内容默认为字符串，因此使用 float() 将其转换为浮点数。将转换后的浮点数存储在变量 temp1~temp7 中。

第 14 行：创建一个列表 temperatures，用于存储一周的温度数据。列表是有序的可变数据类型，可以存储多个值。

第 16 行：使用 sum() 函数计算温度列表中所有元素的总和。使用 len() 函数获取温度列表的长度，即元素个数。计算平均温度，将总和除以元素个数，并将结果存储在 average_temp 中。

第 18 行：使用 max() 函数找出温度列表中的最大值，并将其存储在变量 max_temp 中。

第 19 行：使用 min() 函数找出温度列表中的最小值，并将其存储在变量 min_temp 中。

第 21~23 行：使用格式化字符串，2f 表示保留两位小数。

【项目实例 3.5】

电影评分：设计一个电影评分系统，能够存储电影名称及其评分，支持添加新电影、修改电影评分，并计算每部电影的平均评分。通过这个系统，用户可以轻松查看电影的评分数据。

要求：

1）数据结构：使用字典存储电影和评分列表，其中键为电影名称，值为评分列表。

2）功能实现：能够添加新的电影及其评分，能够修改已有电影的评分，计算并输出每部电影的平均评分。

3）输出结果：显示所有电影及其平均评分。

代码示例：

```
1   #电影评分系统
2   movies ={
3       "Inception":[9,8,9,10,9],
4       "Interstellar":[10,9,10,8,9],
5       "The Matrix":[8,9,9,9,10]
6   }
7   #添加新的电影和评分
8   movies["Tenet"]=[7,8,8,7,9]
9   #修改已有电影的评分
10  movies["Inception"].append(10)
11  #计算每部电影的平均评分
12  average_ratings ={}
13  for movie,ratings in movies.items():
14      average_ratings[movie]= sum(ratings)/len(ratings)
15
16  print(f"电影评分:{average_ratings}")
```

第2~6行：字典是用花括号 {} 包裹的一组键值对，键和值之间用冒号分隔，多个键值对用逗号分隔。在字典 movies 中，键是电影名称（如 Inception），值是一个包含评分的列表（如 [9, 8, 9, 10, 9]），表示该电影的多次评分。

第8行：使用字典的键来访问或添加元素，可以通过赋值语句来添加或更新键值对。将电影"Tenet"作为键，添加到 movies 中，其评分 [7, 8, 8, 7, 9] 为对应的值。

第10行：append()函数用于在列表末尾添加元素。为电影 Inception 添加一个新的评分10，即将10加到评分列表的末尾，此时，评分为 [9, 8, 9, 10, 9, 10]。

第12行：创建一个新的空字典，用于存储电影的平均评分。

第13行：用 for 循环遍历 movies 的每个键值对，items()函数返回字典的键值对元组。

第14行：sum()函数计算列表元素的总和，len()函数计算列表的元素个数。将计算得到的平均评分存储在 average_ratings 中，键为电影名称，值为平均评分。

第16行：输出 average_ratings，其中包含每部电影的平均评分。print()函数用于输出文本到控制台，f"..." 是格式化字符串，用于在字符串中插入变量的值。

3.2.4 运算符

Python 提供了丰富的运算符,用于执行各种运算操作,如算术运算符、比较运算符、逻辑运算符、赋值运算符、位运算符、身份运算符和成员运算符等。

1. 算术运算符

算术运算符用于执行基本的数学运算,包括加法、减法、乘法、除法等。Python 提供了常见的算术运算符,见表 3-3。

表 3-3 Python 中常见的算术运算符

运算符	描述	示例
+	加法	a + b
-	减法	a - b
*	乘法	a*b
/	除法	a/b
%	取余	a%b
**	幂运算	a**b
//	取整除	a//b

示例:

```
# 定义变量
a = 10
b = 3
# 加法
add_result = a + b
print(f"{a}+{b}={add_result}")        # 输出:10 + 3 = 13
# 减法
subtract_result = a-b
print(f"{a}-{b}={subtract_result}")   # 输出:10-3 = 7
# 乘法
multiply_result = a*b
print(f"{a}*{b}={multiply_result}")   # 输出:10*3 = 30
# 除法
divide_result = a/b
print(f"{a}/{b}={divide_result}")     # 输出:10/3 = 3.3333333333333333
# 取余
modulus_result = a%b
print(f"{a}%{b}={modulus_result}")    # 输出:10%3 = 1
# 幂运算
```

```
power_result = a**b
print(f"{a}**{b}={power_result}")        # 输出:10**3 = 1000
# 取整除
floor_divide_result = a//b
print(f"{a}//{b}={floor_divide_result}")  # 输出:10//3 = 3
```

2. 比较运算符

比较运算符用于比较两个值，并返回布尔值 True 或 False。在 Python 中，常用的比较运算符见表 3-4。

表 3-4　Python 中常用的比较运算符

运算符	描述	示例
==	等于	a == b
!=	不等于	a != b
>	大于	a > b
<	小于	a < b
>=	大于等于	a >= b
<=	小于等于	a <= b

示例：

```
# 定义变量
a = 10
b = 20
c = 10
# 等于
print(f"{a}=={b}->{a == b}")        # 输出:10 == 20-> False
print(f"{a}=={c}->{a == c}")        # 输出:10 == 10-> True
# 不等于
print(f"{a}!={b}->{a != b}")        # 输出:10 != 20-> True
print(f"{a}!={c}->{a != c}")        # 输出:10 != 10-> False
# 大于
print(f"{a}>{b}->{a > b}")          # 输出:10 > 20-> False
print(f"{b}>{a}->{b > a}")          # 输出:20 > 10-> True
# 小于
print(f"{a}<{b}->{a < b}")          # 输出:10 < 20-> True
print(f"{b}<{a}->{b < a}")          # 输出:20 < 10-> False
# 大于等于
print(f"{a}>={b}->{a >= b}")        # 输出:10 >= 20-> False
```

```
print(f"{b}>={a}->{b >= a}")        # 输出:20 >= 10-> True
print(f"{a}>={c}->{a >= c}")        # 输出:10 >= 10-> True
# 小于等于
print(f"{a}<={b}->{a <= b}")        # 输出:10 <= 20-> True
print(f"{b}<={a}->{b <= a}")        # 输出:20 <= 10-> False
print(f"{a}<={c}->{a <= c}")        # 输出:10 <= 10-> True
```

3. 赋值运算符

赋值运算符用于将值赋给变量,并可以结合其他运算符实现复合赋值操作。在 Python 中,常用的赋值运算符见表 3-5。

表 3-5　Python 中常用的赋值运算符

运算符	描述	示例
=	赋值	a = b
+=	加后赋值	a += b
-=	减后赋值	a -= b
*=	乘后赋值	a *= b
/=	除后赋值	a /= b
%=	取余后赋值	a %= b
**=	幂后赋值	a **= b
//=	取整除后赋值	a //= b

示例:

```
# 定义变量
a = 10
# 基本赋值
a = 5
print(f"a = 5-> a ={a}")      # 输出:a = 5-> a = 5
# 加后赋值
a += 3
print(f"a += 3-> a ={a}")     # 输出:a += 3-> a = 8
# 减后赋值
a -= 2
print(f"a -= 2-> a ={a}")     # 输出:a -= 2-> a = 6
# 乘后赋值
a *= 4
```

```
print(f"a*= 4 -> a ={a}")        # 输出:a*= 4 -> a = 24
# 除后赋值
a/= 3
print(f"a/= 3 -> a ={a}")        # 输出:a/= 3 -> a = 8.0
# 取余后赋值
a%= 5
print(f"a%= 5 -> a ={a}")        # 输出:a%= 5 -> a = 3.0
# 幂后赋值
a**= 2
print(f"a**= 2 -> a={a}")        # 输出:a**= 2 -> a = 9.0
# 取整除后赋值
a//= 2
print(f"a//= 2 -> a ={a}")       # 输出:a//= 2 -> a = 4.0
```

4. 位运算符

位运算符用于对整数类型的二进制位进行操作。这些运算符直接作用于二进制位。Python 支持的位运算符见表 3-6。

表 3-6　Python 支持的位运算符

运算符	描述	示例
&	按位与	a&b
|	按位或	a|b
^	按位异或	a^b
~	按位取反	~a
<<	左移	a<<b
>>	右移	a>>b

示例:

```
# 定义变量
a = 60    #60 = 0011 1100
b = 13    #13 = 0000 1101
# 按位与
and_result = a&b
print(f"{a}&{b}={and_result}")           # 输出:60&13 = 12
# 按位或
or_result = a|b
print(f"{a}|{b}={or_result}")            # 输出:60|13 = 61
# 按位异或
xor_result = a^b
print(f"{a}^{b}={xor_result}")           # 输出:60^13 = 49
```

```python
# 按位取反
not_result = ~a
print(f"~{a}={not_result}")              # 输出:~60 =-61
# 左移
left_shift_result = a<<2
print(f"{a}<<2 ={left_shift_result}")    # 输出:60<<2 = 240
# 右移
right_shift_result = a>>2
print(f"{a}>>2 ={right_shift_result}")   # 输出:60>>2 = 15
```

【项目实例 3.6】

温度转换器：编写一个程序，将用户输入的摄氏温度转换为华氏温度。通过用户交互，获取摄氏温度并计算对应的华氏温度，然后输出结果。

要求：

1）用户输入：从键盘获取摄氏温度，并确保输入的是数值。

2）温度转换公式：使用华氏温度转换公式 F = C*9/5 + 32，其中 F 是华氏温度，C 是摄氏温度。

3）输出结果：打印转换后的华氏温度，格式为：[C]摄氏度等于[F]华氏度。

代码示例：

```
1    '''
2    温度转换器
3    将摄氏温度转换为华氏温度
4    '''
5    # 获取用户输入的摄氏温度
6    celsius = float(input("请输入摄氏温度:"))   #获取摄氏温度并转换为浮点数
7    # 转换为华氏温度
8    fahrenheit =(celsius*9/5)+ 32              #使用乘法、除法和加法运算符进行转换
9    # 显示结果
10   print(celsius,'摄氏度等于',fahrenheit,'华氏度')
```

第6行：input()函数用于显示提示信息"请输入摄氏温度:"，并等待用户输入。float()函数将 input()函数返回的字符串转换为浮点数，以便进行数学运算。变量 celsius 用于存储用户输入的摄氏温度。

第8行：使用公式 F = C*9/5 + 32 进行温度转换。变量 fahrenheit 用于存储计算得到的华氏温度。

第10行：直接将摄氏温度和对应的华氏温度插入到输出字符串中，print()函数用于输出信息到控制台。

【项目实例 3.7】

闰年判断：编写一个程序，判断用户输入的年份是否为闰年。程序将根据闰年的规则对输入的年份进行计算，并输出结果。

要求：

1）用户输入：提示用户输入一个年份，输入的数据类型应为整数。

2）闰年判断规则：如果年份能被 4 整除但不能被 100 整除，则为闰年；如果年份能被 400 整除，则为闰年；其他情况下，不是闰年。

3）输出结果：程序应输出用户输入的年份以及该年份是否为闰年。

代码示例：

```
1   '''
2   闰年判断器
3   判断输入的年份是否是闰年
4   '''
5   # 获取用户输入
6   year = int(input("请输入一个年份:"))
7   # 判断是否是闰年
8   is_leap =(year%4 == 0 and year%100 != 0)or(year%400 == 0)
9   # 输出结果
10  print(f"年份{year}是闰年吗？{'是'if is_leap else'否'}"
```

第 6 行：input() 函数在控制台输出提示信息"请输入一个年份:"，并等待用户输入数据，输入的数据为字符串类型。int() 函数将输入的字符串转换为整数类型。变量 year 存储用户输入的年份值。

第 8 行：==、!= 是比较运算符，返回布尔值，判断是或者否。"year%4 == 0"用于检查年份是否能被 4 整除；"year%100 != 0"用于检查年份是否不能被 100 整除；"year%400 == 0"用于检查年份是否能被 400 整除。使用 and 表示"与"条件，or 表示"或"条件。年份能被 4 整除且不能被 100 整除，或能被 400 整除，则为闰年。is_leap 为布尔型变量，存储判断结果，True 表示闰年，False 表示非闰年。

第 10 行：使用 f-string。{year} 用来在字符串中插入变量 year 的值。{' 是 'if is_leap else ' 否 '} 为三元表达式，根据 is_leap 的值选择输出"是"或"否"，若为 True，输出"是"；若为 False，输出"否"。print() 函数将生成的字符串输出到控制台。

3.3 程序流程控制

Python 程序流程控制是指通过条件判断、循环和跳转等结构来控制程序的执行顺序，主要包括条件判断语句（如 if、elif、else）、循环语句（如 for、while）和循环控制语句（如 break、continue、pass）。这些结构使程序能够根据不同的条件和状态执行不同的代码段，从而实现复杂的逻辑和功能。

3.3.1 条件判断语句

1. 条件判断语句基础

（1）if 语句　语义：判断条件表达式是否为 True，如果"条件表达式"为 True，则执行"语句块"。

if 语句形式如下：

```
if 条件表达式:
    语句块
```

示例：

```
x = 10
if x > 5:
    print("x is greater than 5")
```

（2）if...else 语句　语义：判断条件表达式是否为 True，如果"条件表达式"为 True，则执行"语句块 1"；否则，执行"语句块 2"。

if...else 语句的形式如下：

```
if 条件表达式:
    语句块 1
else:
    语句块 2
```

示例：

```
x = 3
if x > 5:
    print("x is greater than 5")
else:
    print("x is less than or equal to 5")
```

（3）if...elif...else 语句　用于检查多个条件，elif 是"else if"的缩写。语义：如果"条件表达式 1"为 True，则执行"语句块 1"；否则，如果"条件表达式 2"为 True，则执行"语句块 2"；否则，如果"条件表达式 3"为 True，则执行"语句块 3"；……；如果"条件表达式 n-1"都为 False，则执行"语句块 n"。

if...elif...else 语句的形式如下：

```
if 条件表达式 1:
    语句块 1
elif 条件表达式 2:
    语句块 2
elif 条件表达式 3:
```

```
        语句块 3
    ……
else:
        语句块 n
```

示例：

```
x = 7
if x > 10:
    print("x is greater than 10")
elif x > 5:
    print("x is greater than 5 but less than or equal to 10")
else:
    print("x is 5 or less")
```

【项目实例 3.8】

判断输入的数字是否为偶数：编写一个程序，从键盘输入一个整数，并使用条件判断语句判断这个数字是否为偶数。如果是偶数，则输出该数字是偶数；否则，输出该数字是奇数。

要求：

1）输入数字：使用合适的函数来获取输入的值并将其转化为整数。
2）条件判断：使用 if...else 语句判断数字是否为偶数。
3）输出结果：输出判断结果到控制台。

代码示例：

```
1   # 使用条件语句判断一个输入的数字是否为偶数。
2   number = int(input(" 请输入一个数字:"))
3   if number%2 == 0:
4       print(f"{number} 是偶数 ")
5   else:
6       print(f"{number} 是奇数 ")
```

第 3~6 行：if...else 语句用于判断条件是否为真。条件为 number%2== 0，即 number 除以 2 的余数是否为 0。% 是算术运算符，取除法的余数。== 是比较运算符，检查左侧值是否等于右侧值，返回值是布尔值。如果条件为真，则执行第 4 行代码，输出该数字是偶数。如果条件不满足（number%2 != 0），则执行 else 块中的代码，输出该数字是奇数。

【项目实例 3.9】

三角形边长判断与分类：编写一个程序，输入三角形的三边长度，判断这三条边能否构成三角形。如果能构成三角形，进一步判断它是哪种类型的三角形（等边、等腰、直角、普通）。如果不能构成三角形，输出提示信息。

要求：

1）输入：从用户获取三条边的长度，确保输入的是有效的浮点数。
2）判断构成条件：使用三角形不等式判断三条边能否构成三角形：任意两边之和大于第三边，则可构成三角形。
3）三角形类型分类：等边三角形（三边相等）、等腰三角形（任意两边相等）、直角三角形（满足勾股定理，即一边二次方等于另外两边二次方之和）、普通三角形（不属于以上三种情况）。
4）输出结果：如果能构成三角形，输出三角形类型；如果不能构成三角形，输出相应提示。

代码示例：

```
1   """
2   输入三角形的三边长,判断能否构成三角形
3   如果能,输出是什么三角形(等边、等腰、直角、普通)
4   如果不能,输出不能构成三角形。
5   """
6
7   # 输入三角形的三边长
8   a = float(input("请输入三角形的第一边长:"))
9   b = float(input("请输入三角形的第二边长:"))
10  c = float(input("请输入三角形的第三边长:"))
11
12  # 将边长按照从大到小的顺序排列
13  sides = [a,b,c]
14  sides = sorted(sides,reverse=True)
15  print(sides)
16
17  # 判断是否能构成三角形
18  if sides[0]< sides[1]+ sides[2]:
19      # 判断三角形的类型
20      if sides[0]== sides[1]== sides[2]:
21          print("这是一个等边三角形。")
22      elif sides[0]== sides[1]or sides[1]== sides[2]or sides[0]== sides[2]:
23          print("这是一个等腰三角形。")
24      elif sides[0]**2 == sides[1]**2 + sides[2]**2:
25          print("这是一个直角三角形。")
26      else:
27          print("这是一个普通三角形。")
28  else:
29      print("这三条边不能构成三角形。")
```

第 8 行：input（）函数用于显示提示信息并等待用户输入。输入的值默认为字符串，float（）函数将输入的字符串转换为浮点数。

第 13 行：将输入的三条边长 a、b、c 存入序列 sides。

第 14 行：将 sides 序列排序（如列表），reverse=True 表示降序排序。

第 18 行：if 语句是条件判断语句，用于决定是否执行代码块。sides［0］< sides［1］+ sides［2］用来判断最长边是否小于其他两边之和，这是三角形存在的必要条件（三角形不等式）。由于已经对 sides 序列降序排序，所以这里实际上想要验证的是"任意两边之和大于第三边"。如果不符合这个要求，则不是三角形。

第 20 行：使用 if...elif...else 语句进一步判断三角形的类型。首先判断三条边是否相等。

第 21 行：如果 if 条件是真，则输出"这是一个等边三角形。"。

第 22 行：如果 if 条件是假，则执行 elif 语句，判断三角形任意两边是否相等。

第 23 行：如果 elif 语句条件是真，则输出"这是一个等腰三角形。"。

第 24 行：如果 elif 语句条件是假，则执行下一个 elif 语句，判断三角形是否满足勾股定理，即两个短边的二次方和是否等于最长边的二次方。

第 25 行：如果 elif 语句条件是真，则输出"这是一个直角三角形。"。

第 26、27 行：如果 elif 语句条件是假，则执行 else 语句的代码块，输出"这是一个普通三角形。"。

第 28、29 行：如果第 18 行 if 语句条件为假，则执行 else 语句的代码块，输出"这三条边不能构成三角形。"。

3.3.2 循环语句

1. while 循环

（1）while 循环的一般形式　在 Python 中，while 循环用于在条件为 True 时反复执行代码块。

while 循环形式如下：

```
while 循环条件表达式：
    语句块
```

语义：当"循环条件表达式"为 True 时，执行"语句块"，然后再判断"循环条件表达式"，如果为 True，继续执行"语句块"。以此循环，直到"循环条件表达式"为 False，退出循环。

示例：

```
# 简单的 while 循环示例
count = 0
while count < 5:
    print("Count:",count)
    count += 1
```

(2) else 语句与 while 循环　while 循环可以与 else 语句结合使用。当循环正常结束（即没有被 break 语句终止）时，执行 else 代码块。

while 循环与 else 语句结合使用的形式如下：

```
while 循环条件表达式:
    语句块 1
else:
    语句块 2
```

语义：当"循环条件表达式"为 True 时，循环执行"语句块 1"，直到"循环条件表达式"为 False，执行"语句块 2"，然后退出循环。如果在"语句块 1"中因为 break 语句而退出循环，则不执行"语句块 2"。

示例：

```
#while 循环与 else 语句结合使用
count = 0
while count < 5:
    print("Count:",count)
    count += 1
else:
    print("Loop ended without break")
```

(3) 嵌套 while 循环　while 循环可以嵌套使用，即在一个 while 循环内部再包含一个或多个 while 循环。

示例：使用嵌套 while 循环创建 5×5 乘法表

```
# 初始化外层循环变量 i
i = 1
# 外层 while 循环,控制行数,从 1 到 5
while i <= 5:
    # 初始化内层循环变量 j
    j = 1
    # 内层 while 循环,控制列数,从 1 到 5
    while j <= 5:
        # 打印乘法结果,使用制表符 \t 进行间隔,不换行
        print(f"{i}*{j}={i*j}",end='\t')
        # 内层循环变量 j 自增 1
        j += 1
    # 换行,结束当前行的输出
    print()
    # 外层循环变量 i 自增 1
    i += 1
```

2. for 语句

在 Python 中，for 语句用于遍历序列（如列表、元组、字符串）或其他可迭代对象。for 循环能够对集合中的每个元素执行一段代码，从而简化了重复任务的处理。

（1）for 循环的一般形式　for 语句的形式：

```
for 元素 in 序列对象：
    语句块
```

语义：执行 for 循环时，将遍历各类可迭代对象（如列表、元组、字符串、字典、集合、迭代器等），把其中元素依次绑定至循环变量。对每个元素，都会执行一次语句块。迭代过程中，循环变量指向当前元素，可在语句块内对其进行计算、打印、列表元素修改等操作。

示例 1：遍历列表

```
# 遍历列表
numbers = [1,2,3,4,5]
for number in numbers:
    print(number)
```

示例 2：遍历字符串

```
word = "Python"
for letter in word:
    print(letter)
```

示例 3：遍历字典

```
# 遍历字典的键
my_dict = {'name':'Alice','age':25,'city':'New York'}
for key in my_dict:
    print(key)
# 遍历字典的值
for value in my_dict.values():
    print(value)
# 遍历字典的键值对
for key,value in my_dict.items():
    print(f"{key}:{value}")
```

（2）else 语句与 for 循环　for 循环可以与 else 语句结合使用。当循环正常结束（即没有被 break 语句终止）时，执行 else 代码块。这个特性可以用于在遍历完整个序列后执行某些操作时，或用于在没有找到特定元素时执行一些处理。

else 语句与 for 循环组合的基本形式：

```
for 元素 in 列表：
    if 条件表达式：
```

```
            break
    else:
        代码块 # 循环未被 break 终止时执行的代码
```

示例:

```
numbers = [1,2,3,4,5]
for number in numbers:
    print(number)
    if number == 3:
        print("找到 3,终止循环。")
        break
else:
    print("循环结束,未使用 break 终止。")
```

(3) 嵌套 for 循环　可以在 for 循环内嵌套另一个 for 循环,以遍历多维序列或进行复杂的操作。

嵌套 for 循环的基本形式:

```
for 元素 1 in 序列 1:
    for 元素 2 in 序列 2:
        ……
        for 元素 n in 序列 n:
            代码块 n
        ……
        代码块 2
    代码块 1
```

示例:

```
matrix = [
    [1,2,3],
    [4,5,6],
    [7,8,9]
]
for row in matrix:
    for element in row:
        print(element,end="")
    print()
```

【项目实例 3.10】

使用 while 循环计算整数 1~100 的和:编写一个程序,使用 while 循环计算并输出整数 1~100 的和。程序应逐步累加整数,并在完成后打印总和。

要求：
1）初始化相关变量。
2）使用 while 循环从 1 累加到 100。

代码示例：

```
1    """
2    使用 while 循环计算 1~100 的和
3    """
4    # 定义变量
5    sum = 0   # 求和
6    i = 1
7
8    # 使用 while 循环计算 1~100 的和
9    while i <= 100:
10       sum += i
11       i += 1
12   print("1 到 100 的和是:",sum)
```

第 5 行：sum 是一个变量，用于存储整数 1~100 的累加和。sum 初始化为 0。

第 6 行：i 是循环计数器，用于跟踪当前被累加的数字。初始化为 1。

第 9 行：while 是一个循环控制语句，表示只要条件 i <= 100 为真，就反复执行循环体中的代码。

第 10 行：sum += i 是 sum = sum + i 的简写，表示将当前 i 的值加到 sum 上。每次循环，i 的值被加到累加和 sum 中。

第 11 行：i += 1 是 i = i + 1 的简写，表示每次循环后将 i 增加 1。这个操作使得在下一次循环中，i 的值变为下一个整数。

【项目实例 3.11】

生成指定长度的斐波那契数列：编写一个 Python 程序，使用循环生成指定长度的斐波那契数列，并输出结果。斐波那契数列是一个由 0 和 1 开始的序列，其中每个数字是前两个数字之和。

要求：
1）输入长度：程序生成的斐波那契数列长度为 10。
2）数列生成逻辑：从序列的第三个数字开始，每个数字是其前两个数字的和。
3）输出结果：打印生成的斐波那契数列。

代码示例：

```
1    # 指定斐波那契数列的长度
2    length = 10
3    # 初始化斐波那契数列的前两个数
4    fibonacci = [0,1]
```

```
5       # 使用循环生成斐波那契数列
6       for i in range(2,length):
7           next_number = fibonacci[-1]+fibonacci[-2]
8           fibonacci.append(next_number)
9
10      print(f"斐波那契数列:{fibonacci}")
```

第 2 行：设定生成斐波那契数列的长度为 10。

第 4 行：创建一个列表 fibonacci，并将初始值设为 [0, 1]。

第 6 行：从索引 2 开始循环，生成余下的斐波那契数。for 循环用于遍历序列，range()生成一个 2~length-1 的整数序列。

第 7 行：计算下一个斐波那契数 next_number，即前两个数字之和。fibonacci[-1] 表示列表的最后一个元素，fibonacci[-2] 表示倒数第二个元素。

第 8 行：将计算得到的 next_number 添加到 fibonacci 列表中。append()函数用于在列表末尾添加一个元素。

【项目实例 3.12】

判断数字是否为素数：编写一个程序，从用户输入中获取一个整数，并判断该数字是否为素数。素数是指大于 1 的自然数中，不能被其他自然数整除的数。

要求：

1）输入要求：从用户输入中获取一个整数，验证输入是否为有效的整数。

2）算法逻辑：检查输入的数字是否大于 1。如果大于 1，则在 2 到该数字减 1 的范围内进行除法测试。如果找到一个除数能整除该数字，则说明不是素数；如果在范围内没有找到任何一个可以整除该数字的数，则说明是素数。

3）输出要求：输出结果，指明输入的数字是素数或不是素数。

代码示例：

```
1    # 输入一个数字,判断其是否为素数。
2    # 从用户输入获取一个数字,并转换为整数
3    num = int(input("请输入一个数字:"))
4
5    if num > 1:                          # 检查输入的数字是否大于 1
6        for i in range(2,num):           # 遍历 2~num-1 的所有整数
7            if num%i == 0:               # 检查 num 是否能被 i 整除
8                print(f"{num} 不是素数")  # 如果能整除,输出不是素数
9                break                    # 终止循环
10       else:
11           print(f"{num} 是素数")        # 如果循环结束后没有找到可整除的
                                           #    i,输出是素数
12   else:
```

| 13 | print(f"{num} 不是素数") | #如果输入的数字小于等于 1,直接输出不是素数 |

第 3 行:input() 函数在控制台显示提示信息 "请输入一个数字:",等待用户输入。int() 函数将用户输入的字符串转换为整数类型,输入的值存储在变量 num 中。

第 5 行:检查 num 是否大于 1,因为素数必须是大于 1 的自然数。如果是,则执行接下来的 for 循环。

第 6 行:使用 for 循环遍历 2~num-1 的所有整数。range(2,num) 生成一个 2~num-1 的整数序列,i 代表序列中的每个元素。

第 7 行:num%i 计算 num 除以 i 的余数。如果余数为 0,说明 num 能被 i 整除,表示 num 不是素数。

第 8、9 行:如果满足第 7 行 if 语句条件,则执行第 8、9 行。break 语句终止当前循环,避免不必要的计算。

第 10、11 行:当 for 循环正常结束(没有被 break 打断)时执行 else 语句。表示在 2~num-1 之间没有找到可以整除 num 的数,这说明 num 是素数。

第 12、13 行:如果 num 小于等于 1,则直接输出不是素数,因为素数定义中要求大于 1。

3.3.3 循环控制语句

在 Python 中,循环控制语句用于改变循环的执行方式。主要的循环控制语句包括 break、continue 和 pass。这些语句可以在 for 循环或 while 循环中使用,以实现更复杂的控制逻辑。

(1) break 语句　break 语句用于立即退出循环,不再执行循环中的其他代码或条件测试。如果 while 循环的条件一直为 True,就会导致无限循环,这时可以使用 break 语句来退出无限循环。如果在嵌套循环中使用 break,它只会终止最近的内层循环。

示例:

```
# 使用 break 语句终止循环
for number in range(1,11):
    if number == 5:
        break
    print(number)
```

(2) continue 语句　continue 语句用于跳过当前循环中的剩余语句,并开始下一次循环。它不会终止整个循环,只会跳过当前的迭代。

示例:

```
# 使用 continue 语句跳过某些迭代
for number in range(1,11):
    if number%2 == 0:
```

```
        continue
    print(number)
```

（3）pass 语句　pass 语句用于表示一个空操作。当语法上需要一个语句，但程序逻辑上不需要时，可以使用 pass 语句。它不会改变程序的执行流程。

示例：

```
# 使用 pass 语句作为占位符
for number in range(1,11):
    if number%2 == 0:
        pass
    else:
        print(number)
```

（4）循环控制语句与 else 语句　前文已述，在 for 循环或 while 循环中，可以结合 else 语句使用循环控制语句。当循环正常完成时会执行 else 语句，但如果循环被 break 语句中断，则不会执行 else 语句。

```
# 使用 break 语句和 else 语句
for number in range(1,11):
    if number == 5:
        break
    print(number)
else:
    print(" 循环正常结束 ")
# 使用 continue 语句和 else 语句
for number in range(1,11):
    if number%2 == 0:
        continue
    print(number)
else:
    print(" 循环正常结束 ")
```

【项目实例 3.13】

使用冒泡排序对列表进行排序：编写一个程序，使用冒泡排序算法对一组数字进行排序。冒泡排序是一种简单的排序算法，通过重复遍历列表，比较相邻元素并交换它们来逐步将最大的元素移动到列表的末尾。

要求：

1）输入数据：给定一组数据 53 1 3 2 19 42 100，需要对其进行升序排序。
2）排序算法：使用冒泡排序算法对列表进行排序。
3）输出结果：输出排序后的列表。

代码示例：

```
1    # 冒泡排序
2    arr = [53,1,3,2,19,42,100]              # 待排序列表
3    n = len(arr)                            # 获取列表的长度
4
5    # 外层循环遍历每个元素
6    for i in range(n):
7        flag = False                        # 提前退出冒泡循环的标志位
8        # 内层循环执行列表的相邻元素比较和交换
9        for j in range(1,n-i):
10           if arr[j-1] > arr[j]:           # 如果前一个元素大于后一个元素
11               arr[j],arr[j-1] = arr[j-1],arr[j]
                                             # 交换元素
12               flag = True                 # 标记为 True,表示进行了交换
13       if not flag:                        # 如果没有交换,说明列表已排序好
14           break                           # 提前退出循环
15
16   print("排序后的列表:",arr)              # 输出排序后的列表
```

第 2 行：定义一个整数列表 arr，其中包含所有需要排序的元素。

第 3 行：使用 len() 函数获取列表的长度 n，用于确定外层循环的次数。

第 6 行：for 循环用于遍历列表，控制排序轮次。每次循环确定一个最大（或最小）元素的位置，i 代表 n 序列中的元素。

第 7 行：初始化一个标志位 flag 为 False，用于检测是否发生了元素交换。

第 9 行：内层 for 循环用于遍历未排序的部分列表，比较和交换相邻元素。

第 10~12 行：使用 if 语句比较相邻的两个元素，如果前一个元素大于后一个元素，则交换它们的位置，并将标志位 flag 设为 True，表示发生了交换。

第 13、14 行：如果在某一轮内层循环中没有发生元素交换，说明列表已经有序，可以提前退出排序过程。

【项目实例 3.14】

裁判评分系统：设计一个程序，从五位裁判处获取评分，去掉一个最高分和一个最低分，然后计算其余分数的平均分。这个程序用于比赛评分系统，帮助确保评分的公平性。

要求：

1）输入：从五位裁判处获取评分，评分的范围是 0~10。评分必须是浮点数。

2）处理：将所有评分存储在列表中，然后对评分进行排序，去掉一个最高分和一个最低分。计算剩余分数的平均值。

3）输出：要显示原始评分，然后显示去掉一个最高分和一个最低分后的评分，最后显

示平均分,保留两位小数。

代码示例:

```
1   # 获取五个裁判的打分
2   scores = []
3   for i in range(1,6):
4       score = float(input(f"请输入第 {i} 位裁判的打分(0-10):"))
5       scores.append(score)
6   # 排序分数列表
7   sorted_scores = sorted(scores)
8   # 去掉一个最低分和一个最高分
9   filtered_scores = []
10  for i in range(len(sorted_scores)):
11      if i == 0 or i == len(sorted_scores)-1:
12          continue
13      filtered_scores.append(sorted_scores[i])
14
15  # 计算平均分
16  average_score = sum(filtered_scores)/len(filtered_scores)
17  # 显示结果
18  print(f"原始分数:{scores}")
19  print(f"去掉一个最低分和一个最高分后的分数:{filtered_scores}")
20  print(f"平均分:{average_score:.2f}")
```

第 2 行:初始化一个空列表,用于存储裁判的评分。

第 3 行:使用 for 循环迭代 5 次。range() 函数创造序列 [1, 2, 3, 4, 5]。

第 4 行:input() 函数从控制台输入评分,提示信息为 "请输入第 {i} 位裁判的打分(0-10):"。float() 函数将输入的字符串转换为浮点数。

第 5 行:将每个评分添加到 scores 列表中。

第 7 行:使用 sorted() 函数对 scores 列表进行排序,返回一个新的排序列表 sorted_scores。

第 9 行:初始化一个空列表 filtered_scores,用于存储去掉最低分和最高分后的评分。

第 10 行:使用 for 循环遍历 sorted_scores 列表。len() 函数用于获得 sorted_scores 列表元素的个数,从而控制 for 循环的次数,i 代表列表中的每个元素。

第 11、12 行:如果当前索引是第一个或最后一个,使用 continue 跳过循环,即跳过最低分和最高分。

第 13 行:将去掉最低分和最高分后的评分添加到 filtered_scores 列表中。

第 16 行:用 sum() 函数计算 filtered_scores 列表中所有分数的和,用 len() 函数获取 filtered_scores 列表中元素的数量。两者相除即为平均分。

第18~20行：显示原始分数、去掉一个最低分和一个最高分后的分数及平均分。

3.4 模块（库）

3.4.1 模块（库）的概念

模块和库（包）都是 Python 中用于组织代码的结构单元，属于 Python 的标准库和生态系统的一部分。具体来说，它们都是用于代码重用和管理的基本单元，帮助开发者组织和分发功能集合。

1. 模块（Module）

模块是一个包含 Python 定义和语句的文件。每个模块都是一个独立的命名空间，可以定义函数、类和变量，模块文件的扩展名为 .py。模块是代码重用的基本单元，通过将相关功能的代码组织在一个文件中，可以在不同的程序中重复使用这些代码。

2. 库（Library）或包（Package）

库或包是一个包含多个模块的目录。包通过在目录中包含一个特殊的文件 __init__.py 来标识。包可以包含子包和模块，形成层次结构。包是组织和分发相关模块集合的高级结构，可以提供更广泛和完整的功能集合。

根据来源和用途，模块（库）可以分为标准库、第三方库和自定义模块。

（1）标准库　Python 标准库是 Python 安装包中自带的一组模块和包，涵盖了许多常见的编程场景，如文件处理、系统调用、网络通信等。标准库不需要额外安装，可以直接导入使用。

（2）第三方库　第三方库是由社区或公司开发并发布的库，可以通过包管理工具（如 pip）安装。第三方库扩展了 Python 的功能，可以用于各种任务，如网络请求、数据处理、机器学习等。

（3）自定义模块　自定义模块是由开发者自己创建的模块，用于在多个程序之间共享代码，它可以帮助开发者组织代码、提高代码的可重用性。通常，一个自定义模块是一个包含 Python 代码的文件，文件名以 .py 结尾。创建和使用自定义模块步骤如下。

1）创建模块文件。首先，在项目目录中创建一个新的 Python 文件，并命名为 my_module.py。这个文件将包含自定义模块代码。注意，文件名可以自行定义。

2）编写模块代码。在文件 my_module.py 中，定义想要在其他地方使用的函数、类和变量。

示例：

```
#my_module.py
# 定义一个函数 greet,接收一个参数 name,并返回一个问候字符串
def greet(name):
    return f"Hello,{name}!"
# 定义一个类 Person,用于表示一个人
class Person:
```

```
    # 这是一个特殊的方法,称为构造方法或初始化方法,接收一个参数 name,并将其
赋值给实例变量 self.name
    def __init__(self,name):
        self.name = name
    # 定义一个函数 greet,返回一个问候字符串,包含实例变量 self.name
    def greet(self):
        return f"Hello,{self.name}!"
# 定义一个全局变量 variable,并赋值为一个字符串
variable ="This is a module variable"
```

3)使用自定义模块。在另一个 Python 文件中导入并使用这个模块。例如,创建一个名为 main.py 的文件,然后在文件内编写相关代码。

示例:

```
#main.py
# 导入自定义模块
import my_module
# 使用模块中的函数
print(my_module.greet("Alice"))      # 输出:Hello,Alice!
# 使用模块中的类
person = my_module.Person("Bob")
print(person.greet())                # 输出:Hello,Bob!
# 使用模块中的变量
print(my_module.variable)            # 输出:This is a module variable
```

3.4.2 模块(库)的安装

使用 PyCharm 安装模块(库)是一个非常方便的过程。步骤如下。

1. 打开 PyCharm 并创建或打开一个项目

首先,启动 PyCharm 并打开正在处理的项目。如果还未创建项目,可以先创建一个新项目。

2. 配置 Python 解释器

确保所选项目已经配置了 Python 解释器,可以在 PyCharm 的设置中查看和配置解释器:选择 File → Settings(macOS 系统为 Preferences)菜单命令,如图 3-28 所示。

在弹出的对话框中,选择 Project → project_name → Python Interpreter 命令。

如果没有配置解释器,可以单击右侧的齿轮图标,然后单击"Add Interpreter"添加解释器(见图 3-29)。此时,用户可以选择系统解释器、虚拟环境或 Conda 环境。

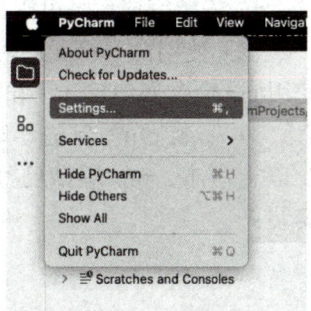

图 3-28 Settings

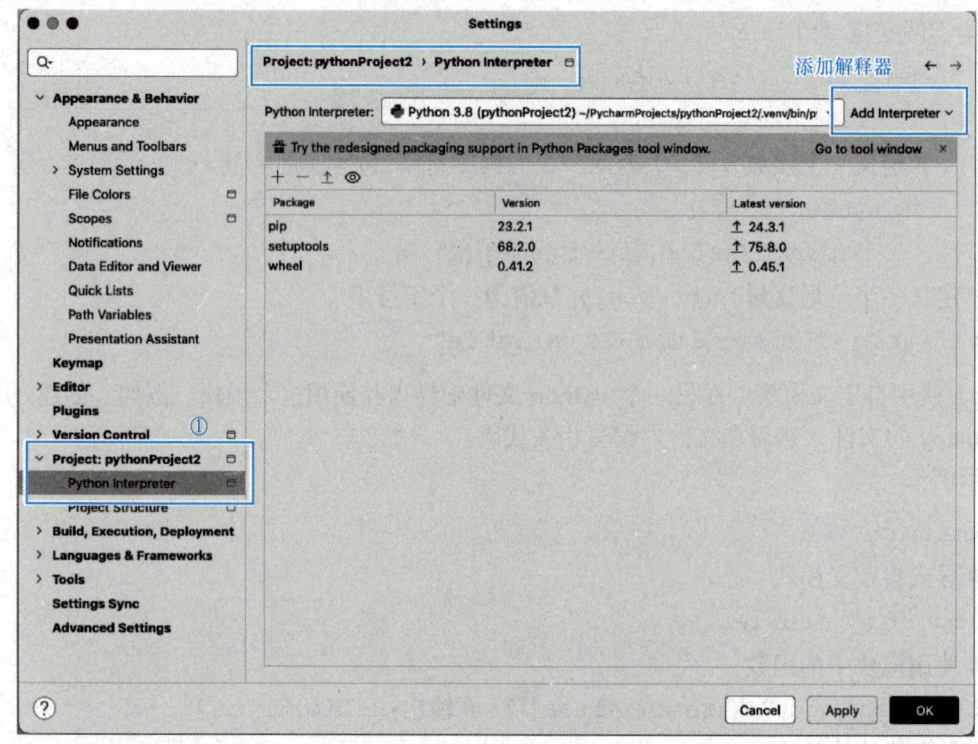

图 3-29　添加解释器

3. 安装模块（库）

有两种主要方法可以在 PyCharm 中安装模块（库）：使用图形界面（GUI）和使用终端。

（1）使用图形界面（GUI）

1）选择 File → Settings（macOS 系统为 Preferences）菜单命令。

2）在弹出的对话框中，选择 Project → project_name → Python Interpreter 命令。

3）右侧面板会显示当前项目的解释器和已安装的模块（库）。单击右侧的"+"按钮添加新的模块（库）。

4）在弹出的对话框中，搜索想要安装的模块（库），如"requests"，然后单击"Install Package"。

5）安装完成后，可以在解释器的列表中看到新安装的模块（库）。

（2）使用命令行　使用 pip 命令可以安装需要的模块（库）。以下介绍在 Windows 系统使用 pip 命令安装、升级和卸载模块（库）的详细步骤。

1）安装 pip。首先，确保 Python 环境中已经安装了 pip。如果安装的是 Python 3.4 及以上版本，pip 应该已经默认安装。可通过在命令行中输入以下命令检查 pip 是否已安装：

```
pip --version
```

如果 pip 没有安装，可以下载并运行 get-pip.py 脚本来安装 pip。在命令行中运行以下命令：

```
python get-pip.py
```

如果需要对 pip 进行升级，可以采用 --upgrade 选项：

```
pip install --upgrade pip
```

对于某些系统，安装模块（库）可能需要管理员权限。可以使用 sudo（macOS 和 Linux 系统）或以管理员身份运行命令提示符（Windows 系统）：

```
sudo pip install 模块(库)名
```

2）安装模块（库）。使用 pip 安装模块（库）的基本命令格式如下：

```
pip install 模块(库)名
```

3）升级模块（库）。要升级已经安装的模块（库），可以使用 --upgrade 选项：

```
pip install --upgrade 模块(库)名
```

4）卸载模块（库）。要卸载已经安装的模块（库），可以使用 uninstall 命令：

```
pip uninstall 模块(库)名
```

5）查看已安装的模块（库）。要查看当前环境中所有已安装的模块（库），可以使用 list 命令：

```
pip list
```

3.4.3 模块（库）的导入和使用

在 Python 中安装好模块（库）后，在使用前还需要导入。通过导入模块（库），可以重用代码，提高编程效率。

1. 导入整个模块（库）

导入整个模块（库）采用 import 语句，import 语句形式如下：

```
import 模块(库)名
```

示例：

```
import math
# 使用模块中的函数
result = math.sqrt(16)
print(result)   # 输出：4.0
```

2. 导入模块（库）中的特定函数或类

from 语句用于导入模块（库）中的指定对象，导入后直接用对象名进行引用。from 语句形式如下：

```
from 模块名 import 函数名
```

示例：

```
from math import sqrt
# 直接使用导入的函数
result = sqrt(16)
print(result)  # 输出：4.0
```

需要注意的是使用 from 语句导入模块（库），可以直接使用变量名引用模块（库）中的对象，不用添加"模块（库）名"作为限定词。但是，在当前模块（库）和导入模块（库）重名时，这种便利可能会产生歧义。一般情况下，建议使用 import 来进行导入。

3. 为模块（库）指定别名

为模块（库）或函数指定别名是为了使代码更加简洁和易读。在使用某些模块（库）时，模块（库）名称可能较长或与其他变量名称冲突，使用别名可以简化代码并避免冲突。

使用 as 语句可以为模块（库）或者函数指定别名，as 语句形式如下：

```
import 模块名 as 别名
```

示例：

```
import numpy as np
# 使用模块的别名
array = np.array([1,2,3,4])
print(array)  # 输出：[1 2 3 4]
```

3.4.4 常用模块（库）

1. random

Python 的 random 模块是一个内置的模块，用于生成随机数和进行随机选择。它提供了一系列函数来生成各种类型的随机数，广泛用于模拟、测试和数据生成等领域。使用 random 模块之前需要先导入。以下介绍 random 模块的常用函数。

（1）random.random()　返回一个 [0.0, 1.0) 之间的随机浮点数。

```
num = random.random()
print(num)  # 输出可能是 0.3748562932347982 之类的浮点数
```

（2）random.randint(a, b)　返回一个 [a, b] 之间的随机整数。

```
num = random.randint(1,10)
print(num)  # 输出可能是 1~10 的一个整数
```

（3）random.choice(seq)　从非空序列 seq 中随机选择一个元素。

```
items = ['apple','banana','cherry']
item = random.choice(items)
print(item)  # 输出可能是 'apple','banana' 或 'cherry'
```

2. matplotlib

matplotlib 是一个广泛使用的 Python 数据可视化库,它提供了简单易用的 API 来创建各种类型的图表和图形。matplotlib 的核心是 pyplot 模块,它提供了类似于 MATLAB 的绘图功能。使用 matplotlib 之前需要先导入。

(1)导入模块(库)

示例:

```
import matplotlib.pyplot as plt
```

使用 as 语句给 matplotlib 库取别名,此时 matplotlib 库叫 plt。

(2)plt.show() 用于显示当前图形窗口中的所有图形,还可以终止绘图。

示例:

```
plt.show()
```

(3)plt.title() 给图形添加标题。标题可以帮助用户理解图形的主题或内容,使图形更具信息性和可读性。

语法:

```
plt.title(label,fontdict=None,loc='center',pad=None,kwargs)
```

参数说明:

label:字符串类型,用于指定图形的标题文本。

fontdict:字典类型,可选参数,用于设置标题文本的字体属性(如字体大小、颜色、字体样式等)。

loc:字符串类型,可选参数,用于指定标题的位置,可以是 'left'、'center' 或 'right',默认为 'center'。

pad:浮点数类型,可选参数,用于设置标题与图形顶部之间的距离(单位为点,points)。

kwargs:其他可选参数,用于设置其他属性,如旋转角度等。

(4)plt.axis() plt.axis() 用于获取或设置当前图形的坐标轴属性。它可以控制图形的显示范围、比例以及轴的显示特性。

语法:

```
plt.axis(option)
```

option:用于调整坐标轴的显示方式:'on':打开坐标轴(默认)。'off':关闭坐标轴。

示例:

```
plt.axis('off')
```

(5)plt.figure() 用于创建一个新的图形窗口或设置现有图形的属性。它是绘制多图形、配置图形尺寸和分辨率的重要工具。

语法:

```
plt.figure(num=None,figsize=None,dpi=None,facecolor=None)
```

参数说明：

num：整型或字符串，可选参数，用于标识图形的编号或名称。如果已存在具有该编号的图形，将使其成为当前图形。

figsize：二元元组，可选参数，用于指定图形的宽度和高度（以英寸为单位），如 figsize=（8，6）。

dpi：整型，可选参数，用于设置图形的分辨率，即每英寸的点数（dots per inch）。

facecolor：字符串或 RGB 元组，可选参数，用于设置图形背景颜色。

示例：

```
plt.figure(figsize=(10,5),dpi=100,facecolor='lightgrey')
```

3. Pillow

Pillow 是一个用于图像处理的 Python 库，是 Python Imaging Library（PIL）的一个友好分支。它提供了丰富的功能来处理图像文件，如打开、操作、转换和保存图像，支持多种图像格式。

在 PIL 或其分支 Pillow 中，Image 是一个核心类，负责表示和处理图像。它提供了一系列的方法和属性，用于对图像进行各种操作，如打开、显示、转换、保存等。

（1）导入

```
from PIL import Image
```

（2）Image.open() 用于打开图像文件并返回一个 Image 对象。这是进行图像处理的起始步骤，通过该对象可以对图像进行各种操作，如显示、保存、转换格式等。

语法：

```
image = Image.open(fp,mode='r')
```

fp：文件路径或文件对象。可以是图像文件的路径字符串，也可以是类似文件的对象（如 io.BytesIO）。

mode：可选参数，指定打开图像的模式。默认为 'r'（只读）。

示例：

```
image = Image.open("example.jpg")
```

（3）Image.save() 用于保存图像文件。允许将图像保存到指定路径，并且可以指定图像的格式和其他保存参数。

语法：

```
image.save(fp,format=None,params)
```

fp：文件路径或文件对象，指定保存图像的目标路径或文件对象。

format：可选参数，指定保存图像的格式（如"JPEG""PNG"）。如果未指定，Pillow 将根据文件扩展名自动推断格式。

params：可选参数，用于指定格式相关的额外保存选项，如质量、优化等。

示例：

```
image.save("example.png")
```

(4) image.crop() 从原始图像中提取指定矩形区域,并返回该区域的新图像对象。

语法:

```
image.crop(box)
```

box:一个包含四个整数的元组,定义了裁剪区域的左、上、右、下边界。格式为(left, upper, right, lower)。

left:裁剪区域左边缘的 x 坐标。upper:裁剪区域上边缘的 y 坐标。

right:裁剪区域右边缘的 x 坐标。lower:裁剪区域下边缘的 y 坐标。

示例:

```
# 打开图像文件
image = Image.open("example.jpg")
# 定义裁剪区域
box = (100,100,400,400)
# 裁剪图像
cropped_image = image.crop(box)
```

【项目实例 3.15】

创建个性化生日明信片:使用 Python 的 Pillow 库创建一个个性化的生日明信片。程序需要加载背景图片,添加自定义文本(如祝福语),并在图片上叠加一个装饰图像(如生日帽)。最后,将生成的明信片保存为一个新的图像文件。

要求:

1)加载背景图片:从文件中加载背景图片,作为明信片的基础。

2)添加文本:在背景图片上添加个性化的生日祝福文字。文本位置、字体大小和颜色可定制。

3)添加装饰图像:在背景图片上添加一个小的装饰图像(如生日帽),并调整其大小和位置。

4)保存输出:将生成的明信片保存为新的图像文件。

代码示例:

```
1    from PIL import Image,ImageDraw,ImageFont
2    import os
3
4    # 加载背景图片
5    background = Image.open("cat.jpg")
6
7    # 创建一个可编辑的画布
8    draw = ImageDraw.Draw(background)
9
```

```python
10      # 使用自定义字体文件,确保字体文件路径正确
11      font = ImageFont.truetype("NewYork.ttf",size=50)
12
13      # 添加自定义文本
14      text ="Happy Birthday！"
15      text_position =(50,50)
16      text_color =(255,255,255)  # 白色
17      draw.text(text_position,text,font=font,fill=text_color)
18
19      # 加载装饰图像
20      sticker = Image.open("hat.png")
21      sticker_position =(170,150)
22      new_size =(200,200)  # 目标宽度和高度
23      sticker = sticker.resize(new_size,Image.LANCZOS)  # 直接缩放
24      background.paste(sticker,sticker_position,sticker)
       # 使用alpha通道进行透明处理
25
26      # 保存输出明信片
27      output_path ="postcard.jpg"
28      background.save(output_path)
29
30      print(f"个性化明信片已保存到 {output_path}"
```

第1行：从 PIL 中导入 Image、ImageDraw 和 ImageFont，用于图像处理。

第2行：导入 os 模块，提供操作系统相关功能。

第5行：使用 Image.open() 函数打开名为 cat.jpg 的背景图片，并将其存储在变量 background 中，此图片将作为明信片的基础。

第8行：用 Draw() 函数创建一个可编辑的画布 draw，用于在背景图片上绘制文本和图形。

第11行：使用自定义字体文件 NewYork.ttf，字体大小设置为50。

第14行：定义文本内容为"Happy Birthday！"。

第15行：设置文本在图像中的起始坐标（左上角为原点）。

第16行：定义文本颜色为白色。

第17行：使用 draw.text() 在背景图片上绘制文本，指定文本位置（text_position）、内容（text）、字体（font）和颜色（fill）。

第20行：用 open() 函数打开装饰图像文件 hat.png。

第21行：定义装饰图像绘制在背景图片上的位置。

第22行：设置装饰图像的目标大小为 200×200 像素。

第23行：使用 resize() 函数调整装饰图像的大小，Image.LANCZOS 提供高质量的缩放。

第 24 行：使用 paste() 函数将调整后的装饰图像绘制到背景图片的指定位置。第三个参数 sticker 用于处理图片的透明通道。

第 27 行：定义输出文件路径和文件名。

第 28 行：save() 函数将修改后的背景图片保存到指定路径。

3.5 文件操作

在 Python 中，文件是存储在磁盘上的数据集合，可以是文本文件（如 .txt 文件）或二进制文件（如 .bin 文件）。文件操作是 Python 编程中的基本操作，包括打开文件、读取文件、写入文件和关闭文件等。

3.5.1 文件的基本概念

1. 文件类型

1）文本文件：包含人类可读的字符数据，如 .txt、.csv、.json 等。

2）二进制文件：包含计算机可读的二进制数据，如 .bin、.jpg、.png 等。

2. 文件路径

文件路径是指文件在文件系统中的位置，路径可以是绝对路径或相对路径。

1）绝对路径：从根目录开始的完整路径。

2）相对路径：相对于当前工作目录的路径。

3. 文件模式

在操作文件时，需要指定文件模式，明确文件是要读取、写入还是追加。常见的文件模式如下：

'r'：只读模式（默认）。　　　　　　　　't'：文本模式（默认）。
'w'：写入模式（会覆盖文件）。　　　　　'x'：排他性创建（文件存在则报错）。
'a'：追加模式（在文件末尾写入）。　　　'+'：读写模式（与其他模式组合使用）。
'b'：二进制模式。

3.5.2 文件的基础操作

Python 常用的文件函数见表 3-7。

表 3-7　Python 常用的文件函数

函数	用法介绍
open（file，mode）	打开文件，返回文件对象。file 是文件路径，mode 是打开模式，如 'r'（只读）、'w'（写入）等
close()	关闭文件，释放文件资源
read（size）	读取整个文件或指定字节数的内容。size 是要读取的字节数，如果省略，则读取整个文件
readline()	逐行读取文件，每次读取一行

(续)

函数	用法介绍
readlines()	读取文件的所有行,并返回一个列表,每行作为一个元素
write(string)	将字符串 string 写入文件
writelines(list)	将字符串列表 list 写入文件
tell()	返回文件指针的当前位置
seek(offset)	移动文件指针到指定位置。offset 是相对于文件开头的字节数

1. open()

open() 函数用于打开一个文件并返回一个文件对象,该对象可以用来读写文件内容。open() 函数的使用涉及多个参数,其中最常用的参数是文件路径和打开模式。

语法:

```
open(file,mode,encoding=None)
```

参数说明:

file:文件路径(字符串)。

mode:文件打开模式(字符串),默认为 'r'(只读模式)。

encoding:文件编码方式,文本模式下使用,如 'utf-8'。

2. close()

close() 函数用于关闭一个打开的文件。关闭文件非常重要,因为它会释放文件资源,并确保所有缓冲区内容都被写入磁盘。如果文件没有被正确关闭,可能会导致数据丢失或文件损坏。

语法:

```
file.close()
```

3. read()

read() 函数用于读取文件的内容,可以读取整个文件或指定的字节数。

语法:

```
file.read(size)
```

参数说明:

size(可选):要读取的字节数。如果未指定或为负值,则读取整个文件。

4. write()

write() 函数用于将字符串或字节写入文件。该函数不会自动在字符串末尾添加换行符,需要手动添加。

语法:

```
file.write(string)
```

参数说明:

string：要写入文件的字符串或字节对象（在二进制模式下）。

5. 用 with 语句实现文件读写

使用 with 语句可以更加安全和简洁地实现文件的读写操作。with 语句会确保在代码块结束后自动关闭文件，即使在处理过程中发生异常，也能保证资源被正确释放。

示例：

```
# 步骤1:使用open( )和write( )创建并写入文件
file = open('example.txt','w')          #以写入模式打开文件。如果文件不存在,将
                                         创建该文件。
file.write("Hello,World！\n")            # 写入第一行内容到文件。
file.write("This is the initial content of the file.")
                                        # 写入第二行内容到文件。
file.close( )                            #使用close( )关闭文件,确保写入内容保
                                         存到磁盘。
# 步骤2:使用with open( )和read( )读取文件内容
with open('example.txt','r')as file：   #以只读模式打开文件,并使用with 语句确
                                         保自动关闭文件。
    content = file.read( )               # 使用read( )读取整个文件内容。
    print("File content after initial write:")
                                        # 打印提示信息。
    print(content)                       # 打印文件内容。
# 步骤3:使用with open( )和write( )追加内容
with open('example.txt','a')as file：   # 以追加模式打开文件。
    file.write("\nThis is additional content appended to the file.")
                                        # 追加内容到文件末尾。
# 步骤4:再次使用open( )和read( )读取文件内容,并手动关闭文件
file = open('example.txt','r')          # 以只读模式打开文件。
content = file.read( )                   # 使用read( )读取整个文件内容。
print("\nFile content after appending:")
                                        # 打印提示信息。
print(content)                           # 打印文件内容。
file.close( )                            # 使用close( )关闭文件。
# 步骤5:使用with open( )读取文件的前几行
with open('example.txt','r')as file：   #以只读模式打开文件,并使用with 语句确
                                         保自动关闭文件。
    first_line = file.readline( )        # 使用readline( )读取文件的第一行。
    second_line = file.readline( )       # 使用readline( )读取文件的第二行。
    print("\nFirst two lines of the file:")
                                        # 打印提示信息。
```

```
    print(first_line,end='')      #打印第一行内容,使用 end='' 避免重复换行。
    print(second_line,end='')     #打印第二行内容,使用 end='' 避免重复换行。
```

输出示例:

```
File content after initial write:
Hello,World!
This is the initial content of the file.

File content after appending:
Hello,World!
This is the initial content of the file.
This is additional content appended to the file.

First two lines of the file:
Hello,World!
This is the initial content of the file.
```

3.5.3 os 库

os 库是 Python 的标准库之一,提供了一系列与操作系统进行交互的函数。通过 os 库,可以执行文件和目录操作、获取环境变量、执行系统命令等。使用 os 库之前首先需要使用 import 语句导入 os 库。os 库的常用函数见表 3-8。

表 3-8 os 库的常用函数

函数	用法介绍
os.getcwd()	获取当前工作目录的路径
os.chdir(path)	改变当前工作目录到指定路径
os.listdir(path)	列出指定目录中的文件和子目录
os.mkdir(path)	创建单级目录。如果目录已存在,则引发 FileExistsError
os.makedirs(path)	递归创建多级目录。如果目录已存在,则引发 FileExistsError
os.remove(path)	删除指定路径的文件。如果路径是一个目录,则引发 IsADirectoryError
os.rmdir(path)	删除单级空目录。如果目录不为空,则引发 OSError
os.removedirs(path)	递归删除多级空目录。从最里层的目录开始删除,直到遇到非空目录或引发错误
os.rename(src, dst)	重命名文件或目录,将 src 重命名为 dst

1. os.getcwd()

os.getcwd() 函数用于获取当前工作目录的路径。工作目录是指当前脚本运行的目录,通常也是文件操作的相对路径的基准。

2. os.chdir（path）

os.chdir（path）函数用于改变当前工作目录到指定的路径。改变工作目录后，所有相对路径的文件操作都会基于新的工作目录。

参数说明：

path：工作目录的目标路径，可以是绝对路径或相对路径。

3. os.listdir（path）

os.listdir（path）函数用于返回指定路径下的文件和目录列表。返回的列表中包含指定目录中的所有条目，但不包括特殊条目"."和".."。

参数说明：

path：要列出的目录的路径，可以是绝对路径或相对路径。如果省略，则列出当前工作目录的内容。

4. os.mkdir（path）

os.mkdir（path）函数用于创建一个单级目录。如果指定的目录已经存在，则会引发 FileExistsError 错误。该函数只能创建一个目录级别，要创建多级目录，应使用 os.makedirs（path）函数。

参数说明：

path：要创建的目录路径，可以是绝对路径或相对路径。

5. os.makedirs（path）

os.makedirs（path）函数用于递归地创建目录树，即可以一次性创建多级目录。如果指定的目录路径中某级目录已存在，不会引发错误。与 os.mkdir（path）不同，它可以创建不存在的父目录。

6. os.remove（path）

os.remove（path）函数用于删除指定路径的文件。如果路径指向一个目录，则会引发 IsADirectoryError 错误。因此，该函数只适用于删除文件，而不适用于删除目录。

7. os.rmdir（path）

os.rmdir（path）函数用于删除一个空目录。如果目录不为空，则会引发 OSError 错误。因此，该函数只适用于删除空目录，而不适用于删除包含文件或子目录的目录。

8. os.rename（src, dst）

os.rename（src, dst）函数用于重命名文件或目录。可以将文件或目录从一个路径移动到另一个路径，并可以更改其名称。如果目标路径已经存在，则会引发 FileExistsError 错误。

参数说明：

src：要重命名的源文件或目录的路径。

dst：目标文件或目录的路径。

示例：

```
# 导入 os 库
import os
# 获取当前工作目录
original_directory = os.getcwd()
```

```python
print("Original Directory:",original_directory)
# 创建一个新目录
new_directory ='example_dir'
os.mkdir(new_directory)
print(f"Directory'{new_directory}'created.")
# 改变当前工作目录到新目录
os.chdir(new_directory)
print("Changed Directory to:",os.getcwd())
# 创建多级目录
nested_directory ='nested_dir/inner_dir'
os.makedirs(nested_directory)
print(f"Nested Directory'{nested_directory}'created.")
# 在新目录中创建一个文件
file_name ='test_file.txt'
with open(file_name,'w')as file:
    file.write("This is a test file.")
print(f"File'{file_name}'created.")
# 列出当前目录中的内容
print("Directory Contents:",os.listdir('.'))
# 重命名文件
new_file_name ='renamed_file.txt'
os.rename(file_name,new_file_name)
print(f"File renamed to'{new_file_name}'.")
# 重命名目录
new_nested_directory ='renamed_nested_dir'
os.rename('nested_dir',new_nested_directory)
print(f"Directory renamed to'{new_nested_directory}'.")
# 列出重命名后的目录内容
print("Directory Contents after renaming:",os.listdir('.'))
# 删除文件
os.remove(new_file_name)
print(f"File'{new_file_name}'removed.")
# 删除空目录
os.rmdir(new_nested_directory +'/inner_dir')
print(f"Directory'inner_dir'removed.")
# 删除多级目录
os.removedirs(new_nested_directory)
print(f"Directory'{new_nested_directory}'and its parents removed.")
# 改变回原始目录
```

```
os.chdir(original_directory)
print("Changed back to original directory:",os.getcwd( ))
# 删除创建的初始新目录
os.rmdir(new_directory)
print(f"Directory'{new_directory}'removed.")
```

os.path 子库是 Python 标准库的一部分,用于操作和处理文件路径。它提供了许多有用的函数来处理路径名,包括路径组合、文件名提取、目录提取、路径规范化等。path 子库的常用函数见表 3-9。

表 3-9 path 子库的常用函数

函数	用法介绍
os.path.exists(path)	用于检查指定路径是否存在,如果路径存在,返回 True,否则返回 False
os.path.isfile(path)	用于检查指定路径是否是一个普通文件。如果路径存在且是一个文件,则返回 True,否则返回 False
os.path.isdir(path)	用于检查指定路径是否是一个目录。如果路径存在且是一个目录,则返回 True,否则返回 False
os.path.abspath(path)	用于将相对路径转换为绝对路径,并返回一个规范化的绝对路径字符串
os.path.basename(path)	用于获取指定路径的最后一个组件,即文件名或目录名。如果路径以斜杠结尾,则返回空字符串
os.path.dirname(path)	用于获取指定路径的目录部分,即去掉路径中的最后一个文件或目录名部分

注:path 为要检查的文件或目录路径,可以是绝对路径或相对路径。

示例:

```
import os   # 导入 os 模块
# 定义相对路径
relative_path ='example_dir/nested_dir/inner_dir/test_file.txt'
# 检查路径是否存在
if not os.path.exists(relative_path):
    # 获取路径的目录部分并创建多级目录
    dir_path = os.path.dirname(relative_path)
    os.makedirs(dir_path)   # 创建多级目录
    # 创建文件并写入内容
    with open(relative_path,'w')as file:
        file.write("This is a test file.")
# 获取文件的绝对路径
abs_path = os.path.abspath(relative_path)
# 检查路径是否是文件
is_file = os.path.isfile(abs_path)
```

```
#检查路径是否是目录
is_dir = os.path.isdir(dir_path)
#获取文件的基本名称
file_basename = os.path.basename(abs_path)
#获取目录的基本名称
dir_basename = os.path.basename(dir_path)
#获取文件的目录部分
file_dirname = os.path.dirname(abs_path)
#获取目录的上一级目录部分
dir_dirname = os.path.dirname(dir_path)
#输出结果
print("Absolute Path:",abs_path)
print("Is File:",is_file)
print("Is Directory:",is_dir)
print("File Basename:",file_basename)
print("Directory Basename:",dir_basename)
print("File Dirname:",file_dirname)
print("Directory Dirname:",dir_dirname)
```

【项目实例 3.16】

图书借阅管理系统：编写一个图书借阅管理系统，能够记录图书的借阅和归还操作，并查看当前所有的借阅记录。程序需要通过文件存储借阅信息，并提供一个简单的用户交互菜单。

要求：

1）功能说明：

① 用户可以借阅图书，系统会记录借阅的时间。

② 用户可以归还图书，系统会记录归还的时间。

③ 用户可以查看所有的图书借阅和归还记录。

④ 程序应提供用户友好的菜单，并允许用户选择相应的操作。

2）文件操作：

① 所有记录需保存在 library_records.txt 文件中。

② 如果文件不存在，应自动创建该文件并添加标题。

3）日期和时间：使用当前日期和时间记录借阅和归还事件。

4）菜单交互：提供一个循环菜单，直到用户选择退出系统。

代码示例：

```
1    import os
2    import datetime
3
4    #文件路径
```

```
5      file_path ="library_records.txt"
6
7      # 创建或打开文件
8      if not os.path.exists(file_path):
9          with open(file_path,'w')as file:
10             file.write("图书借阅记录\n")
11
12     def borrow_book(book_name):
13         with open(file_path,'a')as file:
14             borrow_time = datetime.datetime.now( ).strftime("%Y-%m-%d%H:%M:%S")
15             file.write(f"借阅:{book_name} 时间:{borrow_time}\n")
16         print(f"图书《{book_name}》已借阅。")
17
18     def return_book(book_name):
19         with open(file_path,'a')as file:
20             return_time = datetime.datetime.now( ).strftime("%Y-%m-%d%H:%M:%S")
21             file.write(f"归还:{book_name} 时间:{return_time}\n")
22         print(f"图书《{book_name}》已归还。")
23
24     def view_records( ):
25         with open(file_path,'r')as file:
26             records = file.read( )
27         print("当前借阅记录:\n"+ records)
28
29     # 主菜单
30     def main( ):
31         while True:
32             print("\n图书借阅系统")
33             print("1.借阅图书")
34             print("2.归还图书")
35             print("3.查看借阅记录")
36             print("4.退出系统")
37
38             choice = input("请选择操作:")
39
40             if choice =='1':
```

```
41              book_name = input("请输入要借阅的图书名称:")
42              borrow_book(book_name)
43          elif choice =='2':
44              book_name = input("请输入要归还的图书名称:")
45              return_book(book_name)
46          elif choice =='3':
47              view_records()
48          elif choice =='4':
49              print("退出系统。")
50              break
51          else:
52              print("无效选择,请重新选择。")
53
54      # 运行主菜单
55      main()
```

第 1 行：导入 os 模块，提供与操作系统交互的功能，如文件路径操作。

第 2 行：导入 datetime 模块，用于获取当前日期和时间。

第 5 行：定义变量 file_path，用于指定记录文件的路径。

第 8 行：os.path.exists（file_path）检查文件是否存在，如果不存在则创建文件。

第 9 行：以写入模式打开文件，如果文件不存在则创建，使用 with 语句确保文件在使用后正确关闭。

第 10 行：file.write（）写入文件标题"图书借阅记录"。

第 12 行：用 def 关键字定义一个函数 borrow_book，用于记录图书借阅信息，形式参数 book_name。

第 13 行：以追加模式打开文件，确保每次借阅信息都添加到文件末尾。

第 14 行：获取当前日期和时间，并格式化为字符串。

第 15 行：将借阅记录写入文件，包括图书名称和借阅时间。

第 16 行：在控制台输出确认消息。

第 18~22 行：定义一个函数 return_book，用于记录图书归还信息。其他步骤与 borrow_book 函数相似。

第 24 行：定义一个函数 view_records，用于查看当前所有记录。

第 25 行：以读取模式打开文件。

第 26 行：file.read（）读取文件的所有内容并存储在变量 records 中。

第 27 行：输出所有借阅记录。

第 30 行：定义主函数 main，用于展示主菜单并处理用户选择。

第 31 行：创建一个无限循环，以便程序持续运行直到用户选择退出。

第 32~36 行：这五行都是 print 语句，用于输出主菜单选项。

第 38 行：input（）从控制台获取用户的菜单选择，存储到变量 choice 中。

第 40~52 行：使用 if...elif...else 条件语句，根据用户的选择调用不同的函数或退出循环。break 用于结束循环，退出程序。

第 55 行：调用 main 函数，启动图书借阅管理系统。

|本|章|小|结|

本章介绍了 Python 的基本概念、编程基础及程序流程控制、模块（库）的使用以及文件操作等内容。Python 是一种高级编程语言，以简洁、易读的语法深受编程新手和专家的喜爱。其中，Python 的编程基础包括代码格式、标识符、关键字和变量，数据类型，运算符等，这些是理解后续编程逻辑的基础。通过本章学习，读者应掌握编写简单程序所需的技能，并为进一步学习奠定基础。

习 题

一、选择题

1. Python 是一种（   ）。
   A. 低级语言　　　　B. 汇编语言　　　　C. 高级语言　　　　D. 机器语言
2. 在 Python 中，（   ）数据类型用于表示文本。
   A. list　　　　　　B. int　　　　　　　C. string　　　　　　D. dict
3. 在 Python 中，（   ）用于注释单行代码。
   A. //　　　　　　　B. /**　　　　　　　C. #　　　　　　　　D. $
4. 下列（   ）语句用于定义函数。
   A. function　　　　B. define　　　　　C. def　　　　　　　D. func
5. 在 Python 中，if 语句用于（   ）。
   A. 定义类　　　　　B. 导入模块　　　　C. 条件判断　　　　D. 循环
6. 以下（   ）循环结构是 Python 中的有效循环。
   A. do...while　　　B. repeat...until　C. for　　　　　　　D. switch
7. 以下（   ）是正确的 while 循环的写法。
   A. while x > 5 do：B. while x > 5：　C. while（x > 5）；　D. while x > 5 then
8. 以下（   ）库用于科学计算和数组操作。
   A. Django　　　　　B. Flask　　　　　　C. NumPy　　　　　　D. Matplotlib
9. 通过（   ）语句可导入模块 math。
   A. import Math　　B. include math　　C. import math　　　D. using math
10. 以下（   ）函数用于读取文件中的所有内容。
    A. write()　　　　B. read()　　　　　C. open()　　　　　　D. close()
11. 在 Python 中，x =［1，2，3］是（   ）数据类型。
    A. tuple　　　　　B. set　　　　　　　C. list　　　　　　　D. dict
12. 通过（   ）语句打开文件用于写操作。

A. open("file.txt", "r") 　　B. open("file.txt", "w")
C. open("file.txt", "a") 　　D. open("file.txt", "x")

13. 通过（　　）语句获取列表的长度。

A. list.len() 　　B. length(list) 　　C. len(list) 　　D. size(list)

14. Python 中 range(5) 的返回结果是（　　）。

A. [1, 2, 3, 4, 5] 　　B. [0, 1, 2, 3, 4]
C. [0, 1, 2, 3, 4, 5] 　　D. [1, 2, 3, 4]

15. 以下（　　）是 Python 中的合法变量名。

A. 2variable 　　B. variable_2 　　C. variable-2 　　D. variable.2

二、编程题

1. 计算 BMI 指数

编写一个 Python 程序，计算用户的体重指数（BMI）。BMI 是一个常用的衡量身体健康的指标，可以通过体重和身高计算得出。一般对成年人而言，18.5~23.9kg/m² 为正常水平。BMI 的计算公式为

$$BMI = 体重 / 身高^2$$

式中，体重单位为 kg；身高单位为 m。

代码要求：

1）用户需要输入体重和身高。

2）输入体重（kg）和身高（m）都应为浮点数（例如：65.5 和 1.75）。

3）计算并输出 BMI 指数，结果保留两位小数。

2. 猴子吃桃

一个猴子第一天摘了若干个桃子。猴子每天的吃桃方式如下：

第一天，猴子吃掉了摘下的桃子的一半，并且多吃了一个。

第二天，猴子将剩下的桃子再吃掉一半，并且多吃了一个。

从第三天到第九天，猴子每天都按照这样的方式吃桃子：吃掉剩下桃子的一半，并且多吃了一个。

到第十天，猴子发现只剩下一个桃子了。

编写一个 Python 程序，使用 while 循环来计算猴子第一天摘了多少个桃子，并且打印出每一天开始时猴子拥有的桃子数量。

3. 水果销量柱状图绘制

编写一个 Python 程序，要求根据给定的水果销量数据，使用 matplotlib 库绘制柱状图，展示不同水果的销量情况。

要求：

1）使用 matplotlib 库绘制柱状图。

2）柱状图的 X 轴应表示水果种类，Y 轴表示销量，具体销量见表 3-10。

3）每种水果对应的柱子对应不同的颜色。

4）为柱状图添加标题、X 轴和 Y 轴标签。

5）每种水果对应的柱子上标注销量。

表 3-10　水果销量信息

水果类型	销量	颜色
Apple	150	红色（red）
Banana	300	黄色（yellow）
Orange	180	橙色（orange）
Grapes	220	紫色（purple）
Mango	130	绿色（green）

第 4 章

计算机视觉

【本章导学】

本章将引领读者进入计算机视觉的奇妙世界，从自动驾驶场景导入，探索其从实验室走向日常生活的发展历程，剖析计算机视觉的关键技术，如图像分类、目标检测、目标跟踪、语义分割和超分辨率，为读者构建全面而坚实的知识框架。此外，本章还介绍了百度 AI 开放平台的应用实践，通过实际操作演示如何调用平台接口，完成图像审核、图像识别及人脸识别等项目，让读者亲身体验技术转化为实际应用的力量。

【学习目标】

1. 了解计算机视觉的发展历程及其在各个领域的广泛应用，对计算机视觉的基本概念和技术范畴有初步的认识。

2. 熟悉计算机视觉的关键技术，如图像分类、目标检测、目标跟踪、语义分割和超分辨率等，并掌握它们的基本原理和应用场景。

3. 理解百度 AI 开放平台的功能及使用方法，能灵活运用该平台的接口完成图像审核、图像识别和人脸识别等实际项目的开发。

【学习导览】

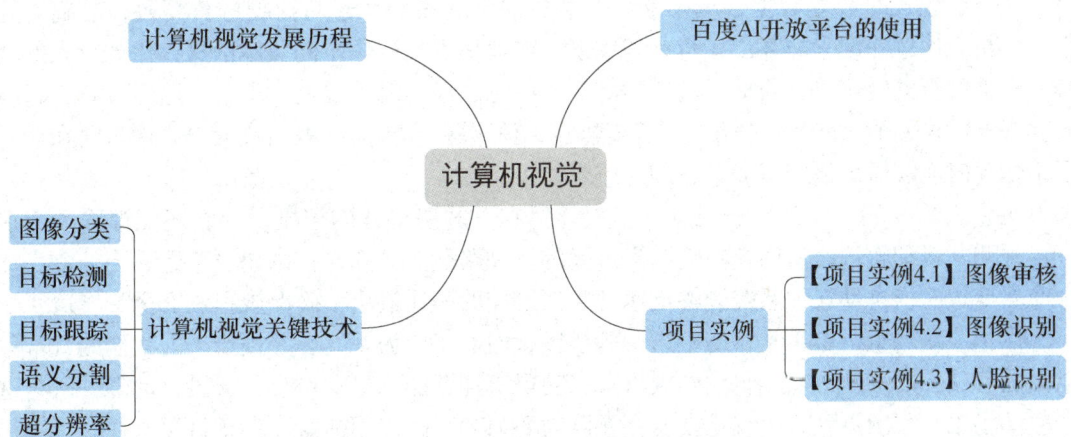

婴儿在出生后的几个小时内便能识别出母亲的面孔，而乒乓球运动员则能通过对手的微妙动作预测球的落点。人们接收的信息中有70%~80%来源于视觉感知。如今，人们正步入一个由智能技术主导的时代。计算机和机器不再只是无生命的结构体，它们拥有了类似人类的视觉系统，具备了"观察"世界、"解析"图像以及"理解"周围环境的能力。

想象一下，在一个晴朗的早晨，你坐进了一辆全自动驾驶的汽车中。没有了传统驾驶座上的方向盘，也没有了需要时刻关注的仪表盘，取而代之的是一个宽敞、舒适的乘坐空间，以及一块巨大的全景显示屏，它温柔地展示着车外的风景和即将到达的目的地。你轻声对汽车说："带我去市中心的咖啡馆吧。"随即，车辆仿佛被赋予了生命，它缓缓驶出车位，融入了繁忙的城市交通之中，如图4-1所示。

图4-1　自动驾驶

在这段旅程中，自动驾驶汽车依靠着先进的计算机视觉技术，实现了对周围环境的精准感知与理解。它"看到"了前方的行人、车辆、交通信号灯，甚至能够识别出道路上的障碍物和突然出现的动物。这一切，都得益于安装在车身各处的摄像头、雷达、激光雷达（LiDAR）等传感器，它们如同汽车的眼睛，不断收集着周围世界的图像和数据。

然而，仅仅是收集数据远远不够。计算机视觉的核心在于对数据进行高效、准确的处理与分析。通过深度学习算法，自动驾驶系统能够识别出图像中的关键信息，比如行人的动作、车辆的行驶轨迹、交通标志的含义等。这些算法经过海量数据的训练，已经具备了超越人类视觉的识别能力和反应速度。自动驾驶系统能够在毫秒之间做出决策，确保车辆在遇到复杂情况时能够做出最安全、最合理的应对。

更令人惊叹的是，计算机视觉不仅仅停留在对静态物体的识别上。它还能追踪动态目标，预测其运动轨迹，从而提前规划出最优的行驶路线。例如，在高速公路上，当一辆大货车突然变道时，自动驾驶系统能够迅速计算出最佳的避让策略，确保旅程既安全又舒适。

以上应用场景，不再是科幻电影中的桥段，而即将成为现实，并逐步融入我们的日常生活。随着技术的不断进步，自动驾驶汽车将变得更加智能、更加可靠。通过自动驾驶汽车这一生动场景，可预见计算机视觉技术存在巨大潜力和广阔应用前景。本章将深入探讨计算机视觉的发展历程、关键技术、应用领域以及面临的挑战，带领读者一步步揭开计算机视觉的神秘面纱，共同探索这个充满奇迹的科技世界。

4.1　计算机视觉发展历程

计算机视觉的发展历程是一段充满创新与突破的旅程。它起源于20世纪50年代，研究人员尝试使用相机来模拟人类的眼睛，获取图像信息。随后，通过数字图像处理技术，将模拟图像转换为数字图像，为计算机的视觉识别奠定了基础。研究人员设计了各种算法来模拟大脑皮层的功能，从图像中提取特征，进行识别和检测，这就是所谓的机器视觉，也称为计算机视觉（Computer Vision，CV），其核心目标是解决机器如何"看懂"图像的问题。

20世纪50年代，统计模式识别标志着计算机视觉技术的起点，该技术主要用于简单的图像处理任务。神经生理学家 Hubel 和 Wiesel 的实验揭示了视觉信息处理的分级模式，为后来的技术发展奠定了生物学基础。20世纪60年代，Roberts 开创了三维视觉的研究。20世纪70年代，Marr 提出计算机视觉理论，强调了多层次性和复杂性，对后续研究产生了深远影响。20世纪80年代，随着商业化进程的推进，计算机视觉技术开始进入实际应用。进入21世纪，计算机视觉领域经历了从理论深化到技术突破的快速发展阶段。新的算法和技术不断涌现，如尺度不变持证变换（SIFT）算法提高了图像特征提取的鲁棒性，MNIST 数据库的创建促进了深度学习模型的发展。特别是 2012 年 AlexNet 在 ImageNet 竞赛中的成功，标志着深度学习在计算机视觉领域的兴起。

深度学习的出现极大地推动了计算机视觉的发展。卷积神经网络（CNN）在图像识别领域取得了突破性成果，提高了计算机视觉系统的性能。从 LeNet-5 到 AlexNet，再到 VGGNet 和 GoogleNet，这些模型在图像分类任务中的高准确率为计算机视觉领域带来了革命性的变化。

基于深度学习的计算机视觉方法在图像分类、目标检测等方面取得了显著的成果，几乎超越了所有传统算法，并在某些方面甚至超越了人类的表现。深度学习模型能够从大量数据中自动学习特征和表示，这是传统方法无法比拟的。然而，深度学习方法也存在挑战，如对大量标签数据和计算资源的依赖以及可解释性差等问题。

总体来看，计算机视觉应用日益广泛，相关理论和方法在不断完善。随着人工智能技术的不断进步，基于深度学习的方法在各个视觉任务上实现了跨越式的性能提升，展现出巨大的潜力和广阔的应用前景。

4.2 计算机视觉关键技术

从简单的图像采集到复杂的场景理解，计算机视觉技术涵盖了以下技术。

1）图像采集和处理：使用摄像头及其他传感器采集真实世界中的三维场景，将其转化为二维图像或视频序列，每个图像可被视为一个二维矩阵，其中每个点（像素）代表了颜色信息。

2）目标识别：对目标进行识别，如狗、车或人脸，并进一步区分目标的种类和特征，例如区分狗的品种或颜色。

3）目标检测和图像分割：把图像划分为若干个不同的区域和物体，将它们从背景中分割出来。

4）目标追踪：在视频序列中跟踪特定目标的移动，确定其随时间的位置变化。

5）动作识别：识别和分析图像或视频中的动作和手势，如舞蹈动作或交通手势。

6）场景理解：对一个完整的场景（例如一只饥饿的狗正在盯着一根骨头）进行分析并理解，掌握其中复杂而微妙的关系。

7）生成对抗网络：生成对抗网络包含两个网络，其中生成网络负责尝试合成一些看起来很真实的内容，而判别网络会把生成网络所合成的内容与真实的内容进行比较，确定生成网络的输出是真是假，例如 Deepfake 换脸。

4.2.1 图像分类

图像分类是根据不同类别的目标在图像信息中所反映的不同特征，将其区分开来的图像处理方法。它利用计算机对图像进行定量分析，把图像或图像中的每个像素或区域划归为若干个类别中的某一种，以代替人的视觉判读。如图 4-2 所示，区分出人和羊。图像分类是计算机视觉的核心任务之一，应用范围广泛，是图像分割、物体检测、物体跟踪、人脸识别等视觉任务的基础。

图像分类的研究可以追溯到计算机科学的早期阶段，但真正意义上的自动化图像分类始于 20 世纪 90 年代，随着数字图像处理技术和机器学习算法的快速发展，图像分类技术逐渐走向成熟。早期的图像分类方法主要依赖于手工设计的特征提取器（如 SIFT、SURF⊖ 等）和传统的机器学习分类器（如 SVM⊖、决策树等）。这些方法虽然取得了一定的成果，但受限于特征设计的主观性和分类器的泛化能力，难以应对复杂多变的实际应用场景。

图 4-2　图像分类

进入 21 世纪，随着深度学习技术的兴起，特别是卷积神经网络（CNN）的广泛应用，图像分类迎来了革命性的变革。CNN 通过自动学习图像中的层次化特征表示，极大地提高了图像分类的准确性和效率。自 2012 年 AlexNet 在 ImageNet 竞赛中夺冠以来，一系列更先进、更深层的 CNN 模型相继问世，如 VGGNet、GoogleNet、ResNet 等，不断刷新着图像分类的性能记录。

尽管图像分类技术已经取得了显著的进步，但仍面临着诸多挑战。一方面，随着应用场景的日益复杂，图像分类的精度和实时性要求不断提高；另一方面，数据不平衡、噪声干扰、光照变化等实际问题也给图像分类带来了不小的困难。此外，如何在小样本学习、零样本学习等极端条件下实现有效的图像分类，也是当前研究的热点之一。

4.2.2 目标检测

随着计算机视觉技术的广泛应用，人们不再满足于让计算机"看"东西，还要求对"看"到的东西进行反馈。图像分类只关注如何识别目标的类别，目标检测则是找到给定图像中所有目标的位置，并给出每个目标的具体类别。如图 4-3 所示，检测出猫和狗。目标检测是给需要检测的图片内的目标标注一个边界框进行目标定位，同时检测出所有目标的类别标签。

目标检测的核心在于同时解决两个关键问题：一是分类问题，即判断图像中的每个区域是否包含特定类别的目标；二是定位问题，即确定这些目标在图像中的具体位置。这一过程

⊖ SURF，加速稳健特证。
⊖ SVM，支持向量积。

通常涉及以下几个步骤：

1）特征提取：利用卷积神经网络自动从原始图像中提取出丰富的层次化特征，这些特征能够有效表示图像中的物体信息。

图 4-3　目标检测

2）候选区域生成（对于两阶段检测器）：通过特定算法（如选择性搜索、RPN 网络）在图像中生成一系列可能包含目标的候选区域。

3）分类与回归：对每个候选区域进行分类，判断其是否属于某个目标类别，并调整候选区域的边界框，使其更准确地贴合目标。

4）后处理：通过非极大值抑制（NMS）等技术去除冗余的检测框，保留最佳的检测结果。

近年来，随着卷积神经网络（CNN）的广泛应用，目标检测迎来了革命性的突破，2014 年，基于区域的卷积神经网络（R-CNN）的提出标志着基于深度学习的目标检测方法的诞生，它首次将 CNN 引入目标检测领域，通过选择性搜索算法生成候选区域，再利用 CNN 提取特征进行分类和位置回归。随后，Fast R-CNN、Faster R-CNN 等改进版本相继问世，不断提升检测速度和精度，奠定了两阶段检测器（先生成候选区域再进行分类和回归）的基础。与此同时，YOLO（You Only Look Once）系列和 SSD（Single Shot MultiBox Detector）等单阶段检测器的出现，通过直接预测目标的位置和类别，实现了检测速度的飞跃，虽然在一定程度上牺牲了精度，但更适合于实时性要求较高的应用场景。

目前，目标检测与识别的主要应用场景包括安防监控、交通出行、电子商务等。比如人脸检测与识别技术可应用在火车、飞机等交通出行方面，也可以用于公安侦查破案、医学图像检测等。

4.2.3　目标跟踪

目标检测和目标跟踪通常可以作为预处理的步骤，为其他高级视觉任务提供数据基础和技术支持，从任务设定角度来说，目标检测混合了区域识别和定位两项任务，目标跟踪则是一种基于区域的重识别和定位任务，主要任务是给定某个候选区域或者物体，在后续的视频帧中持续追踪、定位该区域或物体的新位置。

目标跟踪任务可描述为给定某个或多个目标的初始位置信息（如边界矩形框），在后续的连续视频帧中，通过设计模型或者算法，获取目标位置关系，在时空维度上预测目标完整的运动轨迹。根据追踪目标数量的不同，可将目标追踪任务划分为单目标追踪和多目标追踪。单目标追踪倾向于学习一种与目标无关的度量策略，从而可以对未在训练集出现的目标进行重识别和重定位。多目标追踪则更关注如何在时序上对已检测到的多个目标实现精确匹配。目标跟踪示意图如图 4-4 所示。

图 4-4　目标跟踪示意图

目标跟踪方法众多，根据跟踪策略的不同，可以大致分为以下几类：

1）基于生成式的方法：这类方法通过构建目标的外观模型，在后续帧中搜索与模型最匹配的候选区域作为跟踪结果。常见的生成式方法包括基于模板匹配、子空间学习等。

2）基于判别式的方法：与生成式方法不同，判别式方法将目标跟踪视为一个二分类问题，即区分目标和背景。通过训练分类器来区分目标和背景，然后在后续帧中应用分类器进行目标跟踪。典型的判别式方法包括支持向量机（SVM）、相关滤波器（如 KCF、MOSSE）以及深度学习方法（如 Siamese 网络）。

3）基于检测的方法：这类方法首先利用目标检测算法在每一帧中检测所有可能的目标候选，然后通过数据关联算法将候选目标与已跟踪的目标进行匹配。基于检测的方法能够较好地处理目标遮挡和消失的情况，但计算复杂度较高。

4）基于深度学习的方法：随着深度学习技术的飞速发展，基于深度学习的目标跟踪方法逐渐成为主流。利用卷积神经网络（CNN）等深度学习模型强大的特征提取能力，结合目标检测、运动估计等技术，可实现高精度的目标跟踪。

4.2.4　语义分割

语义分割是计算机视觉中的基本任务之一，需要将图片像素分为不同类别的区域。它将整个图像分为若干像素组，然后对像素组进行标记和分类。和传统的图像分类任务相比，图像分类仅关注于整幅图像属于哪个类别，而语义分割则深入到像素级别，实现了对图像内容的精细化解析。通过语义分割，计算机能够识别出图像中的道路、车辆、行人、树木等具体目标，并精确描绘出它们的轮廓和位置，为后续决策提供信息基础。

与语义分割相近的任务为实例分割，实例分割是目标检测和语义分割的结合，在图像中将目标检测出来（目标检测），然后对每个像素打上标签（语义分割），以立方体为例，如图 4-5 所示，语义分割不区分属于相同类别的不同实例（所有正方体都标为蓝色），实例分割区分同类的不同实例（使用不同颜色区分不同的正方体）。

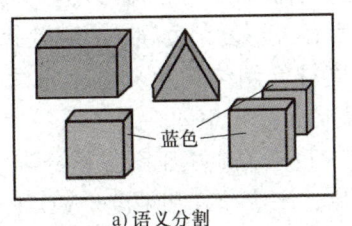 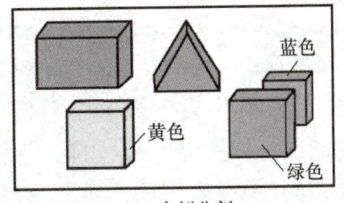

a) 语义分割　　　　　　　　　　　b) 实例分割

图 4-5　语义分割和实例分割

随着深度学习理论的不断完善和计算能力的提升，特别是卷积神经网络（CNN）的广泛应用，CNN 能通过自动学习图像中的层次化特征表示，有效捕捉图像中的空间结构和纹理信息，为像素级别的分类提供了强大的特征提取能力。语义分割技术有望在以下几个方面取得突破：一是更加精细化的分割，如实例分割、全景分割等；二是跨模态分割，即结合多种传感器数据进行综合分割；三是更高效、更轻量化的模型设计，以满足边缘计算和移动端设备的需求。此外，结合强化学习、生成对抗网络等先进技术，也将为语义分割开辟新的研究路径和应用场景。

4.2.5　超分辨率

超分辨率技术，简而言之，是指通过算法和模型将低分辨率（Low Resolution，LR）图像转换为高分辨率（High Resolution，HR）图像的过程。这一过程旨在恢复图像中因采集设备限制或传输过程中损失的高频细节信息，从而提升图像的视觉质量和清晰度。超分辨率技术在医学影像、卫星遥感、视频监控等多个领域具有广泛的应用前景，对于提高图像分析、目标识别和信息提取的准确性具有重要意义。图 4-6 所示是一张小狗图像通过超分辨率技术提高清晰度的示例。

图 4-6　超分辨率示例

超分辨率技术旨在从低分辨率图像中重建出高分辨率图像，这是一个充满挑战的过程。

本质上，超分辨率是一个不适定问题，即对于同一低分辨率图像，可能存在多个合理的高分辨率版本。因此，算法需要在恢复过程中做出合理假设和选择，确保重建结果既符合视觉感知，也具备实用价值。

在深度学习兴起之前，超分辨率技术主要依赖于传统的信号处理方法。这些方法包括插值法（如线性插值、双三次插值等）、基于重构的超分辨率算法（如迭代反投影法、最大后验概率法等）以及基于浅层学习的超分辨率方法（如机器学习、流形学习等）。这些方法虽然在一定程度上能够提高图像的分辨率，但往往存在计算复杂度高、重建效果有限等问题。

近年来，深度学习技术的发展使得基于深度神经网络的超分辨率方法成为主流。这些方法通过训练复杂网络模型自动学习低分辨率到高分辨率的映射关系，代表性算法包括 SRCNN、VDSR、SRGAN 等。SRCNN 是最早将深度学习应用于图像超分辨率的模型之一，通过三个卷积层和一个反卷积层实现图像超分辨率，平衡速度和精度。VDSR 采用深层卷积网络结构，逐步学习低分辨率图像中的高分辨率细节特征。SRGAN 则基于生成对抗网络，通过判别器和生成器的对抗过程生成高质量超分辨率图像，计算复杂度较高。

超分辨率的应用场景比较广泛，在医疗影像领域，超声波、核磁共振（MRI）等技术获取到的图像往往分辨率较低，难以满足临床诊断和治疗的需求。超分辨率技术可以有效提高医学影像的分辨率和清晰度，为医生判断病变位置和类型提供合理的依据，为后续的治疗提供必要的信息。

在卫星遥感领域，卫星遥感图像在环境监测、资源勘探、灾害警报等领域具有重要应用价值。然而，受空间距离、硬件设备以及成像技术等因素的影响，卫星遥感图像的分辨率往往较低。超分辨率技术可以通过处理和提升低分辨率图像，提高卫星遥感数据的质量和可用性，为后续影像分析带来便利。

在图像压缩领域，在图像压缩和传输过程中，为了节省存储空间和传输带宽，常常需要将高分辨率图像压缩为低分辨率图像进行存储和传输。然而，在需要时又希望恢复出高分辨率图像以供浏览和分析。超分辨率技术可以在此过程中发挥重要作用，通过算法处理将低分辨率图像恢复为高质量的高分辨率图像。

4.3 百度 AI 开放平台的使用

众多企业已经构建了 AI 基础架构平台，并向广大开发者开放。通过 AI 基础架构平台，初学者能够轻松地利用预先搭建好的基础架构资源，通过调用相应的接口，使自己的应用程序具备 AI 功能。

国内较为知名的 AI 开放平台包括百度 AI 开放平台（见图 4-7）、腾讯 AI 开放平台和阿里 AI 开放平台等。这些 AI 开放平台从底层算法到感知层面的"听懂""看懂"，再到自然语言处理和知识图谱的认知，为不同层次的开发者提供了多样化的产品服务。

在本章至第 6 章的案例研究中，将利用百度 AI 开放平台所提供的免费服务来初步探索人工智能技术在实际场景中的应用。

要使用百度 AI 开放平台，首先需要完成一些准备工作，并且学会查阅相关的帮助文档。

图 4-7　百度 AI 开放平台

1. 成为百度 AI 开放平台开发者

按照以下步骤进行操作，完成账号的注册与认证。

1）登录百度 AI 开放平台网页 https：//ai.baidu.com/。单击百度 AI 开放平台导航栏右侧的"控制台"，如图 4-8 所示。

图 4-8　控制台界面

如果用户没有登录，会跳转至登录页面，此时应使用百度账号登录，如图 4-9 所示。如果没有百度账号，需要进行账号注册，如图 4-10 所示。

图 4-9　百度账号登录界面　　　　　　　　图 4-10　账号注册

2）首次使用时，登录后需要进行开发者认证，填写相关信息完成开发者认证。如图 4-11 所示，如果之前已经是百度云用户或者百度开发者中心用户，可略过此步骤。

图 4-11　开发者认证

选择"立即认证"，有企业认证和个人认证两种方式，如图 4-12 所示。企业认证是将百度智能云账号及云资源归属于企业名下，完成企业级的应用。个人认证是供个人开发爱好者学习使用，账号属于个人。选择个人认证即可。

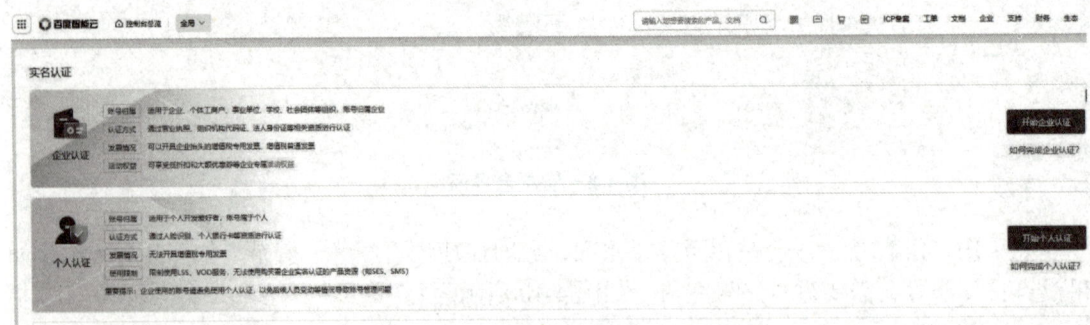

图 4-12　实名认证方式

单击"个人认证"后，可选择个人刷脸认证或者个人银行卡认证，选择合适的方式完成认证即可，如图 4-13 所示。

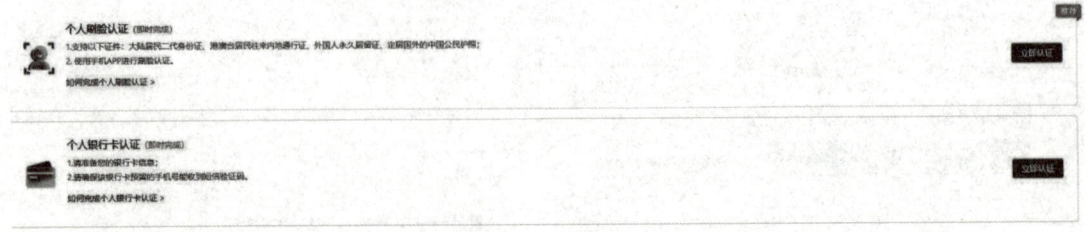

图 4-13　个人认证

在认证的过程中，需要提供真实姓名、身份证信息或银行卡信息等，按照提示提交完成实名认证。

3）进入具体的 AI 服务项的界面，进行相关操作。

2. 创建应用

账号登录成功后，用户需要创建应用才可以正式调用 AI 服务。应用是调用 API 服务的基本操作单元，成功创建应用后获得 API Key 和 Secret Key，用户可进行接口调用操作。

首先，进入控制台后，单击左上角的菜单导航按钮，如图 4-14 所示，即进入"百度智能云"产品导览界面，具体如图 4-15 所示。

图 4-14　单击菜单导航按钮

图 4-15　产品导览界面

百度智能云产品众多，覆盖了大模型平台、大模型应用、企业服务、人工智能、CDN 与边缘计算、网络、存储、数据库、容器等。具体到人工智能领域，涵盖了文字识别、语音技术、人脸识别及人体分析等应用。以"内容审核"为例，在"云与业务安全"栏下选择"内容审核"，即可进入相应的内容审核模块。此外，用户还可以通过搜索栏输入"内容审核"来查找并使用该应用，如图 4-16 所示。

图 4-16　内容审核

内容审核平台旨在为图像、文本、音视频及直播等多媒体内容提供全面的审核解决方案，以满足各种审查需求。内容审核模块包括六大核心功能模块：图像内容安全、文本内容安全、文档内容安全、音频内容安全、视频内容安全以及直播内容安全。如图 4-17 所示，用户可根据自身需求单击"了解详情"，以深入了解各应用的具体功能。

功能介绍

图像内容安全
准确识别图片中的色情、广告、恶心、违禁不良内容，也能从美观和清晰等维度对图像进行筛选，支持自定义图像黑白名单库，全面过滤违规、低质图像

了解详情　立即使用

文本内容安全
精准高效识别色情、违禁、广告、辱骂、灌水等文本，具备对拼音、谐音、拆字等变体识别能力。支持自定义黑白名单及策略配置，更贴合业务需求

了解详情　立即使用

文档内容安全
基于文档解析技术和图像、文本综合审核能力，准确过滤文档中的色情、广告、恶心、违禁、辱骂、灌水等违规内容，支持多种文档格式，支持轮询、推送两种获取结果模式

了解详情　立即使用

音频内容安全
语音识别结合文本分析，检测色情、违禁、辱骂、广告等违规内容，同时利用声纹检测进行娇喘声识别，高效过滤不良语音信息

了解详情　立即使用

视频内容安全
基于图像、文本、语音技术综合审核能力，准确过滤视频文件/视频流中的色情、广告、恶心、违禁等违规内容，支持美观、清晰等维度

了解详情　立即使用

直播内容安全
直接对直播流链接解析检测，支持通过轮询或推送两种方式实时获取视频流及音频流的审核结果

了解详情　立即使用

图 4-17　内容审核功能介绍

单击"图像内容安全"，将看到当前的内容审核平台提供了免费的测试资源供用户领取。单击"免费尝鲜"按钮，即可进行免费测试资源的领取，如图 4-18 所示。

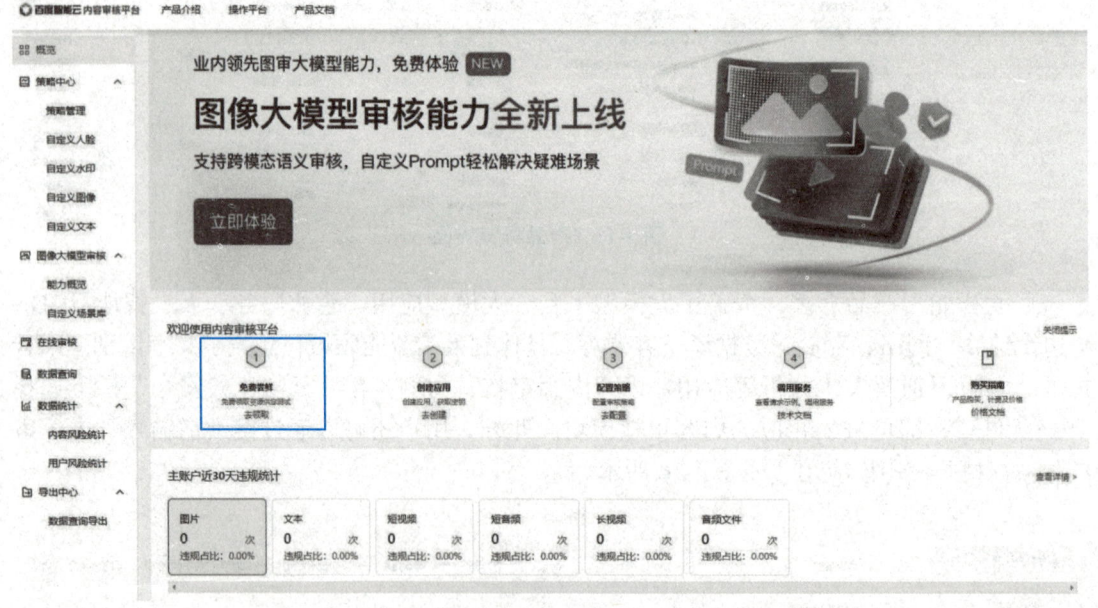

图 4-18　内容审核免费尝鲜

领取免费测试资源后，进入概览界面。此界面展示了服务内容、API 名称、状态以及调用量限制等详细信息，使用户能够全面了解该应用的相关情况，如图 4-19 所示。

首先，单击左侧导航栏"应用列表"，随后选择"创建应用"按钮，即进入"创建应用"界面，填写图 4-20 所示相关内容。

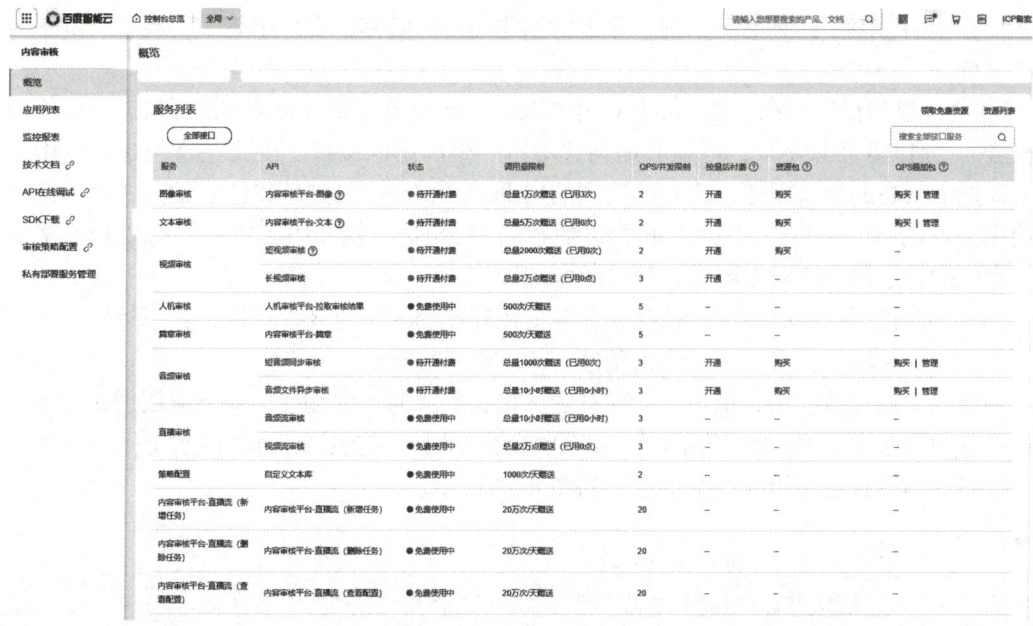

图 4-19　内容审核概览

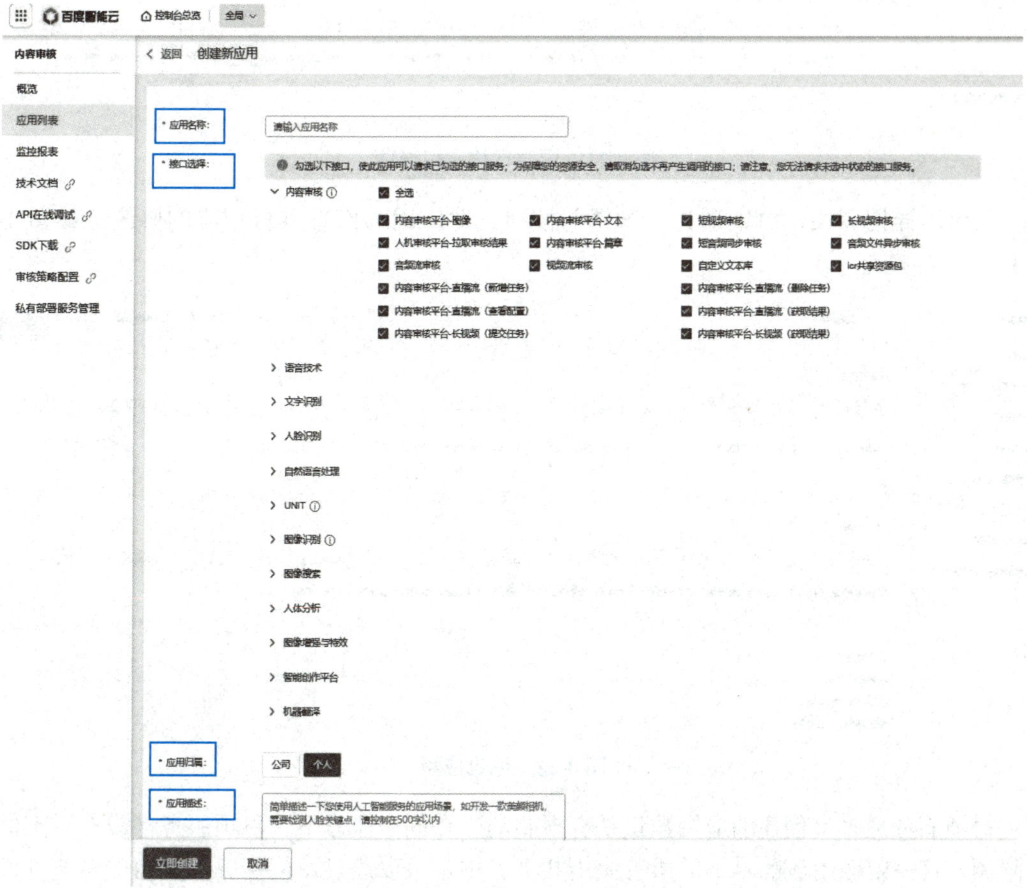

图 4-20　创建应用

1)"应用名称":必填项,用于标识所创建应用的名称,支持中英文、数字、下划线及特殊字符。

2)"接口选择":必选项。每个应用可以请求已勾选的接口服务(仅可勾选免费使用接口服务)。为保障资源安全,可以取消勾选不再产生调用的接口。需要注意的是,应用无法请求未选中状态的接口服务,所以此选项的勾选十分重要。另外值得注意的是,单应用也可以使用多产品 API 接口,只需要对需要的接口进行勾选。例如内容审核中需要用到文字识别技术中的某个接口,只需要进行相应的勾选即可。

3)"应用归属":必选项。选择企业级应用还是个人学习开发使用,这里选择"个人"。

4)"应用描述":必选项。详细阐述应用的业务场景。

完成以上内容填写后,单击"立即创建"按钮完成应用的创建。一旦应用创建完毕,可以通过左侧导航栏中的"应用列表"选项来查看应用。单击应用的名称或操作栏中的"管理"按钮,即可查看应用的详细信息,如图 4-21 所示。

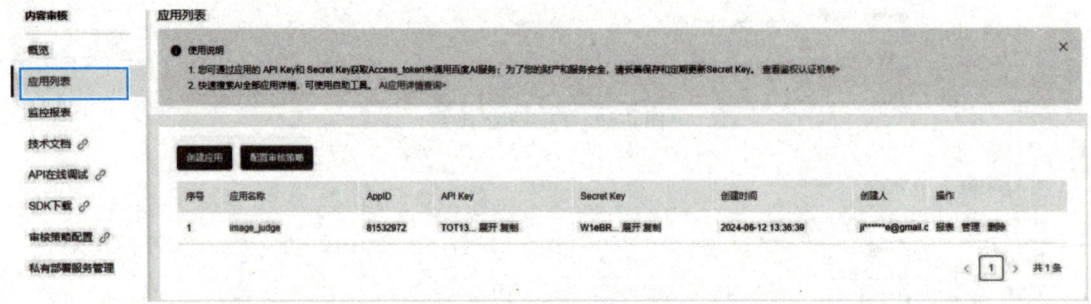

图 4-21 内容审核应用详情

在应用详情界面,可以通过"编辑"按钮,对应用的信息进行相应的修改,如图 4-22 所示。

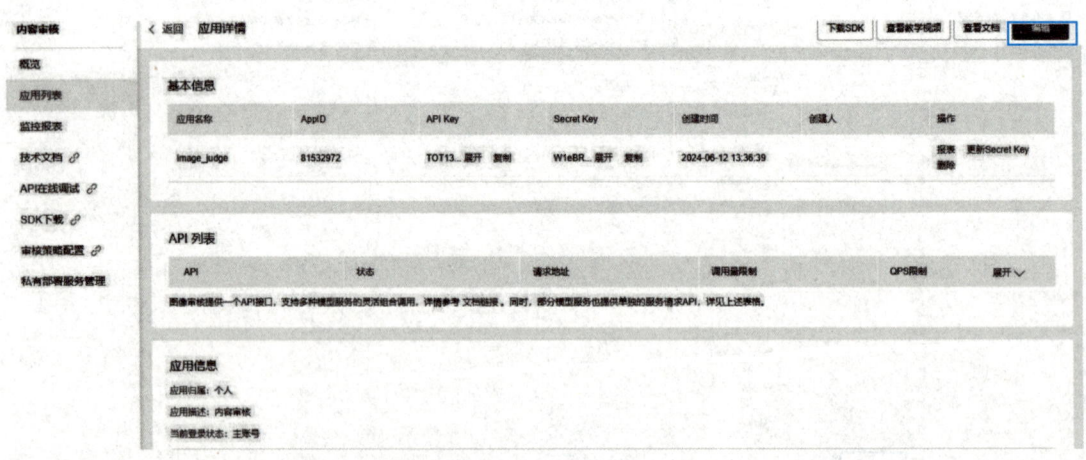

图 4-22 编辑应用

每项服务最多可创建的应用数量是有限制的。在同一账号下,每项服务都设有一定的请求限额,这一限额由该账号下的所有应用共享。用户可以通过访问服务控制台的概览界面来查看免费尝鲜试用的领取情况以及请求限额的详细信息。具体操作路径为:登录百度 AI 开放平台,进入控制台,然后选择相应的服务产品。

3. 获取密钥

应用创建完成后,平台将自动分配一组关键凭证给此应用,包括 AppID、API Key 以及 Secret Key,如图 4-23 所示。这些是开发过程中不可或缺的主要凭证,它们共同构成了应用的唯一标识符。务必妥善保管这些信息,因为在后续的代码实现中,将通过这些凭证来调用和操作应用。

图 4-23 应用密钥

4. 策略管理

百度 AI 产品都配备了相应的策略管理功能,使得创建的应用能够更符合用户需求。策略管理是平台的核心功能之一,它允许用户根据实际需求定制审核规则,即"策略",以便更精准地控制内容审核的过程和结果。通过创建和配置新策略,用户可以根据实际需求实现精准的内容审核,从而保障平台的健康与安全。

在创建和实施策略时,必须注意以下关键要素:

1)策略复杂度:随着策略复杂性的提升,审核的准确度与效率可能遭受影响。因此,构建策略时应精心平衡准确度与效率的关系。

2)持续监控:内容审核策略需灵活适应,随业务进展及外部环境变动而定期更新和调整。

3)合规性:在策略制定过程中,务必确保遵循所有相关法律法规及平台准则,保护用户隐私和权益不受侵犯。

在百度 AI 开放平台的控制台内,导航至"内容审核"部分下的"应用列表",单击"配置审核策略"按钮,系统将展示一个默认的生效策略,如图 4-24 所示。

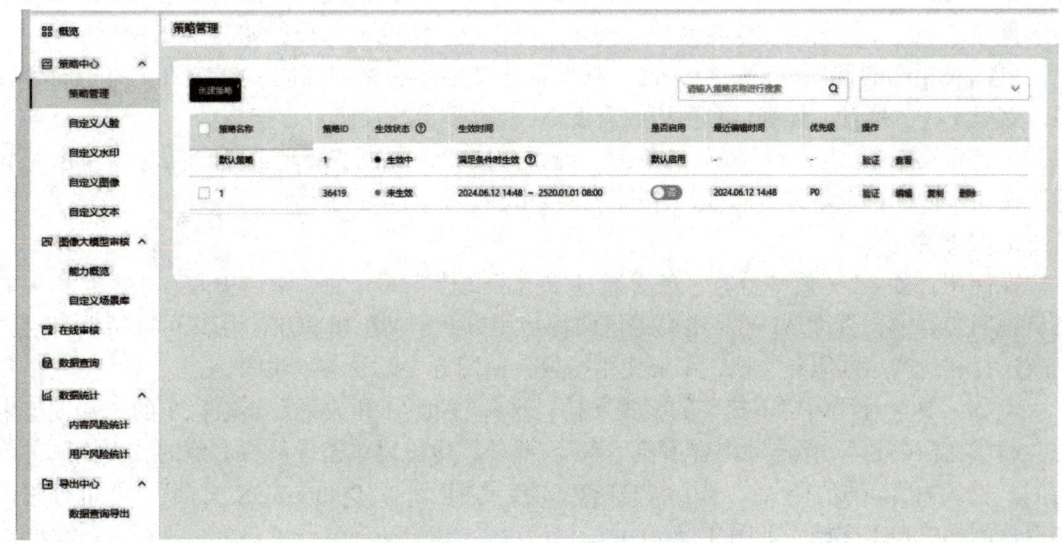

图 4-24 策略管理

单击"创建策略"按钮,进入创建策略界面,如图 4-25 所示。

图 4-25　创建策略

根据界面的要求,填写相关信息。

① 策略名称:必填项。输入策略的名称,长度限制在二十个字符以内,支持中英文、数字和特殊字符。

② 应用选择:必选项。需要选择策略适用的应用。

③ 策略生效时间:必选项。可以选择长期有效或指定时间,根据具体需求进行选择。

输入完成后,单击"下一步"按钮,界面将显示策略的勾选项,默认勾选项是默认策略的选择项,单击左下角的"编辑策略"按钮,可以进行策略的选择,如图 4-26 所示。

可以对相应的选项进行选择,也可以设置违规区间和疑似区间的置信值。由于内容较多,这里不一一展开,详细信息可以在百度 AI 开放平台的策略中心查看。

配置策略之后,应进行保存。单击"查看"按钮,可以查看所配置的策略。单击"验证"按钮,可以对策略进行验证,并执行在线审核,如图 4-27 所示。

5. 文档中心

在使用百度 AI 开放平台时,务必通过"技术文档"部分的"文档中心"来查看相关的接口说明。目前,百度 AI 产品主要提供两种使用方式:API 和 SDK。用户可以根据自己的需求选择相应产品的服务文档,了解使用场景、使用方法以及参数说明。

例如,要查看"内容审核"的相关文档,选择百度 AI 开放平台导航栏中的"开发与生态"→"文档中心",单击"内容审核平台"。此外,也可以单击导航栏右侧的"文档"进行访问。进入内容审核平台后,选择"HTTP SDK 文档"→"PythonSDK 文档",即可查阅内容审核的相关技术文档,如图 4-28 所示。

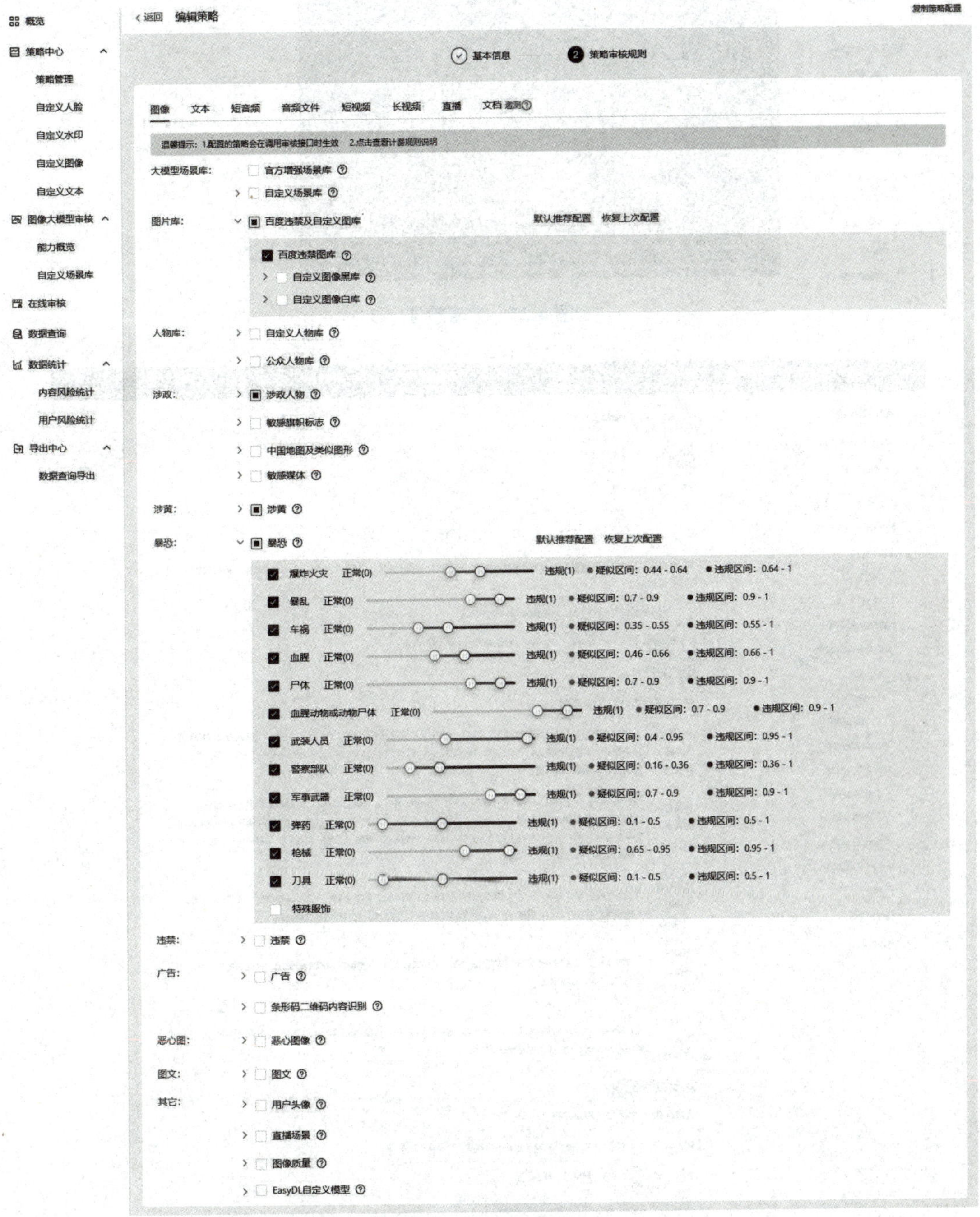

第4章 计算机视觉

图 4-26 编辑策略

图 4-27　策略验证

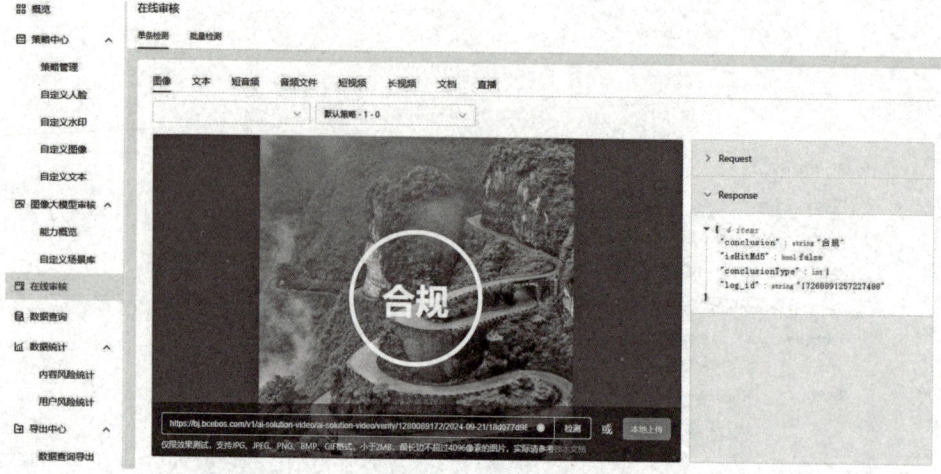

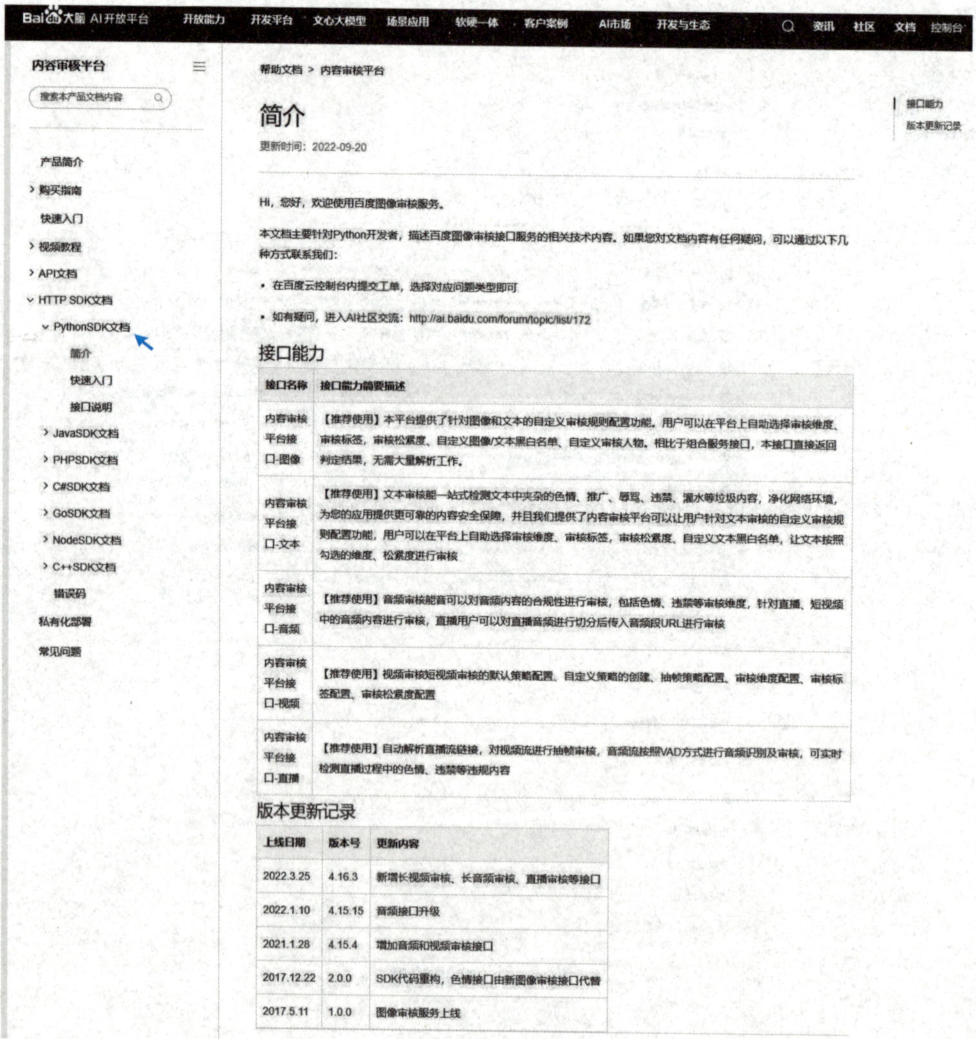

Bai 大脑 AI开放平台　开放能力　开发平台　文心大模型　场景应用　软硬一体　客户案例　AI市场　开发与生态　资讯　社区　文档　控制台

内容审核平台

产品简介
购买指南
快速入门
视频教程
API文档
HTTP SDK文档
PythonSDK文档
简介
快速入门
接口说明
JavaSDK文档
PHPSDK文档
C#SDK文档
GoSDK文档
NodeSDK文档
C++SDK文档
错误码
私有化部署
常见问题

帮助文档 > 内容审核平台

简介

更新时间：2022-09-20

Hi，您好，欢迎使用百度图像审核服务。

本文档主要针对Python开发者，描述百度图像审核接口服务的相关技术内容。如果您对文档内容有任何疑问，可以通过以下几种方式联系我们：

- 在百度云控制台内提交工单，选择对应问题类型即可
- 如有疑问，进入AI社区交流：http://ai.baidu.com/forum/topic/list/172

接口能力

接口名称	接口能力简要描述
内容审核平台接口-图像	【推荐使用】本平台提供了针对图像和文本的自定义审核规则配置功能。用户可以在平台上自助选择审核维度、审核标签、审核松紧度、自定义图像/文本黑白名单、自定义审核人物。相比于组合服务接口，本接口直接返回判定结果，无需大量解析工作。
内容审核平台接口-文本	【推荐使用】文本审核能一站式检测文本中夹杂的色情、推广、辱骂、违禁、灌水等垃圾内容，净化网络环境，为您的应用提供更可靠的内容安全保障，并且我们提供了内容审核平台可以让用户针对文本审核的自定义审核规则配置功能，用户可以在平台上自助选择审核维度、审核标签，审核松紧度、自定义文本黑白名单，让文本按照勾选的维度、松紧度进行审核
内容审核平台接口-音频	【推荐使用】音频审核能音可以对音频内容的合规性进行审核，包括色情、违禁等审核维度，针对直播、短视频中的音频内容进行审核，直播用户可以对直播音频进行切分后传入音频段URL进行审核
内容审核平台接口-视频	【推荐使用】视频审核短视频审核的默认策略配置、自定义策略的创建、抽帧策略配置、审核维度配置、审核标签配置、审核松紧度配置
内容审核平台接口-直播	【推荐使用】自动解析直播流链接，对视频流进行抽帧审核，音频流按照VAD方式进行音频识别及审核，可实时检测直播过程中的色情、违禁等违规内容

版本更新记录

上线日期	版本号	更新内容
2022.3.25	4.16.3	新增长视频审核、长音频审核、直播审核等接口
2022.1.10	4.15.15	音频接口升级
2021.1.28	4.15.4	增加音频和视频审核接口
2017.12.22	2.0.0	SDK代码重构，色情接口由新图像审核接口代替
2017.5.11	1.0.0	图像审核服务上线

接口能力
版本更新记录

图 4-28　内容审核平台技术文档

6. 安装百度 AI 开放平台的 SDK

根据文档说明，首先要安装百度 AI 的 Python SDK，才能通过 Python 语言采用 SDK 的方式使用百度 AI 开放平台提供的产品服务，如图 4-29 所示。

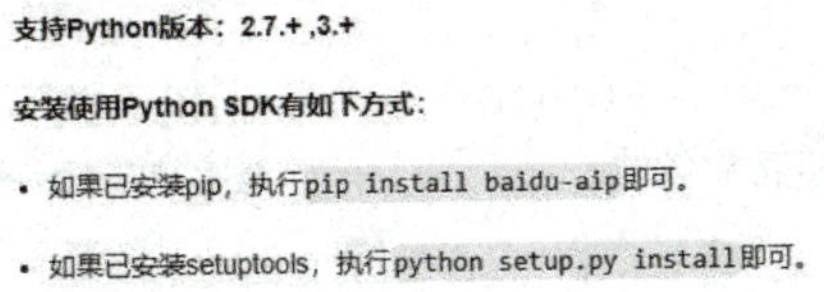

支持Python版本：2.7.+ ,3.+

安装使用Python SDK有如下方式：

- 如果已安装pip，执行 pip install baidu-aip即可。
- 如果已安装setuptools，执行python setup.py install即可。

图 4-29　百度 AI 的 Python SDK

如果已经安装 pip，在命令提示符窗口执行以下命令即可安装百度 AI 的 Python SDK 包。命令如下：

```
pip install baidu-aip
```

安装成功后，就可以进行百度 AI 应用的调用和开发。

4.4　项目实例

【项目实例 4.1】图像审核

当今时代，图像作为信息传递的重要媒介，其内容的合规性与健康性对于维护网络环境的和谐、保护用户免受不良信息侵害至关重要。随着互联网技术的飞速发展，各类平台上图像内容的数量呈指数级增长，如何高效、准确地审核这些图像，及时发现并过滤掉涉及违法、侵权等不良信息，已成为一个亟待解决的问题。因此，本项目通过调用百度 AI 开放平台的图像审核接口，完成一幅图片内容的自动化、智能化审核，以提高审核效率，确保平台内容的健康与安全，为用户营造一个更加清朗的网络空间。

首先，新建一个内容审核应用，如图 4-20 所示。具体操作步骤见 4.3 节，不再赘述。

1. 新建图像审核客户端

根据文档说明，需要创建 AipContentCensor，AipContentCensor 是内容审核的 Python SDK 客户端。新建图像审核客户端示例代码如图 4-30 所示。

在图 4-30 的代码中，常量 APP_ID 是在百度智能云控制台中创建的。一旦应用创建完毕，系统会为用户分配 API_KEY 和 SECRET_KEY，两者都是字符串类型常量，用于标识用户并做签名验证。可以在 AI 服务控制台的应用列表中查看这些信息。需要注意的是，如果之前已是百度智能云的用户，那么 API_KEY 对应于 "Access Key ID"，而 SECRET_KEY 对应于 "Access Key Secret"。

打开 PyCharm，创新一个新的 Python 文件进行图像审核测试。将上述代码复制并粘贴到文件中，在代码中，需要将 APP_ID、API_KEY 和 SECRET_KEY 的值替换为在百度 AI 开放平台创建应用时分配的相应值，代码示例如图 4-31 所示。

```
from aip import AipContentCensor
""" 你的 APPID AK SK """
APP_ID = '你的 App ID'
API_KEY = '你的 Api Key'
SECRET_KEY = '你的 Secret Key'
client = AipContentCensor(APP_ID, API_KEY, SECRET_KEY)
```

图 4-30　新建图像审核客户端

```
from aip import AipContentCensor

""" 你的 APPID AK SK """
APP_ID = '81532972'
API_KEY = '...'
SECRET_KEY = '...'

client = AipContentCensor(APP_ID, API_KEY, SECRET_KEY)
```

图 4-31　新建图像审核客户端代码示例

2. 配置图像审核客户端

如果用户需要配置 AipContentCensor 的网络请求参数（一般不需要配置，本步骤可以跳过），可以在构造 AipContentCensor 之后调用接口设置参数，目前只支持以下参数，见表 4-1。

表 4-1　配置图像审核客户端

接口	说明
setConnectionTimeoutInMillis	建立连接的超时时间（单位：ms）
setSocketTimeoutInMillis	通过打开的连接传输数据的超时时间（单位：ms）

3. 读取待审核的图片文件

本项目要完成对一幅图片的审核，该图片位于当前程序文件所在目录的下一级子目录"pictures"中，名为"example.jpg"。使用标准的文件操作方法，以二进制模式（'rb'）打开并读取待检测的图片文件。完成操作后，建议关闭已打开的文件。图 4-32 所示为读取图片文件的代码示例。

```
""" 读取图片 """
def get_file_content(filePath):
    with open(filePath, 'rb') as fp:
        return fp.read()
```

图 4-32　读取图片文件的代码示例

4. 调用图片审核接口

在调用百度 AI 接口时，需要仔细查看文档中的接口说明，包括请求参数说明和返回参数说明。请求参数说明见表 4-2。

表 4-2　请求参数说明

参数	类型	是否必须	说明
image	string	N（和 imgUrl 二选一）	图像 BASE64 编码字符串
imgUrl	string	N（和 image 二选一）	图像 URL 地址，以网图形式请求
imgType	string	N	图片类型：0 为静态图片，1 为动态（gif）图片

根据说明，可以以本地图片形式或者图像 URL 地址形式进行调用，如图 4-33 所示。

```
15    ''' 调用接口 '''
16    result = client.imageCensorUserDefined(get_file_content('example.jpg'))
17
18    ''' 如果是URL,调用如下 '''
19    result = client.imageCensorUserDefined('http://www.example.com/image.jpg')
```

图 4-33　接口调用

本案例通过调用本地图片来实现功能，如第 15、16 行代码。

5. 结果解析

为了确保结果的清晰展示和便于后续分析，建议在代码中添加以下调试语句："print（result）"，直接输出计算或处理的结果。随后，对输出的结果进行详细解析，验证其正确性和有效性。运行程序，结果如图 4-34 所示，图片属于合格图片。

```
D:\anaconda3\python.exe D:\PCProject\pythonProject\AI\4.1图像审核.py
{'conclusion': '合规', 'log_id': 17277592391881254, 'isHitMd5': False, 'conclusionType': 1}
```

图 4-34　运行程序结果

更换图片，运行结果如图 4-35 所示。

```
{
    'conclusion': '不合规', 'log_id': 17277596953205653,
    'data': [
        {
            'msg': '存在血腥不合规', 'conclusion': '不合规', 'probability': 0.9563593, 'subType': 1, 'conclusionType': 2, 'type': 2
        }
    ],
    'isHitMd5': False,
    'conclusionType': 2
}
```

图 4-35　更换图片运行结果

可以看出，图像的审核结果存储在字典中，数据以键值对的形式呈现，并用逗号分隔。对于第二个结果，数据中嵌套了字典和列表，这是复杂高维数据的一种表达和存储格式 JSON。JSON 格式结构清晰，是一种广泛应用的数据交换语言，易于阅读和编写。

百度 AI 调用返回的结果大多是 JSON 格式，对 JSON 格式的解析对实际应用非常关键，也是难点之一。如果要访问 JSON 格式的数据，可按字典里嵌套字典或列表处理，字典用键名访问其对应的值，列表可以用 for 循环遍历访问，代码中要注意层次结构。

在对返回结果进行读取前，要了解文档中心的返回参数说明，见表 4-3。

表 4-3　返回参数说明

参数名称	数据类型	必须	备注
log_id	long	Y	请求唯一 id，用于问题排查
error_code	long	N	错误提示码，失败返回，成功不返回
error_msg	string	N	错误提示信息，失败返回，成功不返回
conclusion	string	N	审核结果，可取值描述：合规、不合规、疑似、审核失败
conclusionType	uint64	N	审核结果类型，可取值 1、2、3、4，分别代表 1 为合规，2 为不合规，3 为疑似，4 为审核失败
data	array	N	不合规 / 疑似 / 命中白名单项详细信息。响应成功并且 conclusion 为疑似或不合规或命中白名单时才返回，响应失败或 conclusion 为合规且未命中白名单时不返回

(续)

参数名称	数据类型	必须	备注
+error_code	uint64	N	内层错误提示码，底层服务失败返回，成功不返回
+error_msg	string	N	内层错误提示信息，底层服务失败返回，成功不返回
+type	integer	N	结果具体命中的模型：0 为百度违禁图库，1 为色情识别，2 为暴恐识别，3 为恶心图识别，4 为广告监测，5 为敏感信息识别，6 为图像质量检测，7 为用户图像黑名单，8 为用户图像白名单，9 为图文审核，11 为百度违禁词库，12 为文本反作弊，13 为自定义文本黑名单，14 为自定义文本白名单，15 为 EasyDL 自定义模型
+subType	integer	N	审核子类型，此字段需参照 type 字段决定其含义：当 type=0 时 subType 取值含义：0 为百度违禁图。当 type=1 时 subType 取值含义：0 为一般色情，1 为卡通色情，2 为 SM，3 为低俗，4 为儿童裸露，5 为艺术品色情，6 为性玩具，7 为男性性感，8 为自然男性裸露，9 为女性性感，10 为卡通女性性感，11 为特殊类，12 为亲密行为，13 为卡通亲密行为。当 type=2 时 subType 取值含义：0 为警察，1 为血腥，2 为尸体，3 为爆炸火灾，4 为杀人，5 为暴乱，6 为暴恐人物，7 为军事武器，8 为暴恐旗帜，9 为血腥动物或动物尸体，10 为车祸。当 type=3 时 subType 取值含义：0 为恶心图。当 type=4 时 subType 取值含义：0 为水印，1 为二维码，2 为条形码。当 type=5 时 subType 取值含义：0 为敏感信息，1 为公众人物，2 为自定义敏感人物。当 type=6 时 subType 取值含义：0 为图像清晰度，1 为图像美观度。当 type=7 时 subType 取值含义：0 为用户自定义图像黑名单。当 type=8 时 subType 取值含义：0 为用户自定义图像白名单。当 type=9 时 subType 取值含义：0 为图像中必须是真人脸，1 为人脸必须为正脸，2 为左右旋转角度，3 为俯仰角度，4 为歪头角度，5 为人脸不能有遮挡，6 为不能遮挡眼睛，7 为不能遮挡鼻子，8 为不能遮挡嘴，9 为不能遮挡下巴，10 为不能遮挡脸颊，11 为人脸不能佩戴墨镜，12 为人脸占比，13 为人脸必须清晰。当 type=11 时 subType 取值含义：0 为百度官方默认违禁词库
+msg	string	N	不合规项描述信息
+probability	float	N	不合规项置信度
+datasetName	float	N	违规项目所属数据集名称
+stars	array	N	敏感人物列表数组，只有敏感人物审核不通过才有
++name	string	N	敏感人物名称
++probability	float	N	人脸相似度
++datasetName	float	N	人脸所属数据集名称
+hits	array	N	命中关键词信息
++words	string	N	违规文本关键字
+results	JSONArray	N	每个 type 可能会调用多个底层服务，此处可能有多个结果

根据实际运行的两个结果图可知：若图片审核成功，审核结果将被存储在结果数据的 "conclusion" 键值中。可以通过字典名 [' 键名 '] 来访问其值。例如，代码如下：

```
print(result['conclusion'])
```

对于不合规的图片，系统还会返回一个名为 'data' 的键，其值是一个列表。这是因为一张图片可能存在多种违规的可能性，每个违规项又是一个字典，其中 'msg' 键存储了不合规项的描述信息。如果想要输出第一项违规的描述信息，同样可以通过以下代码来访问其值：

```
print(result['data'][0]['msg'])
```

其中，[0]表示键值的第一个元素。可以看出，解析 JSON 格式实际上就是对字典和列表进行层层剖析的过程。对于不合格或者疑似的图片，如何将所有的违规描述都输出呢？可以通过 for 循环遍历所有不合规描述信息列表，将其中 'msg' 键值连接成一个字符串，然后输出，如图 4-36 所示。

```
if result['conclusion'] =='不合规':
    msg=''
    for reson in result['data']:
        msg=msg+reson['msg']+''
    print(msg)
```

图 4-36　JSON 格式解析

除了图像审核，审核接口还提供了视频审核功能，能够对视频的内容进行审核，读者可自行测试。

【项目实例 4.2】图像识别

图像识别技术是计算机视觉领域的一个重要分支，它通过分析和理解图像中的内容，实现对图像的分类、检测和识别。其核心在于使用算法对图像数据进行分析，提取关键信息，并进行进一步的处理和识别。图像识别技术应用广泛，从简单的条形码扫描到复杂的面部识别，再到医学影像分析和汽车自动驾驶，正逐步渗透到各个领域。

图像识别技术已经经历了多个发展阶段。最初，该领域主要依靠传统的计算机视觉和图像处理技术，如边缘检测、颜色分割和特征提取等方法。尽管这些方法在特定情况下能够实现基本的图像识别功能，但由于它们依赖于手工设计的特征和规则，因此在处理复杂多变的图像场景时效果受限。随着机器学习技术的兴起，基于统计的方法被引入图像识别，通过对大量图像数据进行训练，机器学习模型能够自动学习图像特征和模式，并进行分类，这显著提高了识别的准确性和效率。深度学习的出现进一步推动了图像识别技术的发展。通过使用多层神经网络，尤其是卷积神经网络，可以实现端到端的图像识别任务，避免了手工设计特征提取，极大提升了图像识别的准确性和泛化能力。

图像处理是图像识别的首要步骤，包括图像增强、降噪、滤波等一系列预处理技术。这些技术能够有效提高图像质量，为后续的特征提取和分类打下坚实的基础。例如，在医疗影像分析中，通过图像增强可以更清晰地显示病灶区域，帮助医生准确诊断；而在安防监控中，降噪技术则能有效去除背景噪声，使得运动物体更容易被识别出来。

特征提取是图像识别中的关键环节之一。在这一阶段，算法从原始图像中提取具有区分性的特征，这些特征通常是图像中最显著的部分，如边缘、纹理和形状等。传统的特征提取方法依赖于人工设计的特征，例如 SIFT（尺度不变特征变换）和 HOG（直方图方向梯度）。近年来，深度学习技术的兴起，尤其是卷积神经网络的广泛应用，已显著提高了特征提取的自动化程度。卷积神经网络能够自动从大量训练数据中学习复杂的特征表示，从而提高图像识别的准确性和鲁棒性。

模式识别是将提取到的特征与已知类别进行匹配的过程。在这一阶段，分类器扮演着至关重要的角色。早期的图像识别系统多采用支持向量机等传统机器学习方法来进行分类，但由于这些方法受限于手工特征的选择，其性能往往难以达到最佳。近年来，随着深度学习技术的发展，基于神经网络的分类器逐渐成为主流。尤其是端到端的学习框架，如 ResNet、Inception 等，不仅能够高效地处理高维度数据，还能通过多层次的特征学习，捕捉到图像中的深层次语义信息。

图像识别技术的应用范围极为广泛。例如，自动驾驶汽车借助摄像头、雷达和激光雷达（LiDAR）等传感器捕获周边环境的图像，并通过图像识别算法实时辨识行人、其他车辆、交通标志及信号灯，从而在道路上安全地行驶。在医疗领域，图像识别技术协助医生在医学影像中识别异常情况，如肿瘤或病变，从而提高诊断的准确性与效率。此外，该技术还用于提高放射科医生的工作效率，通过自动识别和分类扫描结果来减轻工作负担。在安全监控方面，图像识别技术被应用于实时监测和分析监控视频，检测异常行为或潜在威胁，例如，识别人群中的可疑活动或追踪特定个体，从而提高公共和私人空间的安全性。除上述领域外，图像识别技术在零售业、农业、制造业等多个行业中也发挥重要作用，如在零售业，用于无人结账和货架监控；在农业，用于监测作物健康状况并预测收成；而在制造业，用于产品质量控制和缺陷检测等。

在本案例中，通过调用百度 AI 平台的图像识别接口，完成图像识别操作。首先登录百度 AI 开放平台，进入控制台后选择"图像识别"应用。单击"免费尝鲜"按钮，获取图像识别应用中的免费接口，如图 4-37 所示。该应用提供了丰富的接口供用户测试，包括图像主体检测、商标识别、菜品识别、车型识别、动物识别、植物识别、果蔬识别、地标识别和车辆识别等，以实现多种图像识别功能。

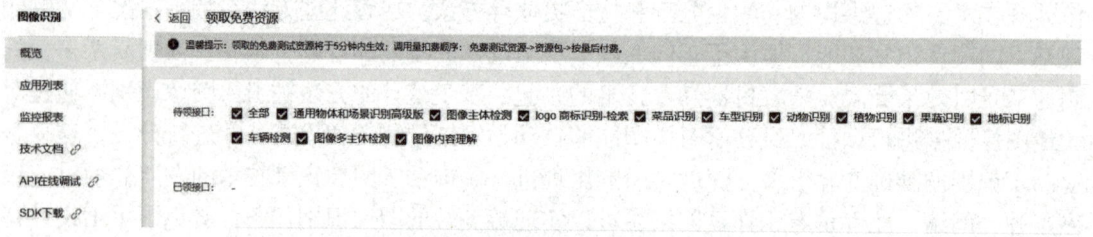

图 4-37 图像识别免费接口

勾选所有待领接口并单击"0 元领取"按钮。成功领取免费接口资源之后，从左侧导航栏中选择"应用列表"，随后进入"创建新应用"界面，如图 4-38 所示。在此界面中，需要输入应用名称，并勾选所有与图像识别相关的接口。单击"立即创建"按钮，即可成功创建一个专注于图像识别的新应用。

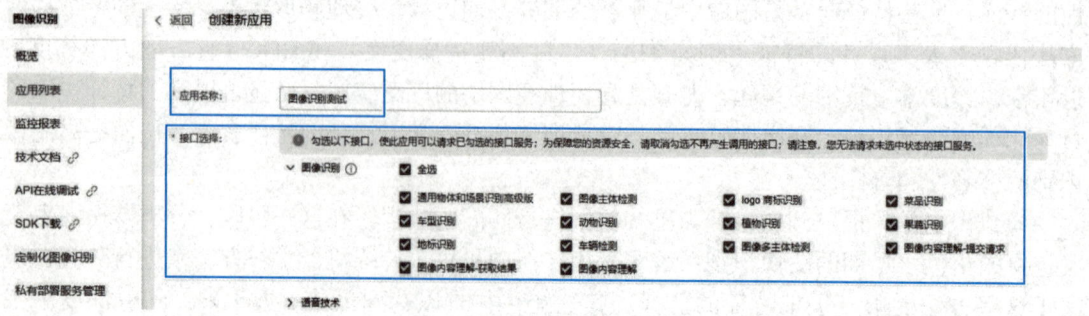

图 4-38 "创建新应用"界面

完成创建后，单击左侧导航栏中的"应用列表"，可以查看到应用的详细信息，包括 AppID、API Key 以及 Secret Key 等关键信息，如图 4-39 所示。

应用名称	AppID	API Key	Secret Key	创建时间
图像识别测试	115751271	i3rdb... 展开 复制	RPOWC... 展开 复制	2024-10-01 15:32:46

图 4-39　图像识别应用详情

通过技术文档的介绍，图像识别中的通用物体和场景识别高级版接口能够识别图片中的物体和场景，返回识别出的物体名称、位置坐标及场景的描述信息。该接口支持多种图像格式，并且具备较高的准确率。下面调用图像识别中的通用物体和场景识别高级版接口来对一幅图片进行物体和场景的识别。

打开 PyCharm，创建一个新的 Python 文件进行图像识别测试。

1. 新建 AipImageClassify 客户端

AipImageClassify 是一个用于图像识别的 Python 软件开发工具包（SDK）客户端。新建 AipImageClassify 客户端代码示例如图 4-40 所示。

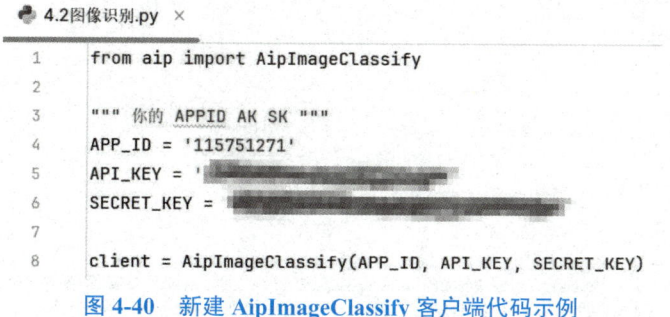

图 4-40　新建 AipImageClassify 客户端代码示例

2. 读取图片

定义一个名为 get_file_content（）的函数，用于读取图片文件。代码示例如图 4-41 所示。

3. 调用通用物体和场景识别高级版接口

调用通用物体和场景识别高级版接口来进行场景识别，接口函数名为 advancedGeneral（）。输入参数包括图像数据（image）和百科信息结果数（baike_num，可选）。图像数据需满足以下要求：BASE64 编码后大小不超过 4MB，最短边至少 15px（Pixel，像素），最长边最大 4096px，支持 jpg/png/bmp 三种格式。可选参数 baike_num 用于指定返回百科信息的结果数，默认情况下不返回。本案例对图 4-3 进行识别，图片位于本级目录的 picture 文件夹内。代码示例如图 4-42 所示。

4. 识别结果解析

识别结果如图 4-43 所示，具有高置信度的对象被准确识别为狗。在代码实现中，由于设置了 baike_num 参数，因此结果中还包含了来自百度百科的相关链接和图片。

```python
"""  读取图片  """
1 usage
def get_file_content(filePath):
    with open(filePath, 'rb') as fp:
        return fp.read()
```

图 4-41　读取图片代码示例

```python
image = get_file_content('./picture/dog.jpg')

""" 调用通用物体和场景识别高级版 """
client.advancedGeneral(image)

""" 如果有可选参数 """
options = {}
options["baike_num"] = 5

""" 带参数调用通用物体和场景识别高级版 """
result = client.advancedGeneral(image, options)
print(result)
```

图 4-42　调用接口代码示例

```
'result':
[
    {'score': 0.459169,
     'root': '动物-狗',
     'keyword': '小狗',
     'baike_info':
         {'baike_url': '',
          'image_url': '',
          'description': ''}
    },
    {'score': 0.379259,
     'root': '动物-狗',
     'keyword': '狗',
     'baike_info':
         {'baike_url': '',
          'image_url': '',
          'description': ''}
    },
    {'score': 0.28059,
     'root': '动物-狗',
     'keyword': '阿根廷犬',
     'baike_info':
         {'baike_url': 'https://baike.baidu.com/item/%E9%98%BF%E6%A0%B9%E5%BB%B7%E7%8A%AC/522529',
          'image_url': 'https://bkimg.cdn.bcebos.com/pic/e824b899a9014c08602d18b0017b02087bf4f494?x-bce-process=image/re
         }
    },
    {'score': 0.141259,
     'root': '动物-哺乳动物',
     'keyword': '阿根廷杜高犬',
     'baike_info':
         {'baike_url': 'https://baike.baidu.com/item/%E9%98%BF%E6%A0%B9%E5%BB%B7%E6%9D%9C%E9%AB%98%E7%8A%AC/2800518',
          'image_url': 'https://bkimg.cdn.bcebos.com/pic/c9fcc3cec3fdfc03e9ea9112de3f8794a5c2268d?x-bce-process=image/re
          'description': '阿根廷杜高犬是食肉目犬科犬属哺乳动物, 别名杜高、阿根廷獒。头部强壮有力, 没有尖锐的棱角; 脖子中等长度, 健壮、直立、肌
         }
    },
    {'score': 0.011959,
     'root': '非自然图像-彩色动漫',
     'keyword': '卡通动漫人物',
     'baike_info':
         {'baike_url': '',
          'image_url': '',
          'description': ''}
    }
],
'result_num': 5,
'log_id': 1841033943197089586
```

图 4-43　识别结果

【项目实例 4.3】人脸识别

在当今社会，信息安全和个人隐私的重要性日益凸显，如何高效且便捷地进行身份验证和识别，已成为一个亟待解决的问题。传统的验证手段，如身份证、密码卡、口令卡等，虽然广泛应用，但随着破解技术的不断演进，面临巨大挑战。人脸识别技术，作为计算机视觉领域的关键分支，近年来已取得显著进步。该技术基于人的面部特征信息进行身份识别，通过分析并比较人脸的视觉特征来实现身份鉴别。在日常生活中，人脸识别的应用已经变得相当普遍，其准确性也相对较高。那么，人脸识别是如何实现精准与智能化的呢？这主要依赖于以下关键技术的支撑。

(1) 人脸检测　人脸识别过程中，系统首先会在图像或视频中检测到人脸的存在，并确定其位置、大小及主要面部器官的位置信息。这一步骤通常涉及多种检测方法，如参考模板法、人脸规则法、样品学习法、肤色模型法和特征子脸法等，这些方法可以单独或综合使用，以提高检测的准确性和鲁棒性。常用的方法包括 Haar 特征分类器、Adaboost 算法以及基于深度学习的方法。

(2) 预处理　对检测到的人脸进行预处理，目的是将检测到的人脸进行标准化处理，以便后续的特征提取和比对能够更加准确。这一步骤涵盖了人脸对齐、归一化等关键步骤，以修正因姿态、表情变化等因素引起的人脸差异，从而维护图像质量。

(3) 人脸属性识别　人脸属性识别是识别人脸的性别、年龄、姿态、表情等属性值。这一过程通常基于人脸配准的结果，通过对人脸图像进行深度分析来提取相关属性信息。这些属性信息在安全监控、金融验证、娱乐行业等领域具有广泛的应用价值。

(4) 特征提取　利用算法从人脸图像中提取有助于识别的关键特征信息，如几何特征、纹理特征等。特征提取会将图像转化为高维特征向量。常用的特征提取方法包括深度学习方法、特征脸方法等。这些特征向量包含了人脸的面部轮廓、面部器官的几何形状、面部的纹理信息、空间特征等，是后续进行人脸比对的关键。

(5) 人脸比对　将提取的人脸特征向量与数据库中的特征向量进行匹配，以相似度为依据来判断是否属于同一个人。这一过程通常采用特征向量法或面纹模板法等技术。特征向量法通过计算人脸五官轮廓的大小、位置和距离等属性来形成描述该人脸的特征向量；而面纹模板法则在库中保存若干标准人脸模板或人脸器官模板，在进行比对时，将采样人脸的所有像素与库中所有模板用归一化相关系数进行匹配。

(6) 人脸验证　人脸验证是一种算法，用于确定两张人脸图像是否属于同一人。该技术广泛应用于手机解锁、门禁系统等场景，通过与人脸数据库中的模板进行比对并计算得分，再结合阈值判断等识别方法，验证用户身份。

(7) 光照与表情自适应　为了增强人脸识别算法对光照变化和表情变化的适应能力，通常采用光照与表情自适应技术。通过算法优化和数据处理技术，减少光照和表情对人脸识别精度的影响，例如，可以采用直方图均衡化、图像增强等方法来改善光照条件；采用表情识别技术来识别并补偿表情变化对人脸特征的影响。

(8) 人脸检索　人脸检索是一种查找与输入人脸相似的人脸序列的算法。这项技术在犯罪侦查、人员管理等领域发挥着重要作用，通过与数据库中的人脸进行比对，有效地找出最相似的个体。

（9）活体检测　活体检测技术确保人脸图像来自真人，而不是照片、视频或其他假体，是防止伪造人脸攻击的关键技术。通常涉及用户交互和算法的结合，通过分析人脸图像中的生物特征信息（如眨眼、张嘴等动作）来判断是否为真实人脸。这一技术有助于提高人脸识别的安全性和可靠性。

随着科技的不断进步，人脸识别技术在多个领域得到了广泛应用。以智能安防系统为例，在机场、火车站等人流密集的公共场所，人脸识别系统能够迅速识别进出人员的身份，协助安保人员快速定位潜在威胁。当嫌疑人或失踪人员出现在监控摄像头范围内时，系统能实时匹配其面部特征与数据库中的记录，及时发出警报，为执法部门提供重要线索，从而提高公共安全水平。再如，人脸识别技术还被用于智能门禁系统。无论是住宅小区还是办公楼宇，居民或员工只需面对摄像头，系统便能在几秒内完成身份验证，实现无钥匙进入，极大地提升了出入的便利性和安全性。另外，在医疗健康领域，人脸识别技术也展现出广泛的应用前景。医院通过部署人脸识别系统，可以自动识别就诊患者的身份，快速调取其电子病历，节省了挂号和信息录入的时间，提高了诊疗效率。在老年护理和慢性病管理中，人脸识别技术可以协助医护人员监控患者的日常活动，确保其按时服药或参加康复治疗。

为了进行人脸识别的相关测试，调用百度AI开放平台的人脸识别模块。与前两个案例相似，首先需要登录百度AI开放平台并进入控制台。选择"人脸识别"应用，然后单击"免费尝鲜"按钮以获取免费的接口使用权限。如图4-44所示，选择"基础服务"中的所有接口，包括人脸检测、人脸对比、人脸搜索、在线活体检测等。此外，还有"实名认证""人像特效"和"场景化搜索"等服务，可以根据具体需求进行选择，最后单击"0元领取"按钮。

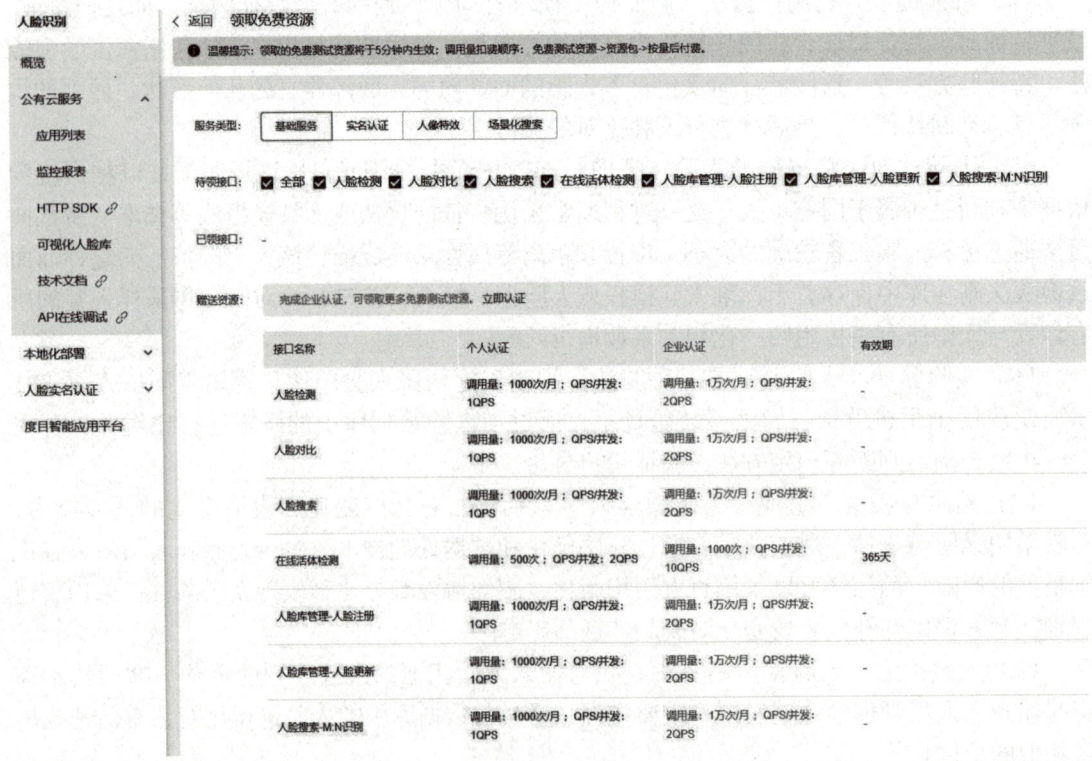

图4-44　人脸识别模块免费接口

成功获取免费接口资源后，从左侧导航栏中选择"应用列表"并进入"创建新应用"界面，如图 4-45 所示。在此界面中，输入应用名称，并勾选所有与人脸识别相关的接口。完成后，单击"立即创建"按钮，即可成功创建一个人脸识别新应用。

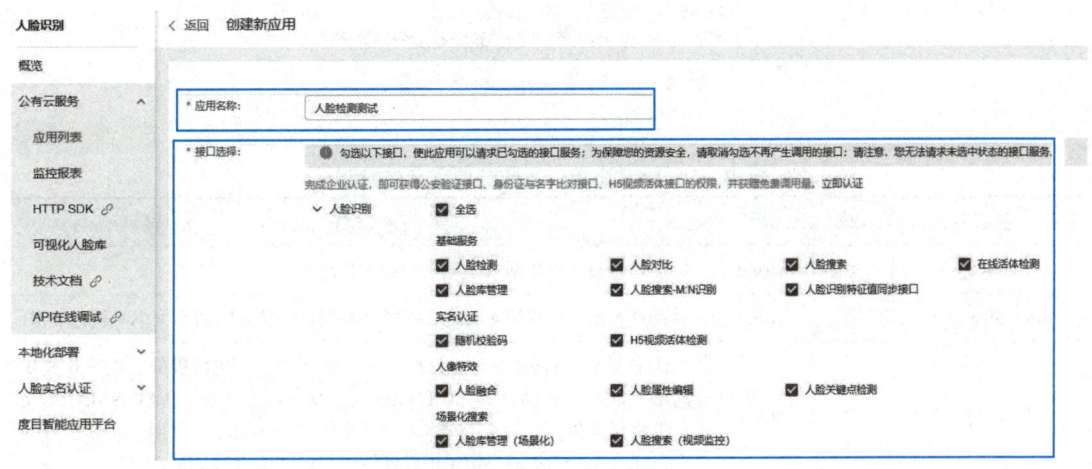

图 4-45　创建人脸识别应用

完成创建后，单击左侧导航栏中的"应用列表"，可以查看应用的详细信息，包括 AppID、API Key 和 Secret Key 等，如图 4-46 所示。

应用名称	AppID	API Key	Secret Key	创建时间
人脸检测测试	115751952	7aFhb... 展开　复制	so6mh... 展开　复制	2024-10-01 18:48:09

图 4-46　人脸识别应用详情

根据技术文档的说明，百度 AI 开放平台的人脸识别接口具有强大的功能和广泛的应用。它支持人脸检测、比对、聚类等基础操作，能够准确地识别并对比人脸特征。同时，该接口还提供人脸库管理功能，可以支持百万级人脸库的管理和搜索，实现高效的人脸检索。此外，接口还支持图片质量检测、在线图片活体检测等高级功能，以确保人脸识别的准确性和安全性。

本案例要完成两幅图片的相似度对比，具体为比较两张图片中人脸的相似度，并返回一个相似度分值。此接口支持多种类型的图片对比，包括生活照、证件照、身份证芯片照和带网纹照四种类型的人脸对比等。

启动 PyCharm，创建一个新的 Python 文件以进行人脸对比测试。

1. 新建 AipFace

AipFace 是一个专为人脸识别开发的 Python SDK 客户端。新建 AipFace 客户端示例代码如图 4-47 所示。

2. 图片相似度比对

定义人脸对比函数，并调用其接口。该接口函数的请求参数说明见表 4-4。

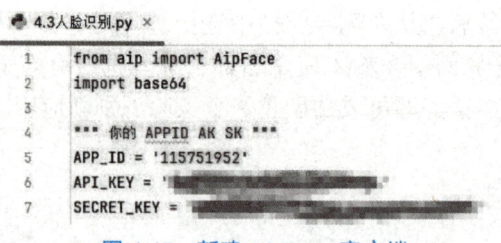

图 4-47 新建 AipFace 客户端

表 4-4 人脸对比接口函数的请求参数说明

参数	必选	类型	说明
image	是	string	图片信息（总数据大小应小于 10MB）
image_type	是	string	图片类型：BASE64 编码后的图片数据，编码后的图片大小不超过 2MB
face_type	否	string	人脸类型：LIVE 表示生活照，通常为手机、相机拍摄的人像图片或从网络获取的人像图片等；IDCARD 表示身份证芯片照；WATERMARK 表示带水印证件照，一般为带水印的小图；CERT 表示证件照片：如拍摄的身份证、工卡、护照、学生证等证件图片；默认为 LIVE
quality_control	否	string	图片质量控制：NONE 表示不进行控制；LOW 表示较低的质量要求；NORMAL 表示一般的质量要求，HIGH 表示较高的质量要求，默认为 NONE
liveness_control	否	string	活体检测控制：NONE 表示不进行控制；LOW 表示较低的活体要求（高通过率 低攻击拒绝率）；NORMAL 表示一般的活体要求（平衡的攻击拒绝率，通过率）；HIGH 表示较高的活体要求（高攻击拒绝率低通过率）。默认为 NONE

需注意，image_type 为 BASE64 值。BASE64 是一种编码方式，在 Python 语言中，可以通过导入 base64 模块将二进制字符串转换为 BASE64 编码格式的字符串。因此，在图 4-47 的第 2 行，需要导入 base64 模块。本案例中，要打开同级 picture 目录下的 face1 和 face2 图片，并进行比较。相关的代码如图 4-48 所示。

```
result = client.match([
    {
        'image': base64.b64encode(open('./picture/face1.jpg', 'rb').read()).decode(),
        'image_type': 'BASE64',
    },
    {
        'image': base64.b64encode(open('./picture/face2.jpg', 'rb').read()).decode(),
        'image_type': 'BASE64',
    }
])
print(result)
```

图 4-48 调用人脸对比函数

3. 结果分析

针对 face1 和 face2 图片，运行结果如图 4-49 所示。根据技术文档说明，返回参数 score

即为人脸相似度得分。face_list 代表人脸信息列表，而 face_token 是人脸的唯一标识。从结果来看，相似度得分为 28.96259117，可以判断不是同一个人。

```
{
    'error_code': 0,
    'error_msg': 'SUCCESS',
    'log_id': 804624935,
    'timestamp': 1727781778,
    'cached': 0,
    'result':
        {'score': 28.96259117,
         'face_list':
            [
                {'face_token': '0cd74b1b929548fbeb574ae4606b0b43'},
                {'face_token': '2b95b6f8871a72a1d49e9bdcfd677433'}
            ]
        }
}
```

图 4-49　人脸对比运行结果

本章小结

本章系统介绍了计算机视觉的发展历程，并详细阐述了图像分类、目标检测、目标跟踪、语义分割和超分辨率等关键技术。通过学习，读者可掌握这些技术的基本原理和应用场景，还可学会如何使用百度 AI 开放平台的接口进行图像审核、图像识别和人脸识别等实际操作。

习题

一、选择题

1. 以下（　　）不是计算机视觉的关键技术。
   A. 图像分类　　　　B. 实例分割　　　　C. 频域分析　　　　D. 目标检测
2. 图像采集和处理的主要目的是（　　）。
   A. 将图像转换为音频信号　　　　B. 将三维场景转化为二维图像
   C. 将视频压缩为文本　　　　　　D. 将图像中的颜色转换为灰度
3. 目标识别的主要任务是（　　）。
   A. 将图像划分为不同区域　　　　B. 在图像中识别特定的物体并描述其特征
   C. 跟踪视频中的移动物体　　　　D. 生成新的图像
4. 目标检测和图像分割的区别是（　　）。
   A. 目标检测识别图像中的物体，图像分割将图像划分为不同区域
   B. 目标检测将图像划分为不同区域，图像分割识别图像中的物体
   C. 目标检测和图像分割都是识别图像中的物体
   D. 目标检测和图像分割都是将图像划分为不同区域

5. 目标追踪的主要应用场景是（   ）。

　　A. 识别静态图像中的物体　　　　　　B. 在视频中定位和跟踪移动的物体

　　C. 生成新的图像　　　　　　　　　　D. 压缩视频文件

6. 动作识别技术主要应用于（   ）领域。

　　A. 文本翻译　　　　　　　　　　　　B. 虚拟现实和人机交互

　　C. 图像压缩　　　　　　　　　　　　D. 音频处理

7. 场景理解的主要任务是（   ）。

　　A. 生成新的图像

　　B. 分割图像中的不同区域

　　C. 对图像中的复杂关系进行分析和理解

　　D. 压缩视频文件

8. 生成对抗网络（GAN）由（   ）组成。

　　A. 生成网络和判别网络　　　　　　　B. 编码网络和解码网络

　　C. 特征提取网络和分类网络　　　　　D. 压缩网络和解压网络

9. 图像分类的主要任务是（   ）。

　　A. 将图像划分为不同区域

　　B. 在图像中识别特定的物体并描述其特征

　　C. 跟踪视频中的移动物体

　　D. 将图像中的每个像素或区域划分到预定义的类别中

10. 图像分类在计算机视觉中的地位是（   ）。

　　A. 计算机视觉的初级任务　　　　　　B. 计算机视觉的核心任务

　　C. 计算机视觉的高级任务　　　　　　D. 计算机视觉的辅助任务

11. 图像分类的应用范围包括（   ）。

　　A. 图像分割、物体检测、物体跟踪、人脸识别

　　B. 视频压缩、音频处理、文本翻译

　　C. 图像生成、视频编辑、音频识别

　　D. 图像压缩、文本生成、音频分类

二、简答题

1. 百度 AI 开放平台的图像识别技术可以应用于多种场景。请列举并详细描述一个具体的应用场景，说明图像识别技术如何在这些场景中发挥作用。

2. 百度 AI 开放平台中有"图像特效与特效"应用接口，目前有一张本地的黑白图片，如何调用接口实现图片的上色？请在 PyCharm 中实现相关代码。

第 5 章

语音信号处理技术

【本章导学】

本章将开启一段语音信号处理技术的探索之旅,从生活中的语音小助手引入,介绍语音信号处理技术的发展历程和语音信号处理的基础知识,并深入学习预处理、时域分析和频域分析等语音信号处理技术。此外,本章设计了 4 个项目实例,旨在通过动手实践来巩固理论知识,并提升实际操作能力。其中,语音识别与语音合成通过调用百度 AI 开放平台接口实现;而语音的录制和播放、语音情感分析则通过 Python 编程实现,旨在提升读者的编程技能和对语音信号深层次特征的理解。

【学习目标】

1. 了解语音信号处理技术的发展历程及其在现代社会中的广泛应用,对语音信号的基本概念有初步的认识。
2. 熟悉语音信号处理的基础知识,包括语音的产生机制、信号特征及其表示方法。
3. 深入理解语音信号预处理、时域分析和频域分析的基本原理和方法,以及这些技术在语音信号处理中的应用。
4. 运用所学知识,独立完成语音录制和播放、语音识别、语音合成以及语音情感分析等项目,从而提升自身的实践能力和创新能力。

【学习导览】

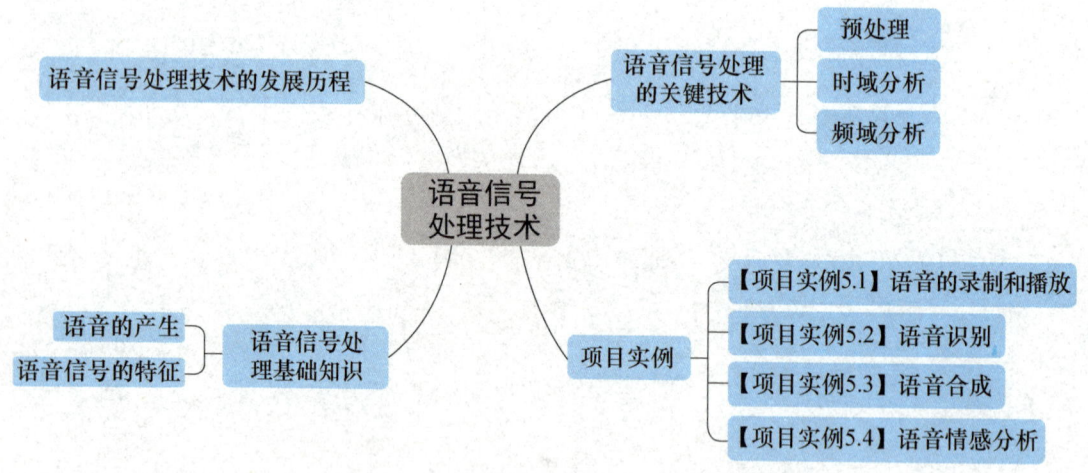

在科技飞速进步的今天，语音小助手已经成为我们生活中密不可分的一部分。从清晨的第一缕阳光到夜晚的宁静时分，语音小助手用温柔的声音和精准的理解能力，陪伴人们度过每一个平凡而温馨的时刻，如图5-1所示。

随着人工智能技术的不断成熟，语音识别和合成技术取得了巨大的进步，为语音小助手的发展提供了坚实的基础。无论是苹果的Siri、亚马逊的Alexa，还是小米的小爱同学、华为的小艺，各大科技公司都推出了自己的语音助手产品。这些产品不仅功能强大，而且各具特色，共同推动了智能语音市场的繁荣发展。

图 5-1　语音小助手

在家庭生活中，语音小助手是得力的生活管家。通过简单的语音指令，人们可以轻松控制家中的智能设备，如调节灯光、调节温度、播放音乐、开关电视等。此外，语音小助手还能帮助人们管理日程、设置提醒事项，让人们不再因遗忘而错过重要会议或朋友聚会。它还能成为人们的私人信息顾问，无论是查询天气、新闻，还是解答百科知识、翻译外语，都能迅速给出准确答案，满足人们的好奇心和求知欲。

在娱乐休闲方面，语音小助手同样表现出色。它能根据人们的喜好推荐音乐、播放有声书，甚至控制智能家居影院系统，为人们打造个性化的娱乐空间。在忙碌的工作之余，让人们能够放松身心，享受生活的美好。

随着健康意识的提升，语音小助手也开始涉足健康管理领域。它能监测人们的睡眠质量，提供饮食建议和运动计划，帮助人们保持良好的生活习惯和健康的体魄。同时，它还能根据天气变化、节日、节气等为人们提供贴心的生活小贴士，让人们的生活更加丰富多彩。

语音小助手是智能时代的结晶，以独特的魅力和无限的可能性改变着人们的生活。它不仅是生活的助手，也是情感的寄托，让科技与生活更加紧密地融合在一起。而语音小助手只是语音技术的重要应用。在人工智能时代，随着语音技术的飞速发展，语音信号处理技术在智能家居、医疗健康、教育、金融、工业自动化等领域的应用会越来越广泛。

5.1　语音信号处理技术的发展历程

语音信号处理技术是指利用计算机和其他电子设备对语音信号进行识别和处理的技术。在过去的几十年里，语音信号处理技术得到了迅速发展。

1. 技术萌芽期（1952—1980 年）

1952 年，AT&T 贝尔实验室成功开发出了世界上首个语音识别系统 Audry，这一开创性成果标志着智能语音技术的起步。Audry 系统能够识别 10 个英文数字发音，虽然功能简单，但它为后续的语音识别研究奠定了基石。进入 20 世纪 60 年代，研究者们逐步探索了语音信号的处理方法，包括声音信号的音频采集、信号处理、特征提取等。同时，语音合成的参数合成法也逐渐成熟，能够生成较为自然的语音。此外，基于有限自动机和正则匹配理论的文字处理技术也开始出现，为后续的自然语言处理奠定了基础。

2. 起步期（1980—2011 年）

进入 20 世纪 80 年代，随着算法模型和微电子技术的快速发展，语音识别取得了突破性进展。隐马尔可夫模型（HMM）逐渐成熟并不断完善，成为语音识别的主流方法。这一时期，语音识别技术逐渐从孤立词识别系统向大词汇量连续语音识别系统发展。进入 21 世纪，许多具有代表性的语音识别产品相继问世。例如，IBM 研发的 ViaVoice 系统、Dragon 公司研发的 DragonDictate 系统等，这些语音识别产品都具备更好的自适应性，能够在使用过程中不断提高识别准确率。此外，随着神经网络在语音识别中的应用，语音识别技术的性能得到了进一步提升。

与此同时，自然语言处理技术也取得了长足进步。在这一时期，数据驱动的统计模型逐渐占据主流地位，从概率模型到支持向量机、从线性分类器到神经网络等大量数据驱动的技术被应用到自然语言处理领域，推动了理解、翻译、问答、对话系统等应用的实用化。

3. 变革式发展期（2011—2019 年）

2011 年，微软研究院将深度神经网络（DNN）技术应用于大词汇量连续语音识别任务，极大地降低了语音识别错误率。这一技术的应用标志着语音识别技术进入了深度学习时代。此后，以连续词向量、循环神经网络语言模型为代表的一系列深度学习技术进一步推动了自然语言处理技术的发展。

在这一阶段，语音识别和自然语言处理的性能都得到了显著提升。复杂场景下的自然语言处理性能显著改善，语音识别的准确率也大幅提高。此外，端到端的语音识别技术开始兴起，进一步简化了语音识别流程并提高了识别效率。

4. 广泛应用期（2019 年至今）

2019 年至今，语音信号处理技术不断创新和发展。例如，端到端的语音识别技术进一步提高了识别准确率；大数据驱动的预训练语言模型的出现使得自然语言处理技术又上了一个台阶；小数据、跨领域的迁移学习技术也应运而生，扩大了自然语言处理技术的覆盖范围。

目前，语音信号处理技术已经广泛应用于智能家居、智慧驾驶、智能办公等领域。在智能家居领域，智能音箱、智能电视等设备通过语音信号处理技术实现了与用户的自然交互；在智慧驾驶领域，车载语音助手帮助驾驶员在驾驶过程中完成各种操作；在智能办公领域，语音转写、语音会议等应用提高了办公效率。

人工智能语音市场的产业链逐渐完善，可依据关键技术拆分为六大环节：音频采集与信号处理、语音识别、语义理解、对话管理、知识图谱和语音合成。这些环节相互关联、相互促进，共同推动了语音信号处理技术的发展和应用。

5.2 语音信号处理基础知识

语音信号处理是研究使用数字信号处理技术来处理语音信号的一门学科。它的主要目的包括：一是通过处理得到一些反映语音信号重要特征的参数，以便更高效地传输或存储语音信号信息；二是通过某种运算达到特定用途的要求，例如人工合成语音、辨别讲话者、识别讲话内容等。因此，在研究各种语音处理技术之前，首先需要了解语音信号的一些重要特征，在此基础上才能更好地利用语音处理技术建立语音模型。

5.2.1 语音的产生

声音是一种波，可被人耳听到，其振动频率为20~20000Hz。自然界包含各种声音，如风声、雨声、乐器声等。人们讲话时发出的声音叫语音，是声音的一种，是人的发声器官发出的有一定意义和语法的声音。因此，语音是声音和语言的组合体。可以这样定义语音：语音是由一连串的音素组成的语言的声音。对语音的研究包括两个方面，一是研究语音中各个音素的排列规则及含义，称为语言学；二是研究语音中各个音的物理特征和分类，称为语音学。

语音是通过发声器官在大脑控制下的生理运动产生的。发声器官包括肺、喉（含声带）、咽、鼻、口等。它们共同构成了一条形状复杂的管道，其中喉部以上的部分为声道，其形状会根据发出的声音而变化。喉部的声带既是阀门又是振动部件。两声带之间的空间称为声门。说话时，肺部呼出的气流冲击声带产生振动，随后通过声道形成语音。声带的振动频率被称为基频。基频决定了声音音调的高低：基频快则音调高，基频慢则音调低。基频的范围通常为80~500Hz，根据发音人的性别、年龄及具体情况而有所不同，一般来说，小孩的基频高于成人，女性的基频高于男性。

语音的产生可以源于声带的振动，也可以不经过声带振动。当声音由声带振动产生时，称之为浊音；而未通过声带振动产生的声音则被称为清音。所有元音以及部分辅音为浊音，而其余的辅音则构成清音。

5.2.2 语音信号的特征

1. 语音的基本参数

语音，如同其他声音，具备声音的基本物理属性，包括音色、音调、音强和音长。其中，音色是区分声音的根本特征。音调反映了声音的高低，这一特性由声波频率决定，以Hz为单位，频率高则音调高，反之则低。音强，或称音量、响度，表征声音的强弱程度，其大小取决于声波振动的幅度。至于音长，指的是声音持续的时间长度。除了这些基本属性之外，语音还承载着历史发展中形成的意义，不仅能够表达特定的意义和思想内容，还能传达特定的语气和情感，乃至许多言外之意。因此，语音的信息含量极为丰富。

2. 语音的时域特性

在语音信号处理领域，时域特性是理解语音波形随时间变化的基础。语音信号的时域特性主要反映了声音波形的振幅、相位及其随时间的变化规律。

语音信号由多个音素组成，每个音素在时域都有其独特的波形特征。例如，元音通常具有较长的持续时间和相对稳定的振幅，波形较为平滑，表现出较强的周期性；而辅音则可能具有较短的持续时间，波形更为复杂，包含多个快速变化的成分，如爆破音、摩擦音等。

语音信号可以直接用其时域波形表现，横轴表示时间，纵轴表示振幅。通过观察波形，可以分析语音的重要特性。分析"我是中国人"这一语句的波形，如图5-2所示，可以较为清晰地看到每个字的波形。朗读的时候，"我是"连读，中间的静音段不明显。

"中""国""人"中间停顿较多，静音段较为明显。因此，可以通过语音波形的振幅和周期来观察语音特点。

3. 语音的频域特性

在语音信号处理领域，频域分析是揭示语音本质的关键方法。它展示了声音信号在不同频率的分布状况。通常，语音信号的带宽约为5kHz，并且主要能量集中在低频部分。这一特点使得频域分析对于理解语音信号至关重要。元音和辅音在频域中表现出不同的特征：元音的频域波形具有较高的能量和较低的过零率，其波形周期性明显，能量主要集中在低频区域，同时在高频区域也可能有共振峰出现；相比之下，辅音的频域波形类似于白噪声，能量分布相对均匀，但在高频区域能量更强，且在中间频率区域可能出现能量间断。"我是中国人"的频域波形如图5-3所示，其中横轴代表频率，纵轴代表振幅。

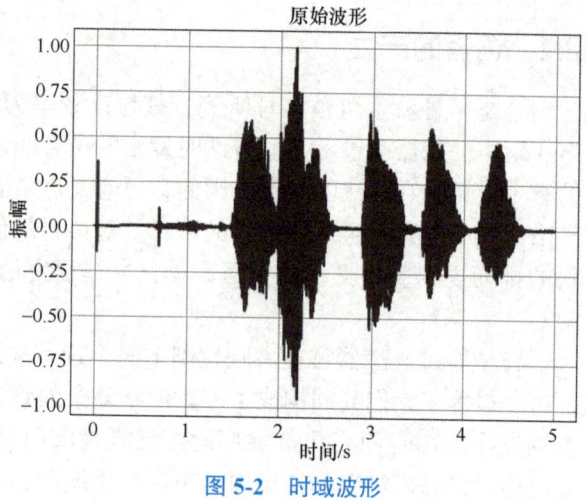

图 5-2　时域波形

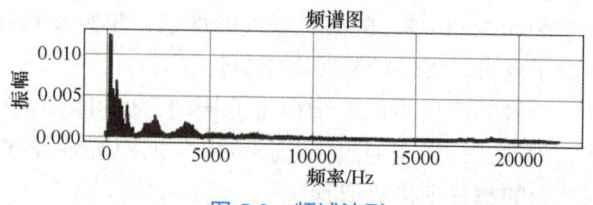

图 5-3　频域波形

4. 语谱图

语音的时域分析和频域分析是语音分析中的两种重要方法。然而，这两种方法单独使用都存在一定局限性。时域分析缺乏对语音频率特征的直观了解，而频域分析则未能体现语音信息随时间变化的关系。语音信号是一种时变信号，其频率也随着时间变化。尽管如此，由于语音信号随时间的变化较为缓慢，因此在短时间内可以认为其频谱是固定不变的，这种频谱称为短时谱。短时谱只能反映语音信号的静态频率特性，而不能反映其动态频率特性。为此，人们致力于研究时频特性，将与时序相关的傅里叶分析图称为语谱图。语谱图表示语音频谱随时间变化的图形，是一个三维图像，其中横轴表示时间，纵轴表示频率，振幅的强弱用灰度或色调的浓淡来表示，颜色越深，强度越大。"我是中国人"的语谱图如图5-4所示。

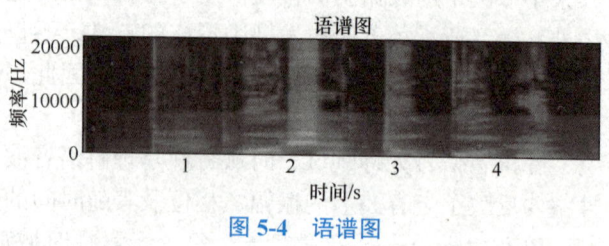

图 5-4　语谱图

5.3　语音信号处理的关键技术

语音信号处理技术是指对语音信号进行分析、处理和编辑的技术，旨在提高语音的质量和效率。根据所采用的方法及分析得出的参数特性的不同，语音信号处理技术可分为预处理、时域分析、频域分析等。

5.3.1 预处理

语音信号是一种一维的模拟信号,其时间和幅值都是连续变化的。为了利用计算机处理语音信号,必须首先对其进行采样和量化,从而将连续的语音信号转换为离散的语音信号,并去除原始语音信息中的冗余部分。预处理的目的是消除由人类发声器官以及采集设备引起的混淆和失真等因素,尽可能确保后续语音处理得到的信号更加均匀和平滑,从而提高语音处理的质量。预处理的关键步骤包括分帧和加窗。

1. 分帧

一般情况下,语音信号是不稳定的,是一种常见的非平稳信号。语音信号会随着时间的推移而变化。然而,在相当短的时间范围内,可以将语音视为平稳信号,因此其频谱特征和其他物理特征参量可以被认为是近似相同的。为分析语音信号,可以将语音信号分割成若干短时语音信号,每个短时信号构成一个语音帧。经常采用的分帧方法是连续分段法,为了保证语音信号的每个语音帧之间平稳过渡,并且保持连续语音信号流的连贯性以及语音信号之间的自相关性,通常采用交叠分帧法,即前一帧和后一帧语音信号间存在相互重叠的部分,这个重叠的部分被称为帧叠,而相邻两帧的起始位置差则被称为帧移,如图5-5所示。

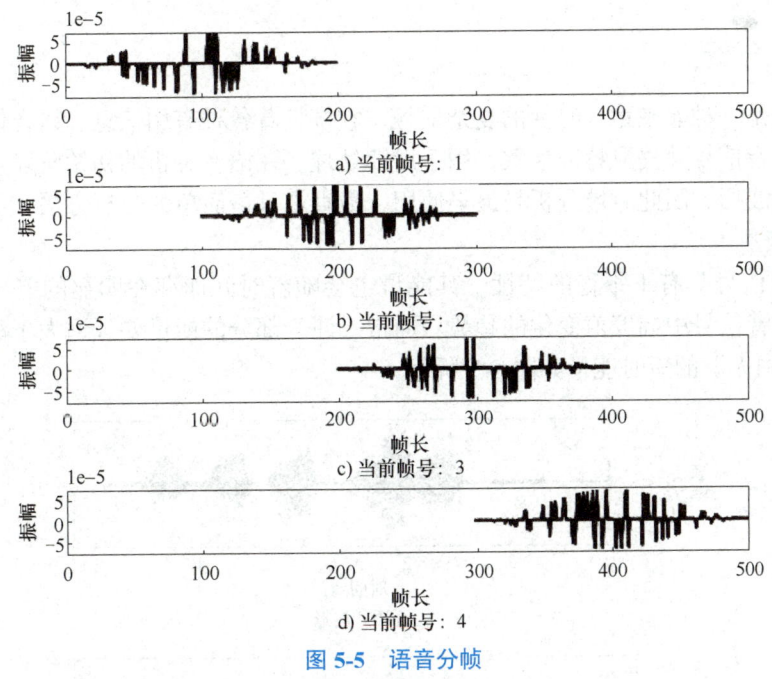

图 5-5 语音分帧

2. 加窗

分帧处理的本质是对语音信号执行加窗操作,进而得到语音帧。一个理想的窗函数应满足以下标准:在时域,通过将语音波形与窗函数相乘,来减小时间窗口边缘的坡度,确保窗口两端不产生剧烈变化而能平滑过渡至零,从而使截取的语音波形逐渐衰减至零;在频域,窗函数应具备较宽的带宽及较小的旁瓣峰值。常用的窗函数包括矩形窗、汉明窗和汉宁窗,

图 5-6 所示为这三种窗函数的时域波形。

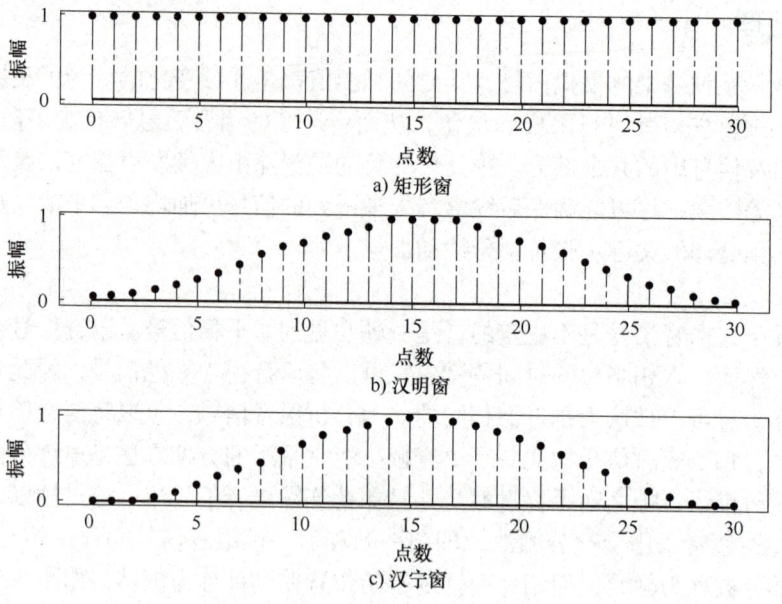

a) 矩形窗

b) 汉明窗

c) 汉宁窗

图 5-6 三种窗函数的时域波形

5.3.2 时域分析

语音信号是一种非平稳且时变的复杂信号，它携带着各种有用信息。语音信号处理的核心在于分析语音信号并提取特征参数，用于后续处理。在语音分析的初始阶段，人们首先接触到的是时域波形，因此时域分析是最早使用、最直观且最简单的分析方法。

1. 短时能量

由于语音信号具有不平稳的特性，其能量也会随着时间而存在明显的差异。短时能量分析反映了语音信号中幅度值变化的趋势。通常，浊音部分的能量要远远大于清音部分的能量。"我是中国人"的短时能量如图 5-7 所示。

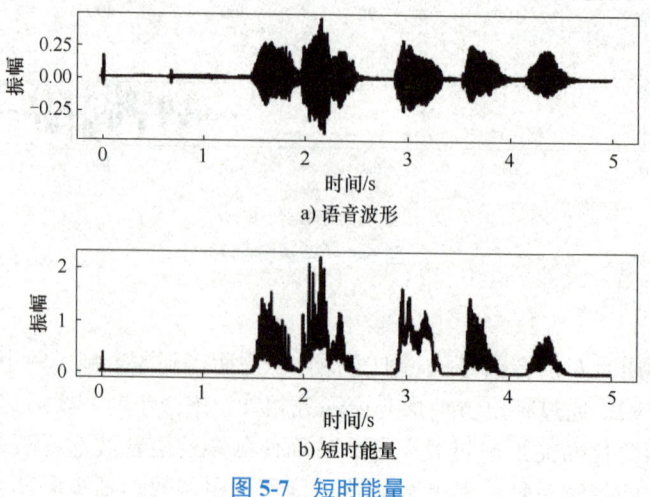

a) 语音波形

b) 短时能量

图 5-7 短时能量

短时能量的主要应用表现在以下几个方面：首先，采用短时能量可以较好地区分语音信号中的清音和浊音部分；其次，利用短时能量能够有效地判断出语音信号中的有音段部分和静音段部分；最后，在噪声较小的环境下，短时能量能较好地判别出语音信号中的语音段部分和噪声段部分。

2. 短时过零率

短时过零率是在语音信号的每帧中，时域波形穿过振幅值为零的横轴的次数。"我是中国人"的短时过零率如图 5-8 所示。

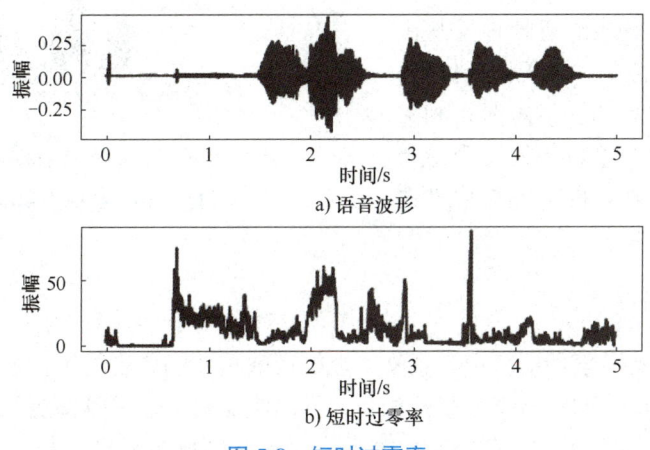

图 5-8　短时过零率

短时过零率是一个比较实用的特征参数，可用于区分清音与浊音。通常，浊音具有较低的短时过零率；而清音具有较高的短时过零率。在噪声较大的环境中，短时过零率能够有效地检测语音中的语音段部分。

3. 短时平均幅度

短时平均幅度是通过在语音信号上应用一个窗函数（如矩形窗、汉明窗等），并对窗内信号的绝对值进行求和，然后除以窗长得到的。短时平均幅度是语音信号的一种基本时域特征，能够描述语音信号在短时间段内的能量分布情况。短时平均幅度是一个简单但有效的特征，它不需要复杂的计算，且对环境噪声具有一定的鲁棒性。然而，它可能对突发噪声敏感，因此在实际应用中可能需要与其他特征（如短时能量、短时过零率等）一起用于构建特征向量，以提高系统的整体性能。"我是中国人"的短时平均幅度如图 5-9 所示。

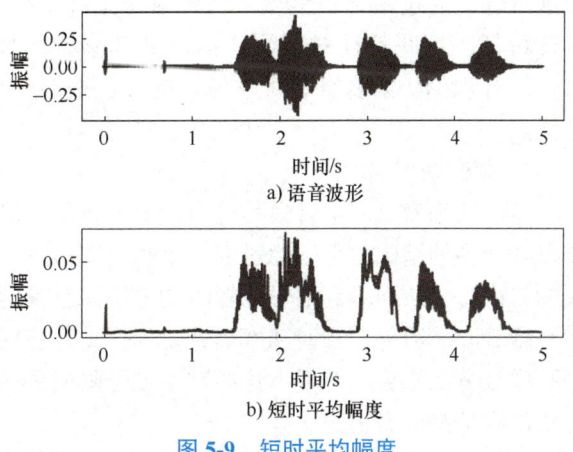

图 5-9　短时平均幅度

4. 短时自相关函数

短时自相关函数用于分析语音信号在短暂时间段内的自相似性，广泛应用于语音信号处理领域。它主要用于测定语音信号的周期性特征，如区分浊音和清音以及估计基音周期。由于清音和浊音的发生机理不同，它们的波形特性也表现出显著差异。具体来说，清音的波形类似于随机噪声，其短时自相关函数没有明显的周期性峰值；而浊音则具有周期性，因此短时自相关函数能够有效区分清音和浊音。"我是中国人"的短时自相关函数如图 5-10 所示。

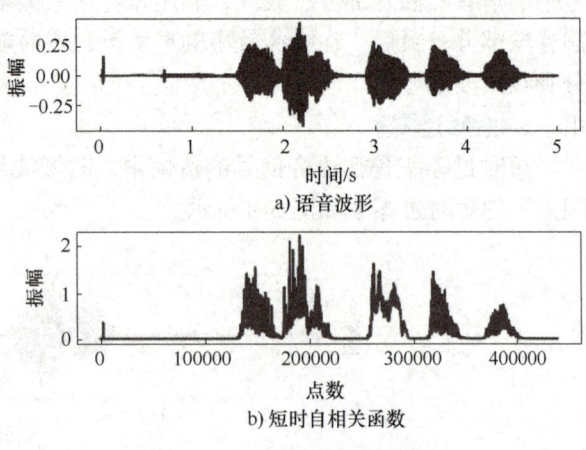

图 5-10　短时自相关函数

短时自相关函数能够清晰地反映出语音信号的周期性特征。对于浊音信号，其波形具有明显的周期性，短时自相关函数会在基音周期的整数倍处出现显著的峰值，这有助于基音周期的提取和语音信号的进一步分析。

5.3.3　频域分析

语音的频谱具有显著的语言声学意义，能够反映重要的语音特征。众多实验表明，人类感知语音的过程与语音的频谱特性紧密相关，人的听觉对语音的频谱更为敏感。语音的频谱是语音信号在频域中能量与频率分布的关系。语音的频域分析即分析语音的频域特征。广义上，语音信号的频域分析包括倒谱分析、功率谱分析、倒频谱分析等。由于语音波是一个非平稳过程，因此使用短时傅里叶变换对语音信号的频谱进行分析，相应的频谱称为"短时谱"。

1. 短时傅里叶变换

短时傅里叶变换是一种广泛应用于语音信号处理的工具。具体而言，通过分帧和加窗等预处理步骤后，对每个窗口内的信号进行傅里叶变换，从而得到该段信号随时间变化的频谱特性。通过对语音信号进行短时傅里叶变换，可以获取到共振峰频率、带宽等重要的语音特征，这些特征对于语音信号处理系统的性能至关重要，并广泛应用于语音特征提取、语音识别、语音合成等领域。此外，短时傅里叶变换还具有计算速度较快、易于理解等优点。

2. 短时功率谱

短时功率谱是对语音信号进行短时分析后得到的功率谱密度估计，这一概念建立在短时傅里叶变换的基础之上。通过在每个短时窗口内对信号进行傅里叶变换，计算各频率分量振幅的二次方，从而得到信号的短时功率谱。它反映了信号在不同频率和时间点上的功率或能量密度分布。因此，短时功率谱就是语音信号在时频域上的能量分布图，能够展示信号中各个频率成分的强度，并揭示这些频率成分随时间的变化情况。这种特性使得短时功率谱成为分析语音信号的有力工具。

在语音信号处理的多个领域中，短时功率谱发挥着关键作用。首先，它是语音特征提取的基础，例如 MFCC（梅尔频率倒谱系数）的提取依赖于短时功率谱。这些特征对于语音识别、语音增强等至关重要。其次，短时功率谱还可用于评估语音质量，通过分析短时功率谱的变化可以判断语音信号的清晰度和自然度。此外，在语音合成中，短时功率谱也被用来生成具有自然语调的合成语音。

3. 梅尔倒谱系数

梅尔倒谱系数（Mel-Frequency Cepstral Coefficients，MFCC）是语音信号处理中广泛使用的特征表示方法之一。MFCC 基于人耳的听觉特性，通过模拟人耳对不同频率声音的感知差异，将声音信号转换为一系列能够反映声音特性的系数。

提取 MFCC 的过程通常包括以下几个步骤：首先，对原始语音信号进行预处理，如分帧和加窗，以增强高频部分的能量并将信号切分成多个短时帧；然后，对每个短时帧进行快速傅里叶变换（FFT），将信号从时域转换到频域；接着，利用一组在梅尔频率轴上均匀分布的滤波器（梅尔滤波器组）对频域信号进行滤波，得到梅尔频谱；最后，对梅尔频谱进行对数运算和离散余弦变换（DCT），最终得到 MFCC。"我是中国人"的梅尔倒谱系数如图 5-11 所示。

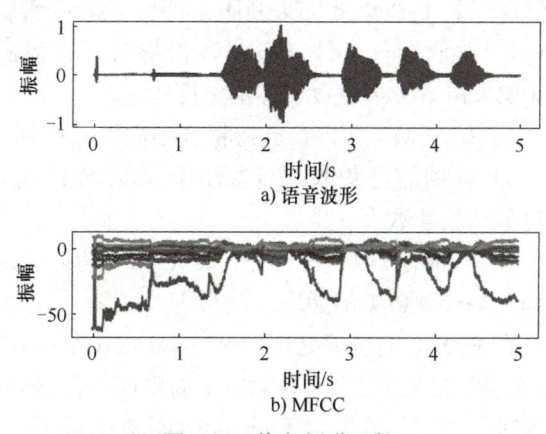

图 5-11　梅尔倒谱系数

MFCC 之所以有效，是因为它考虑了人耳对频率的非线性感知特性，即人耳对低频声音的变化比高频敏感。这种特性使得 MFCC 能够更准确地描述语音信号的特征，从而提高语音识别的准确率。此外，MFCC 还具有一定的抗噪能力，能够在一定程度上抑制背景噪声对语音信号的影响。

5.4　项目实例

【项目实例 5.1】语音的录制和播放

语音的录制和播放操作是语音信号处理的基础。下面通过一个简单的项目实例来展示如何录制和读取语音信号。

1. 语音的录制

录制一段时长为 5s 的音频，将其保存为 "Chinese.wav" 文件。

（1）导入所需的库：pyaudio 库和 wave 库　pyaudio 库是一个 Python 库，支持对音频输入/输出设备的访问。pyaudio 是一个跨平台的库，可以在多个操作系统上使用，如 Windows、Mac 和 Linux。它提供了简单易用的接口，使得在 Python 中进行音频处理变得简单和方便。使用前，应先安装 pyaudio 库。pyaudio 库的主要功能包括以下几个。

1）录制音频：便捷地从麦克风等音频输入设备捕获音频数据。

2）播放音频：支持将音频数据输出到扬声器等音频输出设备。

3）音频处理：尽管 pyaudio 库本身主要提供音频 I/O 服务，但它可以与其他库（如

numpy、scipy等）结合使用，进行复杂的音频处理操作，如音频分析、特征提取、音频增强等。

4）实时音频处理：pyaudio库支持对音频流的实时访问，使得实现实时音频处理效果成为可能，如实时音频降噪、实时音频变声等。

wave库是Python标准库中的一个模块，专门用于处理wav格式的音频文件。wav格式是一种无损音频格式，音质高，适用于音频分析处理。wave库无需额外安装即可使用，只需确保安装了Python的最新版本即可。wave库的主要功能包括以下几个。

1）读取wav文件：wave库能够打开并解析wav文件的内容，包括音频数据和相关参数（如采样率、声道数、样本宽度等）。

2）写入wav文件：支持将音频数据保存到新的wav文件中，并允许设置音频参数。

3）音频信息获取：通过使用wave库，能够获取wav文件的音频参数，包括采样率、声道数和总帧数等。

4）基本音频处理：虽然wave库的功能相对基础，但它可以用于进行简单的音频处理操作，如音频数据的截取、调整等。

在Python的音频处理领域，pyaudio库和wave库各具优势。pyaudio库适合于需要进行实时音频处理或复杂音频输入/输出操作的场景，而wave库则专注于wav文件的读写和基本处理。本项目需要引入pyaudio库和wave库，代码示例如图5-12所示。

（2）设置录音参数　设定录音的关键参数，包括从音频设备读取的样本数、样本格式、声道数量、采样率以及录制的总时长和输出文件的名称。代码示例如图5-13所示。

（3）初始化pyaudio　创建一个pyaudio实例，用于后续打开音频流和进行音频操作，代码示例如图5-14所示。

```
1  import pyaudio
2  import wave
```

图5-12　导入所需的库代码示例

```
4  # 设置录音参数
5  chunk = 1024   # 数据块大小，每次从音频流中读取的样本数
6  sample_format = pyaudio.paInt16  # 采样格式，这里是16位整数
7  channels = 1   # 声道数，这里是单声道
8  fs = 44100     # 采样率，每秒钟的样本数，这里是CD质量
9  seconds = 5    # 录音时长，以秒为单位
10 filename = "Chinese.wav"  # 输出的wav文件名
```

图5-13　设置录音参数代码示例

```
12 # 初始化pyAudio
13 p = pyaudio.PyAudio()
```

图5-14　初始化pyaudio代码示例

（4）录制音频　首先，通过p.open()函数打开一个音频流，指定音频的格式、声道数、采样率、每个缓冲区的帧数（即chunk），并表明这是一个输入流（input=True）。随后，程序进入一个循环，不断从音频流中读取数据块，并将这些数据块存储在frames列表中。录音完成后，停止音频流，关闭音频流，并终止pyaudio实例。代码示例如图5-15所示。

（5）写入wav文件　使用wave模块打开一个wav文件用于写入。设置wav文件的声道数、样本宽度（通过pyaudio的get_sample_size根据采样格式确定）和采样率。然后，将frames列表中的所有数据块合并为一个字节串，并写入wav文件。最后，关闭wav文件。代码示例如图5-16所示。

代码运行后，开始进行5s的录音。录音完成后，会在代码运行的默认文件夹内生成一

个名为 Chinese.wav 的文件。

```
17    # 打开音频流
18    stream = p.open(format=sample_format,
19                    channels=channels,
20                    rate=fs,
21                    frames_per_buffer=chunk,
22                    input=True)
23
24    frames = []   # 用于存储录制的数据块
25
26    # 循环读取音频数据
27    for i in range(0, int(fs / chunk * seconds)):
28        data = stream.read(chunk)   # 从音频流中读取一个数据块
29        frames.append(data)   # 将数据块添加到列表中
30
31    # 停止和关闭音频流
32    stream.stop_stream()
33    stream.close()
34    p.terminate()
35
36    print('录音结束')
```

图 5-15 录制音频代码示例

```
38    # 写入wav文件
39    wf = wave.open(filename, mode: 'wb')   # 以二进制写入模式打开wav文件
40    wf.setnchannels(channels)   # 设置声道数
41    wf.setsampwidth(p.get_sample_size(sample_format))   # 设置样本宽度（字节为单位）
42    wf.setframerate(fs)   # 设置采样率
43    wf.writeframes(b''.join(frames))   # 将所有数据块合并为一个字节串并写入文件
44    wf.close()   # 关闭wav文件
```

图 5-16 写入 wav 文件代码示例

2. 语音的播放

针对录制的语音文件，进行播放。

（1）初始化实例　首先导入 pyaudio 库和 wav 库，随后打开 wav 文件并对其进行初始化实例操作，代码示例如图 5-17 所示。

```
1    import pyaudio
2    import wave
3    wf = wave.open( f: r"D:\PCProject\pythonProject\Speech\output.wav", mode: 'rb')   #打开音频文件
4    p = pyaudio.PyAudio()   # 新建一个PortAudio对象
```

图 5-17 初始化实例代码示例

（2）打开音频输出流　使用 p.open( ) 函数打开一个音频流用于输出（播放音频）。该函数需设置多个参数来配置音频流，主要参数如下。

1）format：音频数据的格式，通过 p.get_format_from_width(wf.getsampwidth( ))根据 wav 文件的样本宽度（字节数）来获取。

2）channels：声道数，通过 wf.getnchannels（）从 wav 文件中获取。

3）rate：采样率，即每秒的样本数，通过 wf.getframerate（）从 wav 文件中获取。

4）output：设置为 True，表示这是一个输出流，用于播放音频。

设置缓冲区宽度 chunk =1024。这个变量定义了从 wav 文件中读取音频数据的块大小（以帧为单位）。可以根据需要调整，但通常选择一个能够被处理器有效处理的块大小。打开音频输出流的代码示例如图 5-18 所示。

```
6   # 打开音频输出流
7   stream = p.open(format = p.get_format_from_width(wf.getsampwidth()),
8                   channels = wf.getnchannels(),
9                   rate = wf.getframerate(),
10                  output = True)
11  chunk = 1024 # 设置采样缓冲区宽度
```

图 5-18　打开声音输出流代码示例

（3）播放音频　通过循环，不断从 wav 文件中读取音频数据块，并将这些数据块写入音频输出流中。当 readframes（chunk）返回的 data 为空（即 len（data）== 0）时，表示已经读取到了文件的末尾，此时循环结束。代码示例如图 5-19 所示。

（4）结束播放　音频播放完成后，首先调用 stream.stop_stream（）来停止音频流（尽管在循环结束后音频流已经自然停止，但调用此函数是一个好习惯），然后调用 stream.close（）来关闭音频流，释放相关资源。最后，调用 p.terminate（）来终止 pyaudio 会话，释放 pyaudio 占用的资源，代码示例如图 5-20 所示。

```
13  print('开始播放output.wav') #屏幕输出'开始播放output.wav'
14  data = wf.readframes(chunk) #设置采样点长度
15  while len(data) > 0: #写声音输出到声卡
16      stream.write(data)
17      data = wf.readframes(chunk)
18  print('播放结束')
```

图 5-19　播放音频代码示例

```
19  stream.stop_stream()
20  stream.close()
21  p.terminate()    # 关闭pyaudio
```

图 5-20　关闭音频代码示例

运行代码后，可以播放指定音频。

【项目实例 5.2】语音识别

语音识别技术主要是指在各种情境下准确辨识语音内容，并据此执行各种指令。随着计算机技术、模式识别、信号处理、声学以及大数据模型等技术的不断进步，实现满足不同需求的语音识别系统已成为可能。现今，语音识别产品在人机交互应用中占据了越来越大的份额，并向着更加智能化和个性化的方向发展。例如，多语种、多模态的语音识别，端到端的语音识别以及个性化语音识别等都是当前的重要发展趋势。

语音识别过程通常分为两个阶段：第一阶段是系统的"学习"或"训练"阶段，该阶段的任务是建立识别基本单元的声学模型以及进行文法分析的语言模型等；第二阶段是"识别"或"测试"阶段，根据识别系统的类型选择满足要求的识别方法，采用语音分析方法提取出这种识别方法所要求的语音特征参数，按照一定的准则和系统模型进行比较，通过判决得出识别结果。

从功能划分的角度来看，语音识别系统可以分为语音信号的预处理部分、核心算法部分以及基本数据库部分。图 5-21 所示为语音识别系统框架。语音信号输入后，先进行预处理，对语音信号进行数字化采样，区分出有效语音区间；然后进行特征提取，将其变换成特征向量；特征向量被送入训练流程，用于构建模型库，此外根据声学模型、语言模型和语音字典进行模型匹配，并输出识别结果。

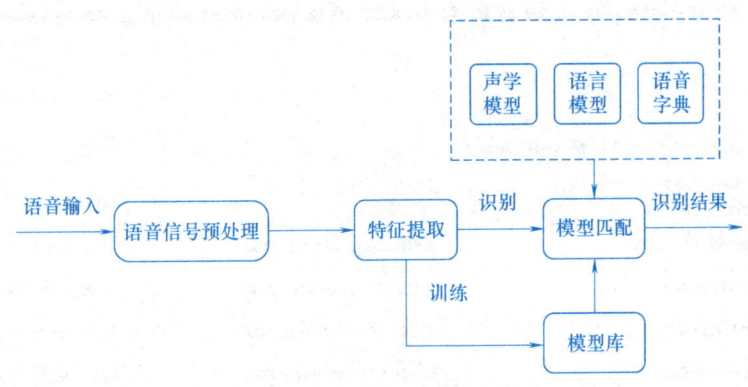

图 5-21　语音识别系统框架

接下来，利用百度 AI 开放平台来实现语音识别功能。首先，打开百度 AI 开放平台，单击控制台，选择"语音技术"模块，如图 5-22 所示。

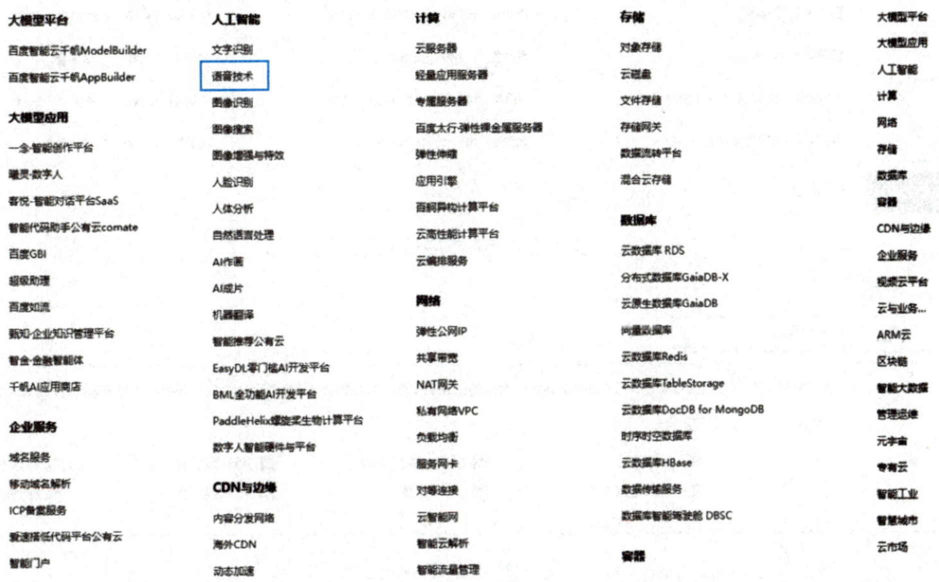

图 5-22　百度 AI 开放平台控制台"语音技术"模块

单击"免费尝鲜"按钮，在服务类型中选择"语音识别""语音合成"和"呼叫中心语音"；分别选择"语音识别"和"语音合成"下的所有待领接口，单击"0 元领取"按钮，如图 5-23 所示。

单击左侧导航栏的"应用列表"，创建一个新的应用。在语音识别部分，勾选所有接口。

接下来，输入"应用名称"勾选相应接口，单击"立即创建"按钮，如图 5-24 所示。

应用创建完成后，可以在应用详情界面查看该应用的详细信息，如应用名称、AppID、API Key 以及 Secret Key 等，如图 5-25 所示。

图 5-23　免费接口领取

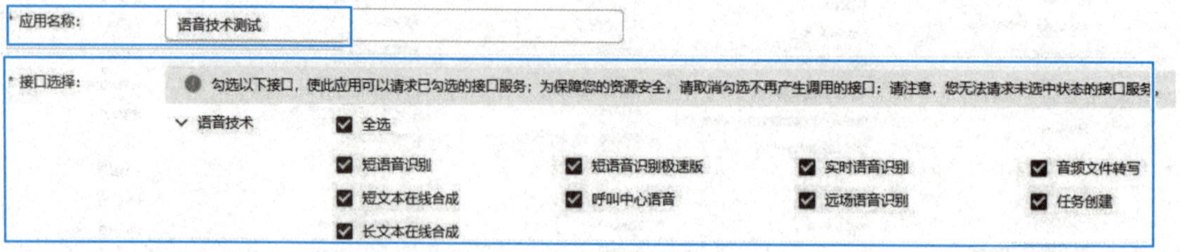

图 5-24　新建应用

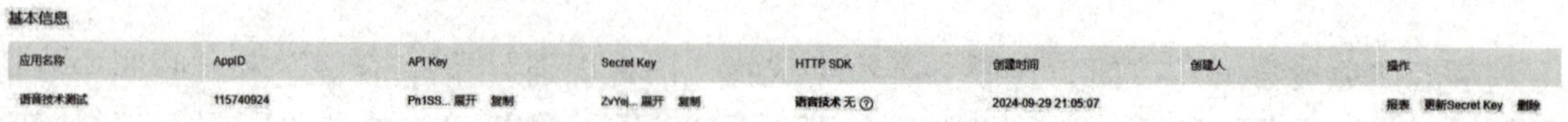

图 5-25　语音技术测试应用详情

启动 PyCharm，创建一个新的 Python 文件进行语音识别功能。

1. 新建 AipSpeech

AipSpeech 是一个用于语音识别的 Python 软件开发工具包（SDK）客户端，新建 AipSpeech，示例代码如图 5-26 所示。

```python
from aip import AipSpeech

''' 你的 APPID AK SK '''
APP_ID = '115740924'
API_KEY = 
SECRET_KEY = 

client = AipSpeech(APP_ID, API_KEY, SECRET_KEY)
```

图 5-26　新建 AipSpeech 示例代码

2. 配置 AipSpeech

如果用户需要配置 AipSpeech 的网络请求参数（一般不需要配置），可以在新建 AipSpeech 后调用接口设置参数，具体可参照技术文档。

3. 调用语音识别函数

本项目是将本地语音数据上传至远程服务，进行识别。语音识别接口函数参数说明见表 5-1。

表 5-1　语音识别接口函数参数说明

参数	类型	描述	是否必须
speech	buffer	建立包含语音内容的 buffer 对象，语音文件的格式为 pcm、wav 或 amr	是
format	string	语音文件的格式，为 pcm、wav 或 amr，不区分大小写。推荐 pcm 格式	是
rate	int	采样率，可选 16000 或 8000，固定值，单位 Hz	是
cuid	string	用户唯一标识，用来区分用户，为机器 MAC 地址或 IMEI 码，长度 60 以内	否
dev_pid	int	语言模型，1537 为普通话，1737 为英语，1637 为粤语，1837 为四川话。默认 1537	否

读取上一项目中的 Chinese.wav 文件，并设置相关参数，如文件类型为 wav 格式，采样率为 16000，dev_pid 参数选择 1537（普通话）。完成读取后，将结果打印出来，代码示例如图 5-27 所示。

```python
# 读取文件
def get_file_content(filePath):
    with open(filePath, 'rb') as fp:
        return fp.read()

# 识别本地文件
result = client.asr(get_file_content('Chinese.wav'), format: 'wav', rate: 16000, options: {
    'dev_pid': 1537,
})
print(result)
```

图 5-27　调用语音识别函数代码示例

4. 分析语音识别结果

运行代码后,结果如图 5-28 所示。从结果中可以看到,系统准确地识别出了"我是中国人"。其中,参数 err_no 代表错误码,err_msg 是错误码提示。具体的错误信息可以在技术文档中的错误码汇总部分找到。result 是最终的识别结果。sn 是语音数据的唯一标识,用于 debug。

```
D:\anaconda3\python.exe D:\PCProject\pythonProject\AI\5.2语音识别.py
{'corpus_no': '7420066431789771206', 'err_msg': 'success.', 'err_no': 0, 'result': ['我是中国人。'], 'sn': '339737627851727618843'}

Process finished with exit code 0
```

图 5-28 分析语音识别结果

此项目实例为普通话语音识别的应用,读者可自行完成英语及其他语言的语音识别测试。

【项目实例 5.3】语音合成

语音合成,即通过人工手段生成语音,是人机语音通信不可或缺的一部分。这项技术为机器赋予了"人工嘴巴",旨在解决让机器模仿人类进行语言表达的问题。追溯到 200 多年前,人们便开始探索"会说话的机器",最初是通过模拟人类声道的橡皮声管来合成元音,手动调整其形状实现声音的变化。随着半导体集成技术和计算机技术的飞速进步,英语语音合成系统率先问世,随后,各种语言的语音合成系统也相继诞生。如今,语音合成技术已能轻松实现任意文本到语音的转换。目前,语音合成的应用非常广泛,如自动报时、报警、电话应答、有声小说等。

本项目进行语音合成的测试。由于百度 AI 开放平台中语音合成与语音识别的应用相同,因此重复步骤不再赘述。打开 PyCharm,并新建一个 Python 文件,进行语音合成测试。

1. 新建 AipSpeech

由于调用的是同一个应用,因此语音合成的代码与语音识别的代码相同,如图 5-29 所示。

```
1  from aip import AipSpeech
2
3  ''' 你的 APPID AK SK '''
4  APP_ID = '115740924'
5  API_KEY = 
6  SECRET_KEY = 
7
8  client = AipSpeech(APP_ID, API_KEY, SECRET_KEY)
```

图 5-29 新建 AipSpeech

2. 配置 AipSpeech

如果用户需要配置 AipSpeech 的网络请求参数(一般不需要配置),可以在构造 AipSpeech 之后调用接口设置参数。

3. 语音合成

文本长度必须小于 1024GBK 字节,建议每次请求的文本不超过 120 字节,约为 60 个汉字、字母或数字。如果文本长度较长,可以采用多次请求的方式。应确保文本长度不超出限制。参数说明见表 5-2。

表 5-2 语音合成接口函数的参数说明

参数	类型	描述	是否必须
tex	string	合成的文本,文本长度必须小于 1024GBK 字节,建议每次请求文本不超过 120 字节,约为 60 个汉字、字母或数字	是

(续)

参数	类型	描述	是否必须
cuid	string	用户唯一标识,用来区分用户,为机器 MAC 地址或 IMEI 码,长度为 60 以内	否
spd	string	语速,取值 0~9,默认为 5(中语速)	否
pit	string	音调,取值 0~9,默认为 5(中音调)	否
vol	string	音量,取值 0~15,默认为 5(中音量)	否
per	string	普通发音人选择:度小美 =0(默认),度小宇 =1,度逍遥(基础)=3,度丫丫 =4。精品发音人选择:度逍遥(精品)=5003,度小鹿 =5118,度博文 =106,度小童 =110,度小萌 =111,度米朵 =103,度小娇 =5	否

在合成过程中,可以根据上述参数来调整合成语音的特征,例如音调、音量和语速等。本项目中,将一段文字"你好小度小度"合成为语音文件,代码示例如图 5-30 所示。

```
10  result = client.synthesis(text: '你好小度小度', lang: 'zh', ctp: 1, options: {
11      'vol': 5, 'pit':8, 'spd':8
12  })
13
14  # 识别正确返回语音二进制 错误则返回dict 参照下面错误码
15  if not isinstance(result, dict):
16      with open('xiaodu.wav', 'wb') as f:
17          f.write(result)
```

图 5-30 语音合成代码示例

读者可以对合成的参数进行调整和测试,以产生不同的语音。通过这些测试,我们能够直观地了解不同语音信号特征参数之间的区别。运行成功后,系统会在默认路径下生成名为 xiaodu.wav 的语音文件。

【项目实例 5.4】语音情感分析

随着信息技术的迅速发展以及人类对计算机依赖性的不断增强,人机交互能力日益受到重视。如何实现计算机的拟人化,使其能够感知周围环境、气氛以及对方的态度和情感,并自适应地为对话对象提供最舒适的对话环境,尽量消除对话对象与机器之间的障碍,已成为计算机发展的重要方向。相关研究表明,人机交互中需要解决的问题实际上和人与人交流中的重要因素一致,最关键的都是"情感智能"能力。因此,计算机要更加生动地适应对话对象的需求,首先必须能够识别对话对象的情感,再根据情感的判断来调整交互对话的方式。对于情感信息处理技术的研究包括多个方面,主要有情感特征分析、情感识别和情感模拟等。

基本情感论认为,人类的复杂情感是由有限的基本情感元素构成的。这些基本情感以特定比例混合,从而形成各种复杂的情感状态。在心理学领域,对基本情感的分类尚未达成共识,但维度模型(如唤醒度模型)被广泛接受,如图 5-31 所示。唤醒度是指与情感状态相关的机体能量激活水平,它度量了情感的内在能量强度。目前,情感识别技术,尤其是对烦躁等负面情绪的识别，在人机交互领域显示出显著的应用价值，如测谎仪、抑郁症的早期诊断等。

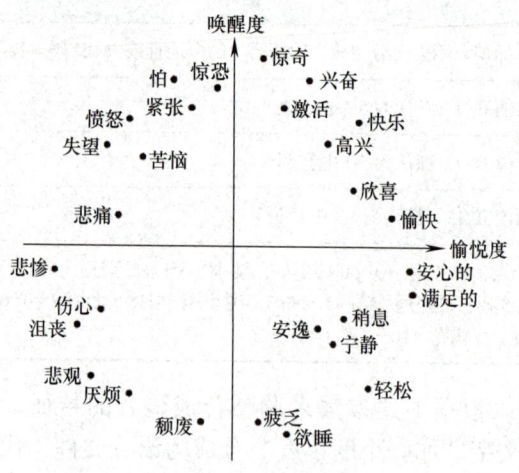

图 5-31　唤醒度模型

在语音情感分析领域，常见的算法包括隐马尔可夫模型（HMM）、高斯混合模型、支持向量机（SVM）、神经网络以及深度学习等。不同算法各有其优缺点，并且在不同数据库上的识别性能也有所不同。接下来，通过一个项目实例来展示语音情感分析的过程。目前，百度 AI 开放平台尚未提供语音情感识别的接口，因此在 Python 环境中直接使用 SVM 分类器进行语音情感分析测试。

1. 导入相关的库

首先，需要导入相关的库，如图 5-32 所示，numpy 用于进行数值计算；pandas 用于数据处理和 csv 文件的读取；svm 是 sklearn 库中的支持向量机模型；confusion_matrix、f1_score、classification_report 用于评估模型性能；matplotlib.pyplot 和 seaborn 则用于数据可视化。

```
1  import numpy as np
2  import pandas as pd
3  from sklearn import svm
4  from sklearn.metrics import confusion_matrix, f1_score, classification_report
5  import matplotlib.pyplot as plt
6  import seaborn as sns
```

图 5-32　导入相关的库

2. 读取特征数据

使用 pandas 库读取五个 csv 文件，每个文件包含一种情感（害怕、高兴、中性、伤心、生气）的特征数据。这些特征数据可以从本书配套资料中下载，它们是通过对情感语句进行特征参数提取得到的，如图 5-33 所示。

3. 定义情感识别混合矩阵

情感识别混合矩阵主要用于展示用户的情感分类结果。它计算每个类别的精确度、召回率和 F1 分数，并判断其性能，同时将这些信息打印出来。此外，它还利用 seaborn 库生成一个热力图来可视化混合矩阵。代码示例如图 5-34 所示。

```
8   fear = pd.read_csv(open(r'./features/dada_fear.csv'))
9   happy = pd.read_csv(open(r'./features/dada_happy.csv'))
10  neutral = pd.read_csv(open(r'./features/dada_neutral.csv'))
11  sadness = pd.read_csv(open(r'./features/dada_sadness.csv'))
12  anger = pd.read_csv(open(r'./features/dada_anger.csv'))
```

图 5-33 读取特征数据

```
14  def confusion_matrix_info(y_true, y_pred, labels=['恐惧', '喜悦', '中性', '悲伤', '生气'],
15                            title='情感识别混合矩阵'):
16      plt.rcParams['font.sans-serif'] = 'SimHei'
17      plt.rcParams['axes.unicode_minus'] = False  # 支持显示符号
18      C2 = confusion_matrix(y_true, y_pred)
19      C = pd.DataFrame(C2, columns=labels, index=labels)
20      m, _ = C2.shape
21      for i in range(m):
22          precision = C2[i, i] / sum(C2[:, i])
23          recall = C2[i, i] / sum(C2[i, :])
24          f1 = 2 * precision * recall / (precision + recall)
25          print('In class {}:\t total samples: {}\t true predict samples: {}\t'
26                'acc={:.4f},\trecall={:.4f},\tf1-score={:.4f}'.format(
27                *args: labels[i], sum(C2[i, :]), C2[i, i], precision, recall, f1))
28      print('-' * 100, '\n', 'average f1={:.4f}'.format(f1_score(y_true, y_pred, average='micro')))
29      f, ax = plt.subplots()
30      sns.heatmap(C, annot=True, ax=ax, cmap=plt.cm.binary)
31      ax.set_title(title)
32      ax.set_xlabel('预测情感标签')
33      ax.set_ylabel('真实情感标签')
34      plt.show()
```

图 5-34 定义情感识别混合矩阵

4. 情感识别

将情感特征数据进行水平堆叠并进行转置后,创建了一个 SVM 分类器,并使用 fit 函数对其进行模型训练。然后调用 confusion_matrix_info 函数来显示情感识别的混合矩阵信息,如图 5-35 所示。

```
36  data = np.hstack((fear, happy, neutral, sadness, anger)).T
37  y = np.array([[i] * 50 for i in range(5)]).flatten()
38  clf = svm.SVC()
39  clf.fit(data, y)
40  yp = clf.predict(data[::3])
41  confusion_matrix_info(y[::3], yp)
42  print(classification_report(y[::3], yp, target_names=['恐惧', '喜悦', '中性', '悲伤', '生气']))
```

图 5-35 情感识别

5. 情感识别结果分析

情感识别结果分析如图 5-36 所示,通过对比预测情感标签与实际情感标签,测试案例中的情感识别率达到了100%。

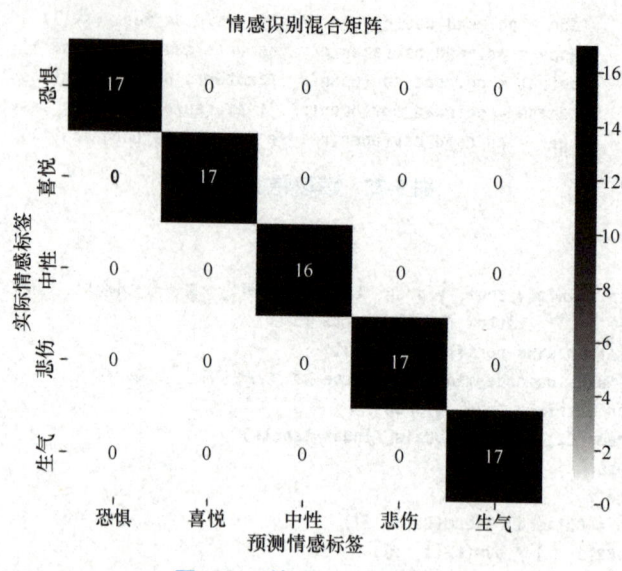

图 5-36　情感识别结果分析

本章小结

　　本章详细介绍了语音信号处理技术的发展历程及其在多个领域的应用，深入探讨了语音信号处理的基础知识，包括语音的产生及其特征，介绍了预处理、时域分析和频域分析几项语音信号处理技术。本章还通过4个项目实例，即语音的录制和播放、语音识别、语音合成和语音情感分析巩固了理论知识的应用。其中，语音识别和语音合成项目通过调用百度AI开放平台实现，而语音的录制和播放、语音情感分析项目则在Python环境中实现。这些实践项目可以帮助读者全面理解并掌握语音信号处理的关键技术和应用场景。

一、选择题

1. 以下（　　）不是语音处理的核心技术。
   A. 预处理　　　　B. 灰度处理　　　　C. 时域分析　　　　D. 频域分析
2. 语音信号处理的主要目的是（　　）。
   A. 提高语音的响度
   B. 通过处理得到反映语音信号重要特征的语音参数
   C. 降低语音信号的音质
   D. 增加语音信号的背景噪声

3. 以下（   ）不是语音信号处理的应用领域。

A. 语音识别　　　　B. 语音合成　　　　C. 语音编码　　　　D. 视频编辑

4. 电话的发明对语音信号处理产生的影响是（   ）。

A. 没有影响

B. 阻碍了语音信号处理技术的发展

C. 使得语音信号处理技术成为可能

D. 导致语音信号处理技术退步

5. 以下（   ）不是语音信号处理的参数。

A. 振幅　　　　　　B. 音调　　　　　　C. 颜色　　　　　　D. 噪声的判别

6. 语音信号的非平稳参数分析方法在（   ）迅速发展。

A. 20 世纪 50 年代　　　　　　　　　B. 20 世纪 60 年代

C. 20 世纪 80 年代　　　　　　　　　D. 21 世纪初

7. 以下（   ）不是语音信号处理的发展趋势。

A. 与智能计算技术紧密结合　　　　　B. 抗环境干扰能力增强

C. 逐渐减少对算法的研究　　　　　　D. 实时语音处理系统的发展

8. 以下（   ）是语音识别技术的分类。

A. 按词汇量大小　　　　　　　　　　B. 按语音信号的音高

C. 按语音信号的语速　　　　　　　　D. 按语音信号的音量

9. 以下（   ）是语音识别的步骤。

A. 语音预处理　　B. 语音幅度放大　　C. 语音频率分析　　D. 语音信号过滤

10. 以下（   ）是语音合成技术的发展历程。

A. 从参数合成到拼接合成　　　　　　B. 从拼接合成到参数合成

C. 从语音识别到语音合成　　　　　　D. 从语音理解到语音合成

二、简答题

1. 百度 AI 开放平台提供的语音识别技术可以应用于多种场景，请列举并详细描述一个具体的应用场景，说明语音识别技术如何在这些场景中发挥作用的。

2. 假设你是一名软件工程师，需要在一款新的智能手机应用程序中集成百度 AI 开放平台的语音合成技术。请描述你将如何实现这一功能，并说明在这个过程中可能遇到的技术挑战。

第 6 章

大语言模型

第6章 大语言模型

【本章导学】

本章旨在引领读者深入探索自然语言处理与大语言模型的广阔领域,探索大语言模型的发展历程,详细介绍分词、词性标注、删除停用词、句法分析、语义分析和情感分析等自然语言处理技术。随后,本章将焦点转向大语言模型的前沿技术,包括 Transformer 架构、预训练和微调。本章设计了 4 个项目实例,通过百度 AI 开放平台实现词法分析、文本相似度计算和文本纠错项目,使用通义千问平台完成对话大模型项目。

【学习目标】

1. 了解自然语言处理和大语言模型的发展历程及其在不同领域的应用。
2. 熟悉自然语言处理中的关键技术,并理解这些技术的原理及其应用。
3. 深入理解大语言模型的相关技术,如 Transformer 架构、预训练和微调,掌握这些技术在大语言模型构建和优化中的作用。
4. 运用所学知识,通过百度 AI 开放平台和通义千问平台,实现词法分析、文本相似度计算、文本纠错以及对话大模型等实践项目,提升在自然语言处理和大语言模型领域的实践技能和创新能力。

【学习导览】

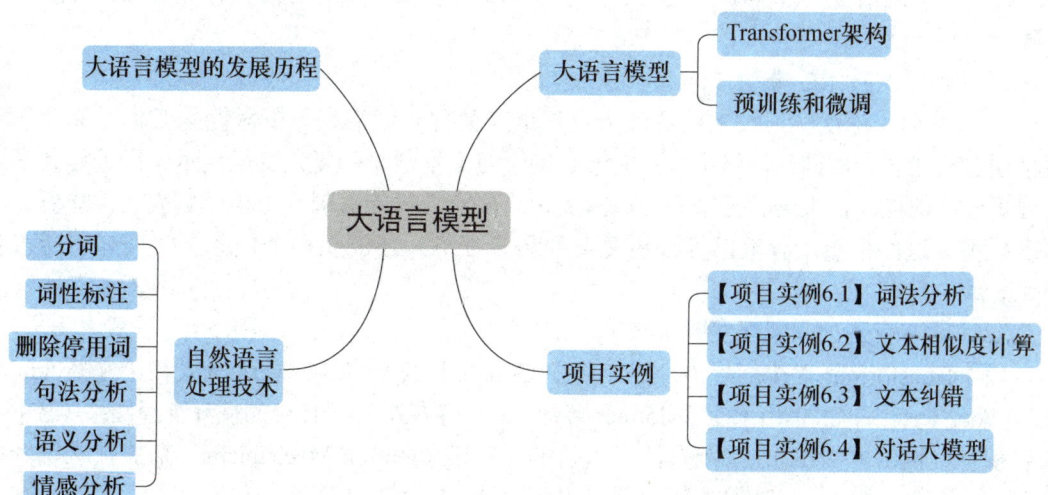

6.1 大语言模型的发展历程

在人工智能的宏伟蓝图中,大语言模型(LLM)的兴起标志着自然语言处理(NLP)领域的一次重大飞跃。这类模型以数学和统计学为基础,通常是一个函数或一组函数,可以是线性函数、决策树、神经网络等多种形式。模型的复杂度取决于其包含的参数数量,目前,大语言模型的参数规模通常至少达到数亿级别。

大语言模型是指专门用于处理自然语言任务的语言模型,它们能够根据文本提示生成代码、解释代码,甚至在某些情况下调试代码。此外,还可以生成文本、图像、音频、视频等内容,并在更广泛的领域内创造新的设计、知识和思想。影响力较大的大语言模型有OpenAI 的 GPT 系列模型、Google 的 LaMDA 和 BERT、Meta 的 LLaMA 及百度的文心一言、阿里的通义千问、科大讯飞的星火大模型、腾讯的混元大模型以及华为的盘古等,用于复杂的自然语言处理、计算机视觉和语音识别等任务。

1. 大语言模型的起源与早期探索

大语言模型的探索起源于 20 世纪 90 年代末,随着计算能力的提升和大数据的兴起,早期的语言模型开始利用大规模数据集进行训练。这些模型虽然规模有限,但为大语言模型的发展奠定了基础。

这一阶段,研究人员主要关注基于统计方法的语言模型,如 n-gram 模型。这些模型通过统计文本中词语的共现频率来预测下一个词语,但受限于模型规模和计算资源,性能相对有限。

2. 深度学习技术的推动

21 世纪初,深度学习技术的突破为自然语言处理领域带来了革命性的变化。深度学习模型通过构建复杂的神经网络结构,能够自动学习文本数据的复杂特征表示,显著提高了语言处理任务的性能。大语言模型开始崭露头角,研究人员能够训练出规模更大、性能更强的语言模型。这些模型不仅能够处理更复杂的语言任务,还能在多个任务上实现知识迁移和泛化。

3. 大语言模型的兴起与发展

(1)Transformer 架构的提出　2017 年,Google 研发团队 Vaswani 等人在论文 Attention Is All You Need 中首次提出了 Transformer 架构。这一架构摒弃了传统的循环神经网络(RNN)和卷积神经网络(CNN),采用自注意力机制(Self-Attention Mechanism)来捕捉文本中的依赖关系。Transformer 架构的提出极大地推动了 NLP 领域的发展。

(2)预训练语言模型的兴起　基于 Transformer 架构的预训练语言模型是大语言模型发展的重要里程碑。通过在大规模无标注文本数据集上进行预训练,学习到了丰富的语言知识和表达能力。然后,通过微调(Fine-tuning)的方式快速适应各种下游任务,实现高效的知识迁移和泛化。

2018 年,Google 发布了 BERT(Bidirectional Encoder Representations from Transformers)模型。BERT 采用了双向 Transformer 编码器结构,通过掩码语言模型(Masked Language Modeling,MLM)和下一句预测(Next Sentence Prediction,NSP)两个预训练任务来训练

模型。BERT 的发布标志着预训练语言模型时代的正式开启。在 BERT 之后，OpenAI 推出了 GPT（Generative Pre-trained Transformer）系列模型。GPT-1 于 2018 年发布，采用单向 Transformer 解码器结构进行自回归语言模型训练。随后，GPT-2 和 GPT-3 相继发布，模型参数规模不断增大，性能也持续提升。特别是 GPT-3，其参数规模达到了 1750 亿，成为当时最大的语言模型之一。GPT 系列模型的演进不仅推动了自然语言处理技术的发展，也为大语言模型在其他领域的应用提供了有力支持。

（3）大语言模型的广泛应用与突破　随着技术的成熟和完善，大语言模型在各个领域得到了广泛应用并取得了显著突破。大语言模型在自然语言生成（NLG）和自然语言理解（NLU）方面展现出强大的能力，可以生成流畅、连贯的自然语言文本，并理解用户输入的自然语言指令或问题，给出准确的回答或解决方案。这些系统不仅能够理解用户的意图和需求，还能够根据上下文生成恰当的回复和建议。

近年来，大语言模型开始与计算机视觉、语音识别等其他领域的模型进行融合，形成多模态融合的大模型。这些模型能够同时处理文本、图像、语音等多种模态的数据，实现更加全面和深入的理解与生成。例如，一些多模态大模型可以根据输入的文本描述生成相应的图像或视频内容。2023 年 3 月，OpenAI 发布的 GPT-4 在各项能力上有了质的突破，除了文本生成能力、对话能力等大幅提升外，GPT-4 迈出了从大语言模型向多模态模型转变的第一步，支持图像输入，能够实现图像优化和图像转文字等功能。

4. 大语言模型的未来

未来，随着计算资源的不断提升和分布式训练技术的发展，大语言模型的规模将继续增大，性能也将持续提升。更大规模的大语言模型将能够学习到更多的知识和特征表示，从而在更多任务上实现更好的性能。这些模型将在更多领域得到应用，并与其他领域的模型进行融合创新，如在医疗领域与医学知识图谱结合，为医生提供更加精准的诊断建议和治疗方案；在智能交通领域与车辆传感器和摄像头结合，实现更加智能的驾驶辅助和交通管理。

6.2　自然语言处理技术

自然语言处理（Natural Language Processing，NLP）是研究人与计算机交互的语言问题的学科。通过对大量文本数据进行训练，NLP 学习自然语言的语法、语义和结构，帮助人们快速、准确地处理和分析文本数据，为各种应用场景提供支持。自然语言处理的核心在于使计算机能够"理解"自然语言，因此也被称为自然语言理解（Natural Language Understanding，NLU）。它既是语音信息处理的一个分支，也是人工智能的核心课题之一，并且是大语言模型的基础。自然语言处理的目标是通过计算机技术实现对自然语言的理解、分析、处理和生成。

自然语言处理关键技术包括分词、词性标注、删除停用词、句法分析、语义分析和情感分析等。

6.2.1　分词

分词是自然语言处理中的一项基础任务，即将句子划分为多个单词或词组。在英文中，分词过程相对简单，因为单词之间由空格自然分隔；然而，对于中文等连续书写的语言，分词则显得更加复杂。常见的分词方法包括基于规则的分词、基于统计的分词和基于深度学习的分词。

基于规则的分词是一种按照预定策略将待分析的句子与机器词典中的词条进行匹配的方法。如果在词典中找到某个字或者词语，则表示匹配成功。这种方法的优点是易于实现，缺点是匹配速度较慢，并且不同的词典可能会导致歧义的产生。

基于统计的分词方法主要基于一个核心思想：常用词是由较为稳定的字组合构成的。在文本中，如果相邻的字同时出现的次数越多，它们构成一个词的可能性就越大。因此，通过计算字与字之间相邻出现的频率，可以有效地评估其作为词组的可信度。当训练文本中相邻字的出现频率超过某个设定阈值时，便有理由认为这些字可能构成了一个词。

基于深度学习的分词方法是近年来随着神经网络技术的发展而兴起的一种新趋势，常使用循环神经网络（RNN）及其变种，如长短时记忆网络（LSTM）或门控循环单元（GRU）。这些模型擅长捕捉序列数据中的长期依赖关系，使其非常适合处理自然语言任务。具体而言，在分词任务中，RNN 模型能够逐字读取文本序列，并预测每个字符是否为词语的边界。

假设我们要分析的句子是"大一新生本月在校园里进行军训"，对句子进行分词，得到单个词汇。

常见的分词结果可能是：大一 / 新生 / 本月 / 在 / 校园 / 里 / 进行 / 军训。

每个斜杠"/"代表一个分词的界限。此分词结果是基于汉语词汇的常见组合和语义理解而生成的。例如，"大一"通常指大学第一年级的学生，"新生"指的是刚入学的学生，"本月"指当前月份，"在校园里"表明了地点，"进行军训"则描述了活动内容。在实际应用中，分词工具会根据其内置的词库、算法以及上下文信息，并结合语言学的知识和规则来进行分词。这些分词工具通常会经过大量的训练和优化，以确保分词的准确性和效率。因此，本例中的"校园里"也可能被某些系统识别为一个整体地点名词。同样，"进行军训"也可能被某些系统识别为单个词汇"进行军训"，而不是将其分开为"进行"和"军训"。

6.2.2　词性标注

现代汉语的词类大致包括名词、动词、形容词、数词、量词、代词、介词、副词、连词、感叹词、助词和拟声词 12 种。在自然语言处理中，词性标注（Part-Of-Speech Tagging, POS Tagging）是一项关键任务，它为句子中的每个单词分配一个词性标签，如名词、动词、形容词等。这一过程对于后续的句法分析和语义分析至关重要。词性标注的重要性在于同一个单词在不同的上下文中可能具有完全不同的意义。例如，"通过"既可以作为动词表示经过、穿过，又可以作为介词表示动作的手段、媒介。通过词性标注，可以确定一个词在特定语境下的正确含义。

传统的词性标注方法主要依赖于统计学习，例如隐马尔可夫模型（HMM）、最大熵模型（MaxEnt）和条件随机场（CRF）等。这些方法通过分析大量已标注文本中的统计规律来进行词性标注。随着深度学习的发展，基于神经网络的方法逐渐成为主流。这些方法利用词嵌入（Word Embedding）来捕捉词与词之间的语义关系，并通过递归神经网络、长短时记忆网络、双向 LSTM 等模型来捕捉句子级别的上下文信息。此外，预训练语言模型（如 BERT）

也为词性标注带来了新的突破，通过在大规模未标注语句上进行预训练，然后再针对具体任务进行微调，可以获得更好的标注效果。

以一个具体示例来探讨。待分析的句子还是"大一新生本月在校园里进行军训"。

句子分词后的结果是：大一 / 新生 / 本月 / 在 / 校园 / 里 / 进行 / 军训。

对上述语句进行词性标注，结果如下：

- 大一：名词（n.）
- 新生：名词（n.）
- 本月：时间名词（nt.）
- 在：介词（p.）
- 校园：名词（n.）
- 里：介词（p.）
- 进行：动词（v.）
- 军训：名词（n.）

这里的词性标注遵循中文词性的通用分类体系。由于不同的标注工具可能采用各自的标签集，并且其训练数据集的质量和覆盖范围各异，因此可能会产生略有不同的标注结果。

6.2.3 删除停用词

删除停用词是自然语言处理中一个常用的文本预处理步骤。停用词通常指在文本中频繁出现但对理解文本主题或意图贡献较小的词汇。这些词汇往往不会影响文本的核心意义，如，中文中的"啊""吗""的"等。停用词的存在直接增加了文本的特征难度和分析成本，如果将包含大量停用词的文本作为分析对象，在处理文本时却会增加计算负担，且可能导致数据分析的结果存在较大偏差。因此，在处理过程中通常会将它们从文本中删除。特别是在文本分类、信息检索和情感分析等任务中，删除停用词可以提高算法的效率和准确性。

删除停用词通常包含以下几个步骤：

1）构建停用词列表：首先，需要定义一个停用词列表。这个列表可以根据具体的任务需求定制，也可以使用现有的标准列表，如 NLTK 库中提供的停用词列表。

2）文本分词：将输入的文本进行分词处理，即将文本分割成一个个独立的词汇单位。

3）过滤停用词：遍历分词后的词汇列表，将出现在停用词列表中的词汇移除。

下面举例来说明，假设要分析的句子还是"大一新生本月在校园里进行军训"，删除停用词后的结果可能如下：

大一 / 新生 / 本月 / 校园 / 进行 / 军训

可以看出，删除了"在"和"里"这两个词，因为它们在中文中通常被认为是停用词。在实际的应用中，要对照停用词表进行删除，而且停用词列表可以根据具体任务和语境进行调整。某些词虽然在一般语境下是停用词，但在特定任务中可能携带重要信息，因此不会被删除。

6.2.4 句法分析

句法分析是自然语言处理中的一项高级任务，它通过分析句子的结构来识别主语、谓语、宾语等成分及其之间的依存关系。句法分析可以帮助计算机理解人类语言的内在逻辑，进而支持如机器翻译、问答系统和信息抽取等复杂的自然语言处理应用，促进对句子深层含义的理解。

句法分析主要分为依存句法分析和短语结构分析两种主要类型。

依存句法分析是一种关注词汇之间依存关系的分析方法，即某个词依赖于另一个词。例如，在句子"狗追猫"中，"追"依赖于"狗"作为主语，"猫"依赖于"追"作为宾语。这种分析方法通常用于解析句子的主谓宾结构，并且易于理解。

短语结构分析方法侧重于识别句子中的短语结构，即构成句子的各个成分。通常采用树状结构来表示句子的层次关系，从根节点（通常是句子本身）到叶子节点（句子中的单词）。

仍以"大一新生本月在校园里进行军训"为例进行句法分析：

- 主语：大一新生
- 谓语：进行军训
- 时间状语：本月
- 地点状语：在校园里

具体到句子成分，可以这样分析：

- 大一新生：名词短语，作为整个句子的主语
- 本月：时间状语，修饰谓语动词，说明动作发生的时间
- 在校园里：介词短语，作为地点状语，说明动作发生的地点
- 进行：动词，与"军训"一起构成谓语部分
- 军训：名词，与"进行"一起构成谓语部分

如果使用依存句法分析，可能会得到以下依存关系：

- 大一新生→进行（主语 - 谓语）
- 本月→进行（时间状语）
- 在→校园里（介词 - 宾语）
- 校园里→进行（地点状语）

依存关系可以通过树状结构来表示，其中每个节点代表一个词语，而边则代表词与词之间的依存关系。在实际的自然语言处理任务中，句法分析通常由专门的句法分析器自动完成，这些分析器可以基于统计模型、机器学习模型或者深度学习模型来识别句子的句法结构。

句法分析是理解自然语言的关键步骤之一，其作用是解析句子的内部结构，并为进一步的自然语言处理任务提供重要的结构信息。随着技术的进步，尤其是深度学习模型的应用，句法分析的准确性和效率都得到了显著提升。无论是对于研究者还是开发者来说，掌握句法分析的相关知识和技术都是至关重要的。

6.2.5 语义分析

语义分析是自然语言处理中的一个核心环节，旨在理解文本的真实意义，而不仅仅停留在表面的语法结构上。它的作用在于让计算机能够"读懂"人类语言。语义分析的目标是捕捉句子或文本片段中的深层含义，包括词汇的意义、句子结构的意义以及上下文的影响，从而更好地服务于多种应用场景。

语义分析涉及词汇语义、句子语义、篇章语义、情感分析、命名实体识别等关键技术。

1）词汇语义：识别单词的意义，包括一词多义现象。这通常涉及词嵌入技术，如 Word2Vec、GloVe 等，它们将单词映射到多维向量空间，以便捕捉词汇间的语义相似性。

2）句子语义：理解句子的整体意义，包括识别句子中的主谓宾结构、谓语动词与宾语之间的关系等。利用深度学习模型，如 BERT、RoBERTa 等预训练模型，通过上下文敏感的词嵌入来提高句子层面的理解。

3）篇章语义：分析多个句子或段落之间的关系，理解文本的整体意义。这涉及识别连贯性、一致性以及跨句子的逻辑关系。篇章语义分析通常结合上下文信息，使用 RNN、LSTM 等模型来捕捉长距离依赖。

4）情感分析：判断文本中的情感倾向，如积极、消极或中性。情感分析可以应用于产品评论、社交媒体帖子等场景。

5）命名实体识别（NER）：识别文本中的专有名词，如人名、地名、组织机构名等。这对于信息抽取、问答系统等应用非常有用。

仍以"大一新生本月在校园里进行军训"为例进行语义分析：

① 实体识别：
- 大一新生：可能被视为一个实体，代表一类人群，即今年刚刚入学的大一学生
- 本月：时间表达式，表示当下的月份
- 校园：地点实体，指学校所在的区域

② 关系抽取：抽取句子中实体之间的关系。
- "大一新生"（主体）与"进行军训"（事件）之间存在一个行为关系
- "在校园里"提供了一个地点关系，表明军训发生的地点是在校园内

③ 事件识别：识别句子描述的主要事件。
- 军训：这是一个事件类型，通常涉及军事训练活动

④ 情感分析：虽然这个句子本身并不包含明显的情感色彩，但在某些上下文中，可以通过上下文来推断情感倾向。例如，如果是在描述军训体验的文章中，可能会提到学生的感受（积极或消极）。

⑤ 句子的逻辑结构分析：
- 主语：大一新生
- 谓语：进行军训
- 时间状语：本月
- 地点状语：在校园里

⑥ 语义角色标注：可以进一步细化句子中各个成分的角色。
- 执行者：大一新生
- 目标：军训
- 地点：校园里
- 时间：本月

通过这个例子，可以看到语义分析如何从句子中提取关键的语义信息。这些信息对于后续的自然语言处理任务，如信息抽取和问答系统等，都是非常有用的。语义分析不仅帮助我们理解句子的表层结构，还能揭示句子背后的深层含义，这对于实现更高层次的自然语言理解至关重要。

6.2.6 情感分析

情感分析也称为意见挖掘,是自然语言处理中的一个重要分支,其核心目标是识别和提取文本中的情感信息。情感分析旨在确定文本所表达的情感倾向(如积极、消极或中性)以及情感的强度。这项技术广泛应用于商业、社交媒体监控、市场调研等多个领域。

情感分析的关键技术包括基于词典、基于机器学习、基于深度学习和预训练模型等方法。基于词典的方法利用预先定义的情感词典,每个词汇都被赋予一个情感得分。其优点是简单快速且适用于多种语言;缺点是对上下文敏感度不高,容易误判。基于机器学习的方法通过使用标注过的数据集来训练分类器,常见算法包括支持向量机和朴素贝叶斯等。其优点在于能够捕捉到更复杂的语言模式;缺点是需要大量的标注数据。基于深度学习的方法采用神经网络模型,如卷积神经网络、递归神经网络和长短时记忆网络等。其优点是能够处理更长的文本序列并捕捉上下文信息;缺点是计算成本较高,并且需要大量数据。预训练模型则利用预训练的语言模型(如 BERT 和 RoBERTa 等),并通过微调来适应情感分析任务。其优点是模型表现优异且能理解复杂的语义;缺点是对硬件要求较高。

情感分析的流程通常包括以下几个步骤:

1)数据预处理:清洗数据,去除无关信息,如 HTML 标签、URL 链接等;分词处理,将句子拆分成单个词汇;去除停用词,减少噪声干扰。
2)特征提取:从文本中提取有意义的特征,如词频、TF-IDF、词向量等。
3)情感分类:使用训练好的模型对新的文本进行情感分类。
4)结果评估:通过准确率、召回率、F1 分数等指标评估模型性能。

下面通过一个例子来说明。假设要分析一条微博评论:"这家餐厅的食物很好吃,但是服务有点慢。"

分词结果:这家/餐厅/的/食物/很/好吃/,/但是/服务/有点/慢/。

情感分析显示:"食物很好吃"表达了积极情感,而"服务有点慢"则传达了消极情感。整体情感分类需要权衡这两个因素,最终可能被判断为中性或稍微偏向积极,这取决于具体算法的设计。

情感分析是自然语言处理中的重要应用领域,它通过识别和提取文本中的情感信息,帮助企业和个人更好地理解公众情绪和社会动态。随着技术的进步,特别是深度学习和预训练模型的发展,情感分析的准确性和效率得到了显著提升。然而,面对复杂的自然语言和多样的情感表达方式,情感分析仍面临着许多挑战,需要不断的研究和创新。

6.3 大语言模型

在深度学习领域,所谓"大模型"指拥有数十亿甚至更多参数的神经网络模型。这些庞大的模型能够捕捉更丰富的特征和细节,在自然语言处理和计算机视觉等任务中表现尤为突出,称为"大语言模型"。OpenAI 发布的 GPT 系列模型以及 Google 发布的 BERT 模型是大语言模型的典型代表。本节简要介绍大语言模型的底层架构 Transformer 以及大语言模型的预训练和微调过程。

6.3.1 Transformer 架构

Transformer 是什么？它是一种广泛应用于自然语言处理领域的神经网络架构，是许多大模型的底层架构。在 Transformer 架构未兴起前，自然语言处理领域的主流模型是神经网络模型，如 RNN 和 CNN，这些神经网络模型加速了自然语言处理的发展和商业化落地。

此后，基于自注意力机制的 Transformer 架构为大语言模型的发展奠定了基础。Transformer 架构源于 Google 研发团队 Vaswani 等人发表的论文 Attention Is All You Need。作为一种采用自注意力机制的深度学习模型，Transformer 架构可以提升语言模型的运行效率，更好地捕捉语言长距离依赖的信息，能够应用于多种自然语言处理任务，使得深度学习模型的参数进一步增加。其中，自注意力机制可以让模型对文本中不同位置的信息进行加权，从而更好地捕捉上下文信息，还原真实语境，并加强生成文本的前后衔接性。同时，这种机制还可以利用残差连接和层归一化技术，对模型进行训练和优化，从而进一步加强模型归纳文本上下文信息的能力。因此，与传统模型相比，Transformer 架构要强大得多，对比见表 6-1。

表 6-1　Transformer 架构和传统自然语言处理模型对比

要素	传统自然语言处理模型	Transformer 架构
模型结构	RNN、CNN 等结构	基于自注意力机制
计算方式	串行计算	并行计算
长序列建模	受限于梯度消失等问题	通过自注意力机制解决
特征提取	固定的特征提取方式	在模型内部自动学习特征
适应性	需手动调整结构和参数	微调、预训练以适应各种任务
训练数据	需要大量标注数据	可用来标注数据预训练模型

在自然语言处理领域，Transformer 架构已经成为大语言模型的核心组件，目前已知的大语言模型都是由 Transformer 演变而来的，这充分展示了 Transformer 的强大能力。总体来说，Transformer 架构在机器翻译、文本生成、智能回答以及模型训练速度方面，均优于之前的模型。

Transformer 架构包括编码器和解码器两个模块，能够模拟人类大脑理解语音并输出语音的过程。其中，编码器将语言转化为大脑能够理解和记忆的内容，而解码器则将大脑所想的内容表达出来。在大语言模型中，可以选择仅使用部分模块，例如 ChatGPT 就只使用了解码器部分，在妥善完成生成式任务的基础上，减少模型的参数量和计算量，从而提高模型的效率。

6.3.2 预训练和微调

大语言模型的预训练是一个在庞大文本数据集上进行训练的过程，旨在让模型掌握语言的通用特征和知识。这些模型通常采用深度学习技术，尤其是基于 Transformer 架构的模型。预训练过程包括多个阶段，如语言模型训练、掩码语言模型和下一句预测等。

预训练的主要优势在于能够提高模型的泛化能力，减少训练时间和数据量，提高算法的效率，并支持多种自然语言处理任务。预训练模型通过在大规模数据集上学习，捕捉数据中的模式和结构，然后在特定任务的数据集上进行微调，以适应该任务的需求。

大规模预训练模型表现出大参数量、海量数据学习以及强的模型泛化性等特点，因此可以有效的从海量标记和未标记数据中捕获知识。经过训练后，大规模预训练模型可以将丰富的知识存储到巨大的参数中，并针对具体任务进行微调，从而使各种下游任务受益。微调是一个有监督学习过程，模型会使用特定任务的标注数据进行进一步训练，以提高在该任务上的性能。此外，预训练模型还可以通过多模态数据进行扩展，以获得图像、视频等非文本数据的理解能力。经典有监督学习流程和"预训练 - 微调"学习流程如图 6-1 和图 6-2 所示。

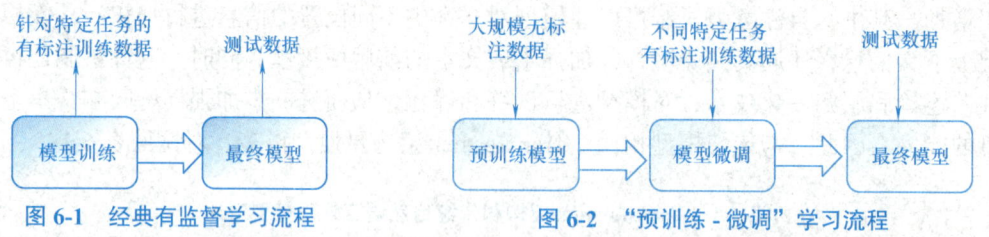

图 6-1　经典有监督学习流程　　　　图 6-2　"预训练 - 微调"学习流程

2021 年 8 月，斯坦福大学以人为中心的人工智能研究所基础模型研究中心将大规模预训练模型统一命名为基础模型，即任何在广泛数据（通常使用大规模自我监督）上训练的模型，都可以适应广泛的下游任务。基础模型包含了"预训练"和"大模型"两层含义，两者结合产生了一种新的人工智能模式，即模型在大规模数据集上完成预训练后无需微调，或仅需少量数据的微调，就能直接支持各类应用。

6.4　项目实例

【项目实例 6.1】词法分析

在 6.2 节中，介绍了分词、词性标注、删除停用词、句法分析、语义分析和情感分析等技术。本任务将利用百度 AI 开放平台来实现词法分析。百度 AI 开放平台的词法分析提供了分词、词性标注、命名实体识别三大基础功能。

在百度 AI 开放平台的词法分析中，分词功能能够准确地将文本切割成合理的词汇单元，为后续的词性标注和命名实体识别提供基础。平台提供的词法分析能够准确标注每个词汇的词性，从而帮助理解文本的语言结构和语义关系。此外，平台的词法分析还能够准确识别命名实体，如人名、地名、机构名和时间日期等，为文本理解和信息提取提供重要支持。

此外，百度 AI 开放平台的词法分析功能凭借其灵活的粒度和海量数据建模能力，显著增强了算法在复杂多变应用场景中的效果稳定性与适配性。同时，该平台还确保了对大粒度词汇的有效识别，特别是在处理领域新词和专有名词方面表现出色。

首先，访问百度 AI 开放平台主页，然后单击进入控制台。在左上角的菜单中，选择"人工智能"模块下的"自然语言处理"选项。接着，单击"免费尝鲜"按钮，勾选所有自然语言处理相关的接口，并单击"0 元领取"按钮，如图 6-3 所示。自然语言处理接口种类繁多，涵盖了文本信息提取、实体分析、文本纠错、对话情绪识别、智能写诗等功能。

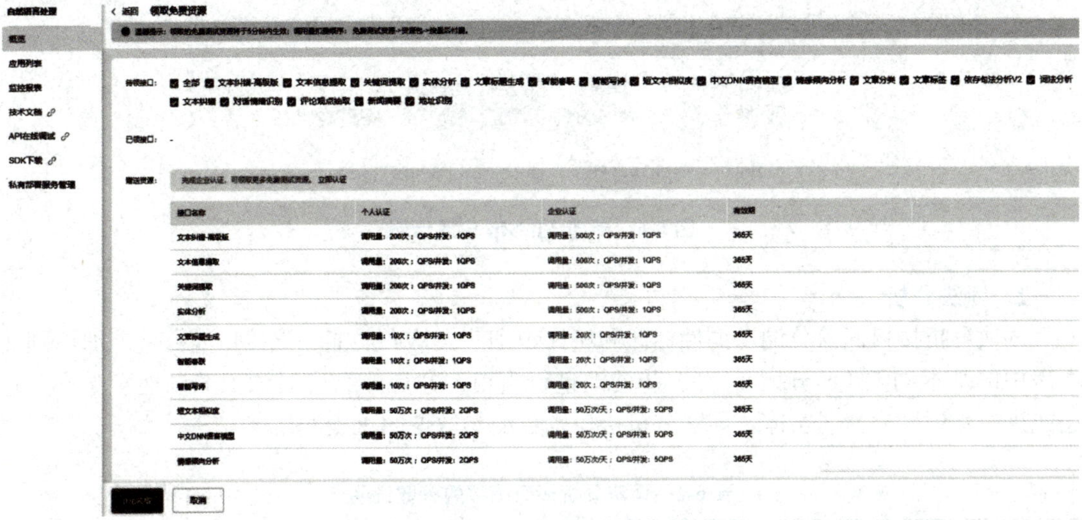

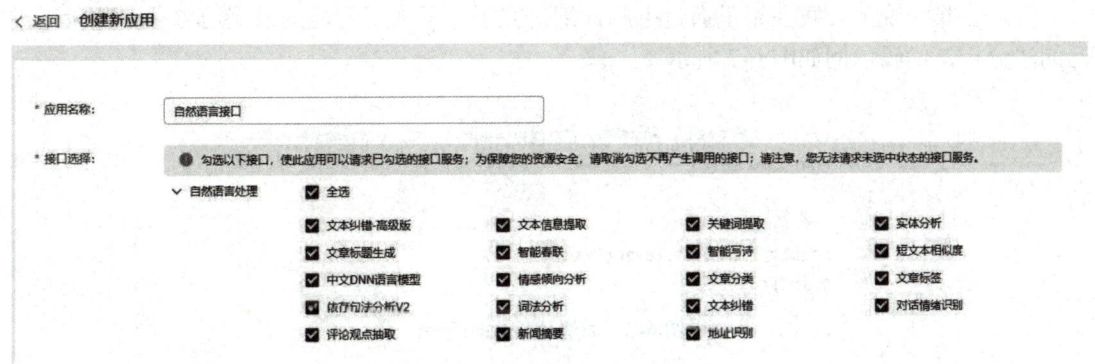

图 6-3 自然语言处理免费资源领取

单击左侧导航栏"应用列表"→"创建新应用"，输入应用名称，在接口选择中，选择"自然语言处理"中的所有接口，单击"立即创建"按钮，如图 6-4 所示。

图 6-4 创建自然语言应用

创建完成后，在应用列表中可以看到已创建的测试应用，如图 6-5 所示。

图 6-5 自然语言接口详情

获取应用的基本信息之后，在 PyCharm 中创建一个新的 Python 文件，用于接口调用。

1. 新建 AipNlp

AipNlp 是一个专为自然语言处理设计的 Python 软件开发工具包（SDK）客户端。新建 AipNlp，代码示例如图 6-6 所示。

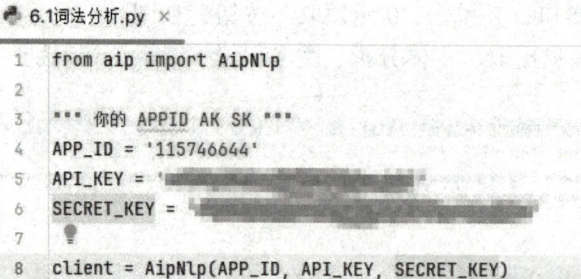

图 6-6 新建 AipNlp 代码示例

2. 词法分析

词法分析接口涵盖分词、词性标注和实体识别三大核心功能。该接口能够精准地识别文本串中的基本词汇（即分词），对这些词汇进行重组，并标注组合后词汇的词性。此外，它还能进一步识别出命名实体。词法分析接口函数的参数说明见表 6-2。

表 6-2 词法分析接口函数的参数说明

参数名称	是否必须	类型	说明
text	是	string	待分析文本，长度不超过 20000 字节
charset	是	string	UTF-8

针对"昨天晚上，我在家里通过电脑仔细研究了一下人工智能的发展历史。"这段话进行词法分析，代码示例如图 6-7 所示。

```
10  text = "昨天晚上，我在家里通过电脑仔细研究了一下人工智能的发展历史。";
11  charset="UTF-8"
12
13  ''' 调用词法分析 '''
14  result = client.lexer(text);
15  print(result)
```

图 6-7 词法分析代码示例

3. 结果分析

运行结束后，系统将返回词法分析的结果。返回参数含义说明见表 6-3。

表 6-3 返回参数含义说明

参数名称	类型	是否必须	详细说明
text	string	是	原始单条请求文本
items	array（object）	是	词汇数组，每个元素对应结果中的一个词
+item	string	是	词汇的字符串
+ne	string	是	命名实体类型，命名实体识别算法使用。词性标注算法中，此项为空串

（续）

参数名称	类型	是否必须	详细说明
+pos	string	是	词性，词性标注算法使用。命名实体识别算法中，此项为空串
+byte_offset	int	是	在 text 中的字节级偏置（使用 GBK 编码）
+byte_length	int	是	字节级长度（使用 GBK 编码）
+uri	string	是	链接到知识库的 uri，只对命名实体有效。对于非命名实体和链接不到知识库的命名实体，此项为空串
+formal	string	否	词汇的标准化表达，主要针对时间、数字单位，没有归一化表达的，此项为空串
+basic_words	array（string）	是	基本词成分
+loc_details	array（object）	否	地址成分，非必须，仅对地址型命名实体有效，没有地址成分的，此项为空数组
++type	string	是	成分类型，如省、市、区、县

运行结果如图 6-8 所示，参照表 6-3，可以分析语句的分词结果和词性等。


```
{'text': '昨天晚上，我在家里通过电脑仔细研究了一下人工智能的发展历史。',
 'items': [
    {'uri': '', 'formal': '', 'ne': '', 'item': '昨天晚上', 'loc_details': [], 'basic_words': ['昨天', '晚上'], 'byte_offset': 0, 'byte_length': 8, 'pos': ''},
        {'uri': '', 'formal': '', 'ne': '', 'item': '，', 'loc_details': [], 'basic_words': ['，'], 'byte_offset': 8, 'byte_length': 2, 'pos': 'w'},
        {'uri': '', 'formal': '', 'ne': '', 'item': '我', 'loc_details': [], 'basic_words': ['我'], 'byte_offset': 10, 'byte_length': 2, 'pos': ''},
        {'uri': '', 'formal': '', 'ne': '', 'item': '在家里', 'loc_details': [], 'basic_words': ['在家', '里'], 'byte_offset': 12, 'byte_length': 6, 'pos': 'd'},
        {'uri': '', 'formal': '', 'ne': '', 'item': '通过', 'loc_details': [], 'basic_words': ['通过'], 'byte_offset': 18, 'byte_length': 4, 'pos': 'p'},
        {'uri': '', 'formal': '', 'ne': '', 'item': '电脑', 'loc_details': [], 'basic_words': ['电脑'], 'byte_offset': 22, 'byte_length': 4, 'pos': ''},
        {'uri': '', 'formal': '', 'ne': '', 'item': '仔细', 'loc_details': [], 'basic_words': ['仔细'], 'byte_offset': 26, 'byte_length': 4, 'pos': 'ad'},
        {'uri': '', 'formal': '', 'ne': '', 'item': '研究', 'loc_details': [], 'basic_words': ['研究'], 'byte_offset': 30, 'byte_length': 4, 'pos': 'v'},
        {'uri': '', 'formal': '', 'ne': '', 'item': '了', 'loc_details': [], 'basic_words': ['了'], 'byte_offset': 34, 'byte_length': 2, 'pos': 'u'},
        {'uri': '', 'formal': '', 'ne': '', 'item': '一下', 'loc_details': [], 'basic_words': ['一', '下'], 'byte_offset': 36, 'byte_length': 4, 'pos': 'm'},
        {'uri': '', 'formal': '', 'ne': '', 'item': '人工智能', 'loc_details': [], 'basic_words': ['人工', '智能'], 'byte_offset': 40, 'byte_length': 8, 'pos': 'n'},
        {'uri': '', 'formal': '', 'ne': '', 'item': '的', 'loc_details': [], 'basic_words': ['的'], 'byte_offset': 48, 'byte_length': 2, 'pos': 'u'},
        {'uri': '', 'formal': '', 'ne': '', 'item': '发展', 'loc_details': [], 'basic_words': ['发展'], 'byte_offset': 50, 'byte_length': 4, 'pos': 'vn'},
        {'uri': '', 'formal': '', 'ne': '', 'item': '历史', 'loc_details': [], 'basic_words': ['历史'], 'byte_offset': 54, 'byte_length': 4, 'pos': 'n'},
        {'uri': '', 'formal': '', 'ne': '', 'item': '。', 'loc_details': [], 'basic_words': ['。'], 'byte_offset': 58, 'byte_length': 2, 'pos': 'w'}
 ],
 'log_id': 1840675789220653155}
```


图 6-8　词法分析结果

【项目实例 6.2】文本相似度计算

自然语言处理中的文本相似度计算是衡量文本间相似程度的关键技术，应用广泛且技术多样。在搜索引擎中，文本相似度计算用于自动摘要生成、信息过滤以及提高搜索结果的多样性和质量。在信息检索中，用于文本检索和智能问答系统。在自动翻译中，文本相似度计算用于评估翻译质量，如拼写检查通过计算输入与词典词汇的相似度来纠正错误。此外，文本相似度计算还应用于商业的侵权判断、教育领域的论文抄袭检测、医学领域的医疗文献分类和疾病诊断辅助以及法律领域的证据分析和法律文书自动比对。

技术上，文本相似度计算包括基于词袋模型的相似度、基于语法分析的相似度以及基于深度学习的相似度。词袋模型将文本表示为词汇集合，通过计算集合的交集、并集等度量相似度。语法分析则通过解析文本的语法结构来计算相似度。深度学习模型，如循环神经网络、卷积神经网络和 Transformer，能够学习文本的深层次特征，考虑语义信息和上下文，从而提高文本相似度计算的准确性。此外，还有余弦相似度、Jaccard 相似度、编辑距离和 SimHash

等算法和技术用于文本相似度计算。这些技术各有特点，适用于不同的应用场景和需求。

在百度 AI 开放平台的自然语言处理接口中，使用了基于知识增强的语义表示模型（Enhanced Representation through kNowledge IntEgration，ERNIE）。这是百度公司研发的一种自然语言处理模型，旨在利用大规模知识图谱等结构化知识，提升预训练模型对于知识的理解和推理能力。ERNIE 在结构上与 BERT 相似，但它在预训练阶段进行了改进，增加了实体等先验知识。通过在大型中文语料（如百度贴吧等）上进行训练，ERNIE 对于中文任务的处理能力相较于 BERT 有所提升。此外，ERNIE 还采用了多种技术来优化训练过程，如知识蒸馏、混合精度训练等，以提升模型的性能和效率。

本项目利用百度 AI 开放平台的文本相似度接口来评估两个文本之间的相似度得分，该接口能够有效衡量文本间的语义相似性。创建应用与上一项目一致。

短文本相似度函数的输入参数包括 text_1、text_2 和 model。其中，text_1 和 text_2 为待比较的两个文本，每个文本最大长度为 512 字节。model 参数默认设置为 ERNIE，也可选择 CNN、Transformer 等模型。

本项目待分析的两个文本为"无锡是一座位于中国江苏省东南部的历史文化名城，以其优美的自然风光、丰富的文化遗产而闻名。"和"无锡是江苏省的一座美丽城市，位于太湖之滨，拥有悠久的历史文化和众多现代化产业。"。这两句话都对无锡进行了介绍，使用 ERNIE 模型，调用短文本相似度函数对这两句话进行文本相似度分析，得出其相似率。另外，使用 Transformer 模型对"人工智能专业"和"无锡"这两个词进行文本相似度分析。代码示例如图 6-9 所示。

```python
from aip import AipNlp

""" 你的 APPID AK SK """
APP_ID = '115746644'
API_KEY = '...'
SECRET_KEY = '...'

client = AipNlp(APP_ID, API_KEY, SECRET_KEY)

text1 = "无锡是一座位于中国江苏省东南部的历史文化名城，以其优美的自然风光、丰富的文化遗产而闻名。"
text2 = "无锡是江苏省的一座美丽城市，位于太湖之滨，拥有悠久的历史文化和众多现代化产业。"
text3 = "人工智能专业"
text4 = "无锡"

""" 调用短文本相似度 """
client.simnet(text1, text2);
result1 = client.simnet(text1, text2)
print(result1)

""" 如果有可选参数 """
options = {}
options["model"] = "Transformer"
""" 带参数调用短文本相似度 """
result2 = client.simnet(text3, text4, options)
print(result2)
```

图 6-9　文本相似度计算代码示例

文本相似度结果如图 6-10 所示，文本 text_1 与 text_2 之间存在一定的相似性，其相似度为 0.507239。相比之下，文本 text_3 与 text_4 之间的相似度极低，仅为 0.177154，不相关。

```
D:\anaconda3\python.exe D:\PCProject\pythonProject\AI\6.2文本相似度.py
{'texts': {'text_1': '无锡是一座拉于中国江苏省东南部的历史文化名城，以其优美的自然风光、丰富的文化遗产而闻名。', 'text_2': '无锡是江苏省的一座美丽城市，位于太湖之滨，拥有悠久的历史文化和众多现代化产业。'}, 'score': 0.507239, 'log_id': 1840687366787172}
{'texts': {'text_1': '人工智能专业', 'text_2': '无锡'}, 'score': 0.177154, 'log_id': 1840687368356903046}
```

图 6-10　文本相似度结果

【项目实例 6.3】文本纠错

文本纠错是自然语言处理技术中的一项重要功能，通过自动检测并修正文本中的拼写、语法和标点错误，提高文本的准确性和可读性。在实际应用中，文本纠错不仅能够提升写作质量，减少人工校对的工作量，还能在教育、出版和内容创作等领域发挥重要作用。

在教育领域，许多写作辅助工具已集成文本纠错功能，帮助学生检查作文和报告中的语法及拼写错误，从而提高写作质量。同时，教师可以利用这一技术迅速评估学生的作业，减轻批改负担。在出版行业，对文本的准确性和可读性要求极高，文本纠错技术能在编辑过程中自动检测并修正错误，提高出版物的质量并缩短出版周期，有助于增强出版社的竞争力并满足读者对高质量出版物的需求。在社交媒体上，企业与客户的沟通也是文本纠错技术的重要应用场景。在日常运营中，企业会产生大量的文本数据，如客户服务记录和合同文档等。文本纠错技术可以帮助企业自动检查文本的正确性，确保与客户的有效沟通，避免因错误导致的误解或法律风险。此外，机器翻译与语音识别也是文本纠错技术的重要应用场景。在机器翻译过程中，由于语言模型的限制，可能会出现一些翻译错误。文本纠错技术可以优化翻译结果，减少错误。同样，在语音识别过程中，由于口音、噪声等因素的干扰，可能会出现识别错误。文本纠错技术可以纠正错误，提高转换准确率。

文本纠错技术主要依托于 6.2 节中介绍的自然语言处理技术以及机器学习和大语言模型算法。机器学习算法通过大量文本数据的训练与学习，使计算机能够自动识别并纠正文本中的错误。以百度文本纠错接口为例，采用了多种技术手段和算法模型进行训练，如基于统计机器翻译（SMT）和神经机器翻译（NMT），将文本纠错视为机器翻译的过程，即将错误文本翻译成正确文本。同时，该接口还引入了上下文语境分析技术，通过深度学习和自然语言处理算法对输入文本的上下文语境进行分析和建模，判断文本是否存在错误，并提供相应的纠错建议。

本项目利用百度 AI 开放平台的文本纠错接口来识别输入文本中的错误部分，提示错误并给出正确的文本结果。文本纠错函数的输入参数为 text，即待纠错的文本，输入限制为 511 字节。本项目对"很多高职院校开设了人工只能专业"这句话进行纠错，代码示例如图 6-11 所示。

返回参数见表 6-4，其中 ori_frag

```
1  from aip import AipNlp
2
3  *** 你的 APPID AK SK ***
4  APP_ID = '115746644'
5  API_KEY = 
6  SECRET_KEY = 
7
8  client = AipNlp(APP_ID, API_KEY, SECRET_KEY)
9
10 text = "很多高职院校开设了人工只能专业"
11
12 *** 调用文本纠错 ***
13 result = client.ecnet(text);
14 print(result)
```

图 6-11　文本纠错代码示例

和 correct_frag 分别代表原文本和替换文本；score 是模型置信度打分，用于量化模型在给出纠错结果时对该结果正确性的自信程度，通常为 0~1 之间的数值，数值越高，表示模型对纠错结果的自信程度越高。

表 6-4 文本纠错返回参数

参数	类型	说明
log_id	uint64	请求唯一标识码
correct_query	string	纠错后的文本
score	double	模型置信度打分
item	object	分析结果
+vec_fragment	list	替换候选文本信息
++ori_frag	string	原文本
++correct_frag	double	替换文本
++begin_pos	int	起始位（长度单位）
++end_pos	list	结束位（长度单位）

针对"很多高职院校开设了人工只能专业"纠错结果如图 6-12 所示，将起始位 9、结束位 13 的"人工只能"文本替换成"人工智能"，模型置信度打分是 0.9437620043754578。

```
{
    'item':
    {'vec_fragment':[
        {
            'end_pos': 13, 'begin_pos': 9, 'correct_frag': '人工智能', 'ori_frag': '人工只能'
        }],
        'score': 0.9437620043754578,
        'correct_query': '很多高职院校开设了人工智能专业'},
    'text': '很多高职院校开设了人工只能专业', 'log_id': 1840727456541451289
}
```

图 6-12 文本纠错结果

【项目实例 6.4】对话大模型

对话大模型是自然语言处理领域的一个重大突破，通过大规模语料库的预训练，掌握语言的语法和语义知识，从而在对话中生成合理且自然的回复。对话大模型通常基于深度学习模型，如基于 Transformer 的模型，具备自注意力机制和多层网络结构，能够捕捉语言中的长距离依赖关系，从而更准确地理解对话上下文。在预训练阶段，模型使用大量无标注的对话语料进行训练，学习语言的基本规则和上下文信息；微调阶段则使用少量有标注的数据进行针对性训练，以适应特定任务的需求。

对话大模型的主要优势体现在其高效性、自然性和泛化能力上。目前，百度的文心一言、阿里的通义千问、科大讯飞的星火大模型、腾讯的混元大模型以及华为的盘古等在对话大模型领域均展现出了优异的表现。

本项目使用阿里的通义千问平台，其网址是 https://tongyi.aliyun.com/。首次登录时，用户需进行注册。按照提示步骤完成注册后，即可进入通义千问的首页，如图 6-13 所示。

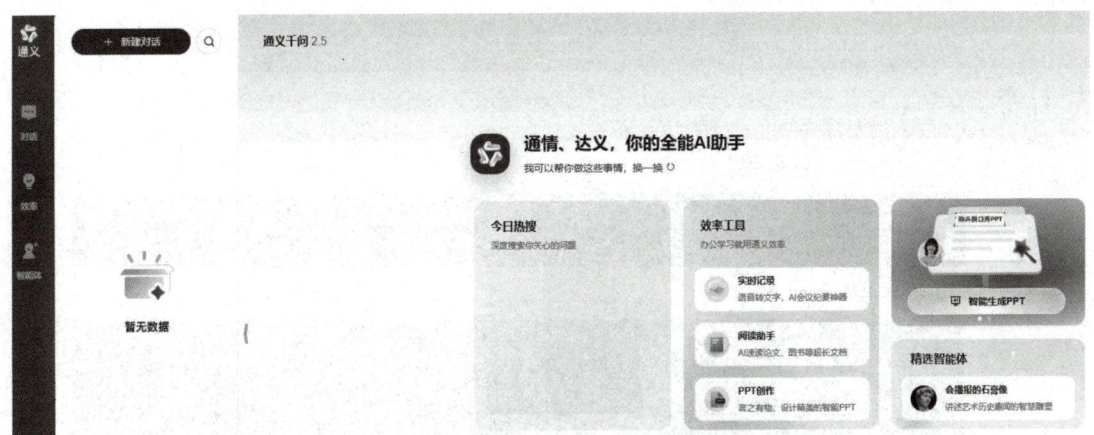

图 6-13 通义千问

在左侧的导航栏中，可以看到"对话""效率"和"智能体"三个选项。单击"对话"选项下的"新建对话"按钮。为了了解三个选项的功能，可以输入问题"请简单介绍一下通义千问中的'对话''效率'和'智能体'各自的功能"。随后，通义千问将进行搜索并给出答案，如图 6-14 所示。

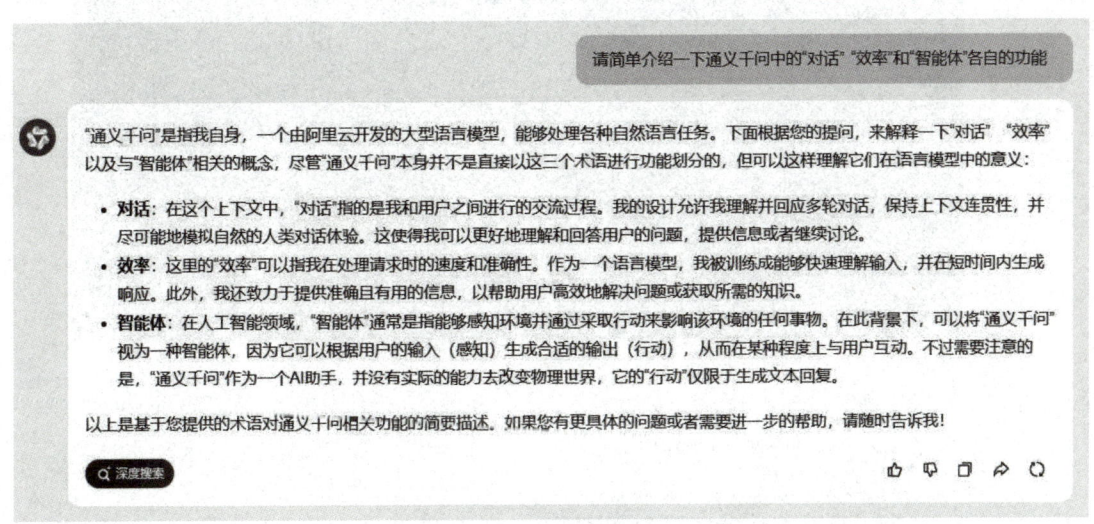

图 6-14 大语言模型对话

若对回答不满意，或有不明白的地方，可以继续追问，发布指令。在提问时，应清晰地描述自己的需求，明确发布指令为何对于生成式 AI 如此重要呢？其基本原因在于生成式 AI 采用了自回归的预训练语言模型 +Prompt（指令/提示）模式。尽管训练数据中没有关于特定任务的样本，但只要引导得当，就能生成优质的答案。

例如，一个程序员可能希望编写一个简单的爬虫程序，抓取豆瓣电影 Top250 的电影名称和评分。在对话框输入："请用 Python 为我写一段抓取豆瓣电影 Top250 的爬虫代码，抓取数据包括每一页的电影名和对应的评分"，此时通义千问就会生成相应的代码，并解释关键代码，如图 6-15 所示。

人工智能应用基础

请用Python为我写一段抓取豆瓣电影Top250的爬虫代码，抓取数据包括每一页的电影名和对应的评分

当然可以。下面是一个使用Python编写的简单爬虫代码，用于抓取豆瓣电影 Top 250 的电影名和评分。我们将使用 `requests` 库来发送HTTP请求，并使用 `BeautifulSoup` 库来解析HTML页面。

首先，请确保你已经安装了必要的库：

```bash
pip install requests beautifulsoup4
```

然后，你可以使用以下代码：

```python
import requests
from bs4 import BeautifulSoup

# 定义一个函数来抓取每一页的数据
def fetch_movie_data(page_index):
    url = f"https://movie.douban.com/top250?start={page_index * 25}"
    headers = {
        'User-Agent': 'Mozilla/5.0 (Windows NT 10.0; Win64; x64) AppleWebKit/537.36 (KHTML, like Gecko) Chrome/58.0.3029.110 Safari/5'
    }
    response = requests.get(url, headers=headers)
    if response.status_code == 200:
        soup = BeautifulSoup(response.text, 'html.parser')
        movies = soup.find_all('div', class_='item')
        for movie in movies:
            title = movie.find('span', class_='title').text
            rating = movie.find('span', class_='rating_num').text
            yield title, rating
    else:
        print(f"Failed to fetch page {page_index}, status code: {response.status_code}")

# 抓取所有页面的数据
def main():
    all_movies = []
    for i in range(10):  # 豆瓣Top250共有10页
        movies_on_page = list(fetch_movie_data(i))
        all_movies.extend(movies_on_page)

    # 输出所有电影的名称和评分
    for title, rating in all_movies:
        print(f"Movie Name: {title}, Rating: {rating}")

if __name__ == "__main__":
    main()
```

代码解释

1. **导入必要的库**：
   - `requests` 用于发送HTTP请求。
   - `BeautifulSoup` 用于解析HTML页面。
2. **定义 `fetch_movie_data` 函数**：
   - 该函数接收一个 `page_index` 参数，用于构造URL。
   - 设置HTTP头部中的 `User-Agent` 字段，模拟浏览器访问。
   - 发送GET请求，并检查响应状态码。
   - 如果状态码为200（成功），则解析HTML页面，提取电影名和评分，并使用 `yield` 返回生成器对象。
3. **定义 `main` 函数**：
   - 初始化一个空列表 `all_movies` 用于存储所有电影的数据。
   - 循环遍历所有10页数据（每页25部电影），并将每页的电影数据添加到 `all_movies` 列表中。
   - 最后遍历 `all_movies` 列表，打印每部电影的名称和评分。

注意事项

- **合法性**：在抓取网页数据时，请确保遵守相关网站的使用条款。豆瓣网站的robots.txt文件通常不允许大规模抓取数据。因此，这个代码仅供学习和测试使用。
- **异常处理**：在实际使用中，建议增加更完善的异常处理机制，以应对网络请求失败等情况。
- **延时请求**：为了避免被封IP，可以适当增加请求间隔时间，或者使用代理IP池。

通过这段代码，你可以抓取豆瓣电影Top 250的电影名和评分，并输出到控制台。希望这对你的项目有所帮助！如果有任何问题或需要进一步的帮助，请随时告知。

图 6-15　大语言模型生成爬虫代码

根据大语言模型的回答，首先安装 requests 库和 beautifulsoup4 库。安装完成后，新建 Python 文件，将代码复制到文件中，如图 6-16 所示，单击"运行"按钮。

```python
import requests
from bs4 import BeautifulSoup


# 定义一个函数来抓取每一页的数据
def fetch_movie_data(page_index):
    url = f'https://movie.douban.com/top250?start={page_index * 25}'

    headers = {
        'User-Agent': 'Mozilla/5.0 (Windows NT 10.0; Win64; x64) AppleWebKit/537.36 (KHTML,
    }

    response = requests.get(url, headers=headers)

    if response.status_code == 200:
        soup = BeautifulSoup(response.text, 'html.parser')

        movies = soup.find_all('div', class_='item')

        for movie in movies:
            title = movie.find('span', class_='title').text
            rating = movie.find('span', class_='rating_num').text

            yield title, rating
    else:
        print(f"Failed to fetch page {page_index}, status code: {response.status_code}")


# 抓取所有页面的数据
def main():
    all_movies = []
    for i in range(10):  # 豆瓣Top250共有10页
        movies_on_page = list(fetch_movie_data(i))
        all_movies.extend(movies_on_page)

    # 输出所有电影的名称和评分
    for title, rating in all_movies:
        print(f"Movie Name: {title}, Rating: {rating}")


if __name__ == "__main__":
    main()
```

图 6-16　爬虫代码

运行结果如图 6-17 所示，结果所示，大语言模型能够快速生成代码并正确运行。

对话大模型能够理解并执行指令。如何更有效地发布指令呢？以推荐无锡的餐厅为例，列举了一些指令实例,可以参考,见表 6-5。可以在大语言模型中进行测试,以确定是否包含所需答案。

```
D:\anaconda3\python.exe D:\PCProject\pythonProject\AI\spider.py
Movie Name: 肖申克的救赎, Rating: 9.7
Movie Name: 霸王别姬, Rating: 9.6
Movie Name: 阿甘正传, Rating: 9.5
Movie Name: 泰坦尼克号, Rating: 9.5
Movie Name: 千与千寻, Rating: 9.4
Movie Name: 这个杀手不太冷, Rating: 9.4
Movie Name: 美丽人生, Rating: 9.5
Movie Name: 星际穿越, Rating: 9.4
Movie Name: 盗梦空间, Rating: 9.4
```

图 6-17　爬虫代码运行结果

表 6-5　指令实例

指令要点	具体说明	举例
系统性	指令内容需要全面细致	我在无锡新吴区,想找一家附近 5 公里以内的、价格适中的无锡本帮菜,你能给我推荐一下吗?
连续性	需按一定顺序输入指令	我在新吴区上班,想吃无锡菜,一共 2 个人,人均不超过 200 元,你能推荐吗?
具体场景	提供的场景信息要具体	我在无锡新吴区新锡路 8 号,你能为我推荐附近的无锡本帮菜吗?
想象力	发挥想象力来描述需求	我想找一家像去朋友家做客一样温馨的餐厅,你可以为我推荐吗?
定义角色	明确自己的角色定位	我是来无锡旅游的四川人,如果你是无锡本地人,你会推荐我去什么餐厅呢?

本章小结

本章系统地介绍了大语言模型的发展历程,详细阐述了分词、词性标注、删除停用词、句法分析、语义分析和情感分析等自然语言处理技术,并探讨了 Transformer 架构、预训练和微调等大语言模型的关键技术。通过 4 个项目实例,即句法分析、文本相似度计算、文本纠错以及对话大模型进一步巩固了理论知识。其中,句法分析、文本相似度和文本纠错项目借助百度 AI 开放平台实现,而对话大模型项目则在通义千问上实现。

习题

选择题

1. 以下(　　)不是自然语言处理的核心技术。
A. 分词　　　　　　B. 情感分析　　　　　C. 词法分析　　　　　D. 灰度处理
2. 大语言模型(LLM)通常用于以下(　　)领域。
A. 图像识别　　　　B. 自然语言处理　　　C. 语音合成　　　　　D. 游戏开发
3. 以下(　　)不是自然语言处理(NLP)的任务。

A. 文本分类　　　　B. 机器翻译　　　　C. 视频编辑　　　　D. 情感分析

4. Transformer 架构在自然语言处理中主要用于解决（　　）问题。

A. 图像分割　　　　　　　　　　　B. 语音识别

C. 语言模型的依赖关系捕捉　　　　D. 数据压缩

5. BERT 模型在自然语言处理中的主要贡献是（　　）。

A. 提供了一种新的图像处理方法　　B. 引入了双向上下文表示

C. 发明了一种新的语音识别技术　　D. 创建了第一个聊天机器人

6. GPT 系列模型在自然语言处理中的主要应用是（　　）。

A. 机器翻译　　B. 图像识别　　C. 语音合成　　D. 文本生成

7. 在自然语言处理中,"预训练"模型通常指的是（　　）。

A. 一个已经完成训练的模型　　　　B. 一个在特定任务上训练的模型

C. 一个在大量文本上训练的模型　　D. 一个在特定领域数据上训练的模型

8. 以下（　　）不是自然语言处理中的评估指标。

A. 准确率　　B. 召回率　　C. 像素准确率　　D. F1 分数

9. 在自然语言处理中,"迁移学习"通常用于（　　）。

A. 将一个模型的应用从一个领域转移到另一个领域

B. 将一个模型的训练从一个设备转移到另一个设备

C. 将一个模型的参数从一个任务复制到另一个任务

D. 将一个模型的输出从一个格式转换为另一个格式

10. 在自然语言处理中,"注意力机制"的主要作用是（　　）。

A. 提高模型的计算速度　　　　B. 增强模型对特定词汇的关注

C. 减少模型的内存占用　　　　D. 增加模型的输出长度

11. 在自然语言处理中,"语言模型"的主要作用是（　　）。

A. 预测文本中下一个词的概率　　B. 识别文本中的语法错误

C. 将文本转换为语音　　　　　　D. 将语音转换为文本

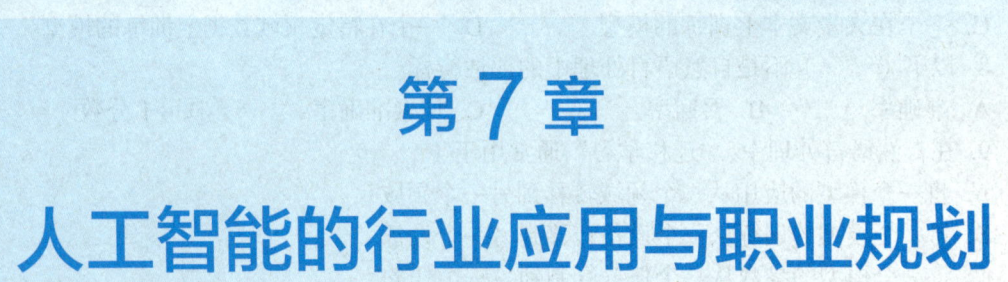

第 7 章

人工智能的行业应用与职业规划

【本章导学】

本章将深入探索 AI 技术在多个前沿领域的广泛应用及职业规划指导。首先介绍 AI 在智能制造、智能驾驶、智慧金融及 AIGC 等领域的实践应用,展现 AI 技术如何推动这些行业变革。其次分析 AI 技术领域的岗位概览、开放平台与培训资源,为读者提供职业规划指导。通过本章的学习,读者可全面了解 AI 技术的核心价值与未来趋势,为自身职业发展奠定坚实基础。

【学习目标】

1. 了解 AI 技术在智能制造、智能驾驶、智慧金融及 AIGC 等前沿行业的作用,能够分析具体的应用案例及其带来的行业变革。

2. 熟悉 AI 技术领域的职业发展方向、岗位设置及具体职责要求,了解行业对人才的需求与期望,明确个人职业规划方向。

【学习导览】

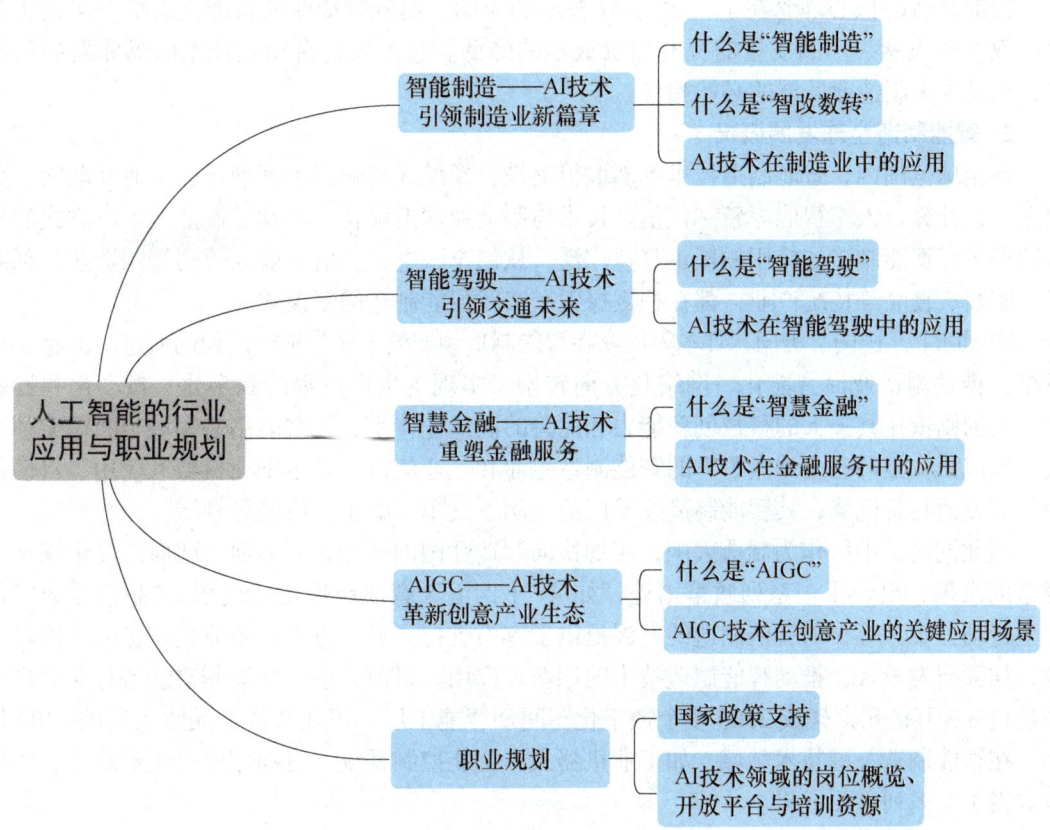

7.1 智能制造——AI 技术引领制造业新篇章

随着科技的飞速发展，特别是人工智能（AI）技术的广泛应用，制造业正经历着前所未有的变革。智能制造，作为这一变革的核心驱动力，正以其独特的魅力和无限的潜力，引领着制造业迈向智能化、高效化、个性化的新时代。那么，究竟什么是智能制造？它又如何通过 AI 技术重塑制造业的未来呢？

7.1.1 什么是"智能制造"

1. 智能制造的内涵

智能制造（Intelligent Manufacturing，IM）是一种由智能机器和人类专家共同组成的人机一体化智能系统。它不仅能够进行制造过程中的智能活动，如分析、推理、判断、构思和决策等，还能通过人与智能机器的合作，扩大、延伸甚至部分取代人类专家在制造过程中的脑力劳动。智能制造系统具备信息自感知、自决策、自执行等功能，实现了制造业与新一代信息技术的深度融合，如物联网、大数据、云计算、人工智能等。

智能制造的核心理念在于，通过 AI 技术的应用，提升制造业的智能化水平，从而实现生产效率的飞跃、产品质量的提升以及成本的降低。它不仅是自动化技术向纵深发展的结果，更是未来制造业发展的必然趋势。

2. 智能制造全球发展概况

在全球范围内，智能制造技术不断取得突破，新模式新业态不断涌现。工业互联网、大数据、云计算、人工智能等新一代信息技术与制造业深度融合，推动了制造业生产方式的根本性变革。智能制造的应用领域也日益广泛，从汽车、电子、航空航天等高端制造业，到纺织、服装、食品等传统产业，都在积极探索和实践智能制造的新模式。

在国际上，德国、美国、日本等国家在智能制造领域处于领先地位。德国通过"工业 4.0"战略，推动制造业向智能化、网络化方向转型，实现了生产过程的数字化、自动化和智能化。美国则依托其强大的科技创新能力和完善的制造业体系，在智能制造领域不断探索和实践，形成了一批具有全球竞争力的智能制造企业和产业集群。日本则在机器人应用、自动化控制等方面具备优势，其智能制造技术广泛应用于汽车、电子、机械等领域。

与此同时，中国作为制造大国，正加快向制造强国的转变。一方面，政府高度重视智能制造的发展，出台了一系列政策措施，如《"十四五"智能制造发展规划》《制造业数字化转型行动方案》等，为智能制造的发展提供了有力支持；另一方面，企业也积极响应国家政策，加大研发投入，推动智能制造技术的创新和应用。目前，中国智能制造装备行业规模已经超过 3.2 万亿元，建成 2500 多个数字化车间和智能工厂，工业软件产品收入突破 2400 亿元。在智能制造关键技术领域，如工业机器人、智能控制系统、自动化成套生产线等，中国也取得了一系列重要成果。

3. 智能制造系统与工作流程

智能制造系统通常由智能设备（Intelligent Device，ID）、控制系统（Control System，CS）、数据采集系统（Data Acquisition System，DAS）、数据分析系统（Analytics System，AS）以

及智能决策系统（Intelligent Decision System，IDS）等关键部分组成，共同构成了智能制造的硬件与软件基础，如图 7-1 所示。通过深度融合新一代信息技术和先进制造技术，实现了从需求分析到成品交付及售后服务的全链条智能化升级。这一升级不仅提高了生产效率和产品质量，还增强了企业的市场响应能力和竞争力。

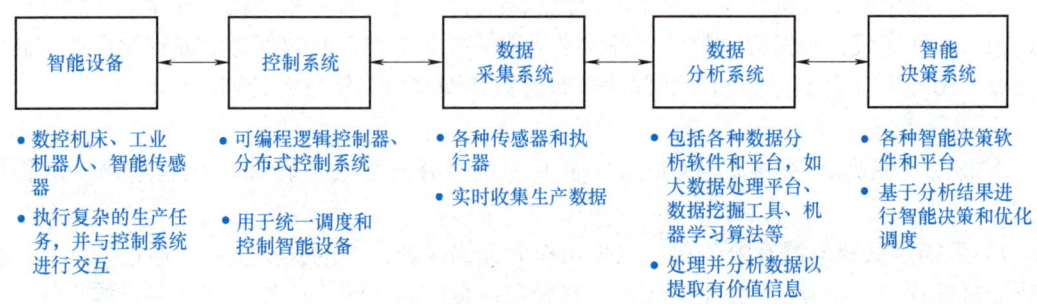

图 7-1　智能制造系统

智能制造工作流程如图 7-2 所示。

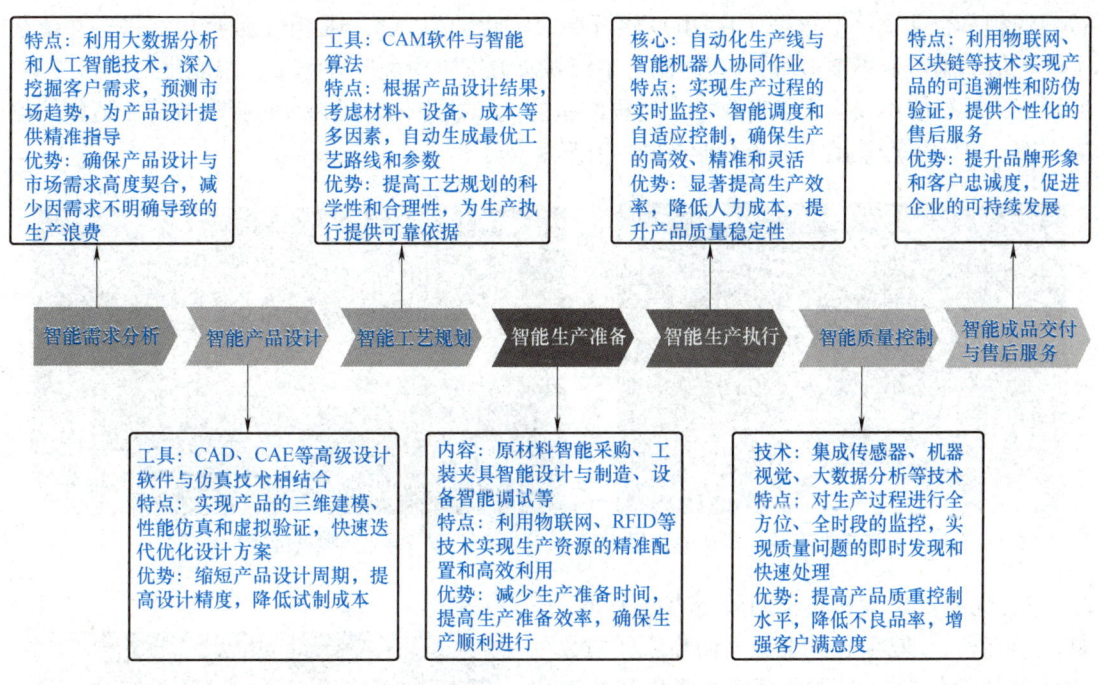

图 7-2　智能制造工作流程

7.1.2　什么是"智改数转"

"智改数转"，简而言之，是智能化改造与数字化转型的深度融合，它不仅涉及生产设备的智能化升级，还涵盖了企业运营管理的全面数字化转型，旨在从设计、生产、管理到服务等多个维度显著提升企业的智能化水平。通过优化组织架构、重构业务流程并全面引入数字化技术，智改数转助力企业实现发展模式的根本性转变，焕发新的生机与活力。

作为制造业强省，江苏省政府积极响应国家号召，制定了《江苏省制造业智能化改造和数字化转型三年行动计划（2022—2024年）》。该计划紧密围绕省内重点先进制造业集群和重点产业链，大力实施一系列关键工程，引领龙头企业率先示范，带动中小企业广泛参与，共同推进整个产业链的智改数转进程。同时，还强调加强工业互联网平台、工业软件、智能硬件及装备、网络安全等基础设施的建设，积极培育并引进优秀的数字化服务商，广泛推广成功案例与最佳实践，确保智改数转的各项举措能够扎实落地，有效促进江苏省制造业的高质量发展。2025年1月已发布新一轮深化"智改数转网联"三年行动计划。

1. 应用实例

下面以无锡高新区（新吴区）部分企业为例，分析智改数转在智能制造领域取得的成效。

1）无锡小天鹅电器有限公司：该公司作为无锡高新区内的龙头企业，通过智能化、数字化、低碳化"三推动"，实现了营收、利润和现金流的飞跃式增长。该公司智能车间成为智能制造的典范，为行业树立了新的标杆，如图7-3所示。该公司通过构建"一个系统、一个标准"的高效运营管理体系，成功推动了自身的数字化转型和智能化升级。

2）无锡先导智能装备股份有限公司（简称先导智能）：先导智能是无锡高新区内数字化转型的领军企业之一。该公司从2009年开始数字化转型，逐步提升了数字化水平，并荣获了"工信部制造业单项冠军""智能制造系统解决方案供应商"等称号，智能化工厂如图7-4所示。先导智能不仅实现了自身生产过程的智能化和数字化，还为客户提供智能制造整体解决方案，推动了产业链上下游企业的数字化转型。

图7-3　无锡小天鹅电器有限公司智能车间

图7-4　先导智能智能化工厂

3）无锡威孚高科技集团股份有限公司（简称威孚高科）：威孚高科也是无锡高新区内数字化转型的佼佼者。该公司通过智能化和数字化等技术，助力客户优化生产过程、提升生产效率、稳定产品质量，并降低生产成本，智能化工厂如图7-5所示。威孚高科还与多家企业签署了"智改数转"诊断方案，为区域内的制造业企业提供了专业的数字化转型服务。

2. "智转数改"中如何应用人工智能

在"智转数改"的浪潮中，人工智能作为

图7-5　威孚高科智能化工厂

核心技术驱动力，展现了无可替代的价值。机器学习、深度学习、自然语言处理及预测性维护算法等技术在企业应用中大放异彩。如无锡小天鹅智能车间，通过引入智能机器人、自动化生产线和物联网技术，实现了生产过程的自动化和智能化。同时通过 AI 算法对生产数据进行实时分析，优化生产流程，提高生产效率，降低次品率。此外，还可通过智能管理、精准预测与定制化服务，重塑企业的运营模式和客户体验。人工智能在低碳化转型中也发挥了关键作用，助力企业实现绿色可持续发展。

7.1.3 AI 技术在制造业中的应用

随着科技的飞速发展，人工智能（AI）与制造业的深度融合正引领着新一轮的产业革命。其中，AI+ 视觉检测技术的结合在制造业中尤为突出，不仅极大地提高了生产效率，还显著提升了产品质量和安全性。

1. AI+ 视觉检测的原理

AI+ 视觉检测工作流程如图 7-6 所示。

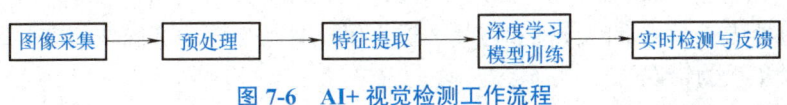

图 7-6 AI+ 视觉检测工作流程

AI 与制造业视觉检测的融合，是现代工业智能化的重要里程碑。这一过程主要依赖于计算机视觉与机器学习技术的深度融合。在图像采集阶段，通过高精度工业相机等设备，在生产线上实时捕获产品的图像或视频数据，这些原始数据是后续分析与处理的基础。进入预处理阶段后，利用先进的图像处理技术去除噪声、增强图像对比度，并对图像进行必要的裁剪，以确保后续特征提取的准确性和效率。接着进入特征提取阶段，采用边缘检测、角点检测、形状匹配等特征提取技术，从预处理后的图像中精准提取出关键信息或特征。在深度学习模型训练阶段，选择适合的深度学习模型（如卷积神经网络），并使用大量标注好的数据对模型进行训练。模型通过不断学习，逐渐掌握识别目标物体或缺陷的能力，并持续优化其识别精度。最终，训练好的深度学习模型能够实时对新的图像进行检测，通过比对图像特征与模型参数，准确识别出目标物体或缺陷，并立即将检测结果反馈给自动化控制系统。系统根据检测结果自动触发相应的调整动作，如剔除不合格品或调整生产设备参数，从而实现生产过程的智能化控制。这一过程不仅提高了检测效率与准确性，还推动了制造业向更高层次的智能化发展。

2. AI+ 视觉检测的应用

（1）生产线上的质量检测 在生产线上，AI+ 视觉检测技术被广泛应用于产品的质量检测。通过高清工业相机捕捉产品图像，结合深度学习算法对图像进行分析和处理，系统能够迅速识别出产品的尺寸、形状、颜色等特征，并检测出细微的缺陷，如划痕、裂纹、色差等。这种检测方式比传统的人工检测更加高效、准确，且不受疲劳和主观因素的影响。

举例来说，针对汽车钣金覆盖件的表面缺陷，长安汽车与海康威视合作，使用海康 CH 和 CI 系列相机，利用 AI+ 视觉检测技术设计了位于冲压生产线尾的在线视觉检测方案，如图 7-7 所示。该系统采用图像处理 + 深度学习的技术，实现了对钣金表面隐形伤、极微小伤的缺陷检测。人工检测升级为机器视觉检测后，效率大幅提升，以焊装检测模块为例，原来单件检测时间为 1min，现只需 5s，效率提升 92%。检测方式由抽检改为 100% 全检，避免了质量问题后移，零件返修率大幅降低。

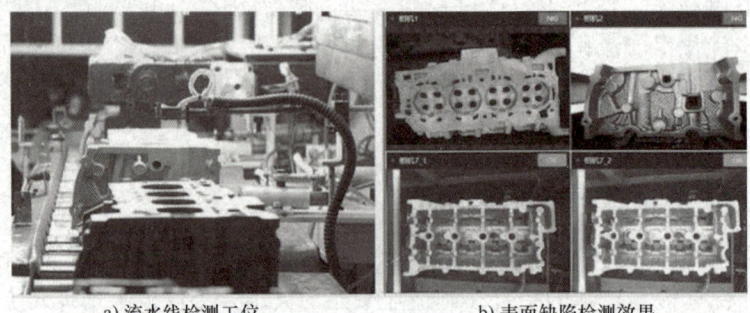

a）流水线检测工位　　　　　　b）表面缺陷检测效果

图 7-7　在线视觉检测技术

（2）智能化分拣与包装　AI+ 视觉检测还可以与机器人技术相结合，实现产品的智能化分拣与包装。通过对产品图像进行识别和分析，系统能够判断产品的类型、规格和质量等级，并指挥机器人进行精准的分拣和包装。这不仅提高了分拣的准确性和效率，还降低了人力成本，减少了人为错误。

在大型快递中转场，AI+ 视觉检测结合机器人技术得到应用。例如，视比特机器人推出的基于 AI+3D 视觉的快递包裹分拣机器人，如图 7-8 所示，能够精准识别和抓取多品类、任意堆叠、无序来料的包裹。这些机器人通过深度学习算法和 3D 视觉技术，结合自研高性能真空柔性吸具，解决了快递包裹分拣中的诸多难题。据报道，许多快递分拨中心已采用 AI+3D 视觉算法，实现了环形输送线场景下的高效率动态供包拣选，综合分拣效率超过人工分拣，且分拣准确率高。

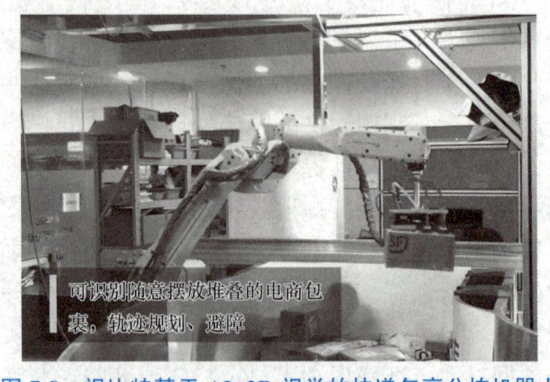

图 7-8　视比特基于 AI+3D 视觉的快递包裹分拣机器人

（3）实时监控与预警　在制造业的生产过程中，AI 视觉检测系统还可以对生产线进行实时监控，及时发现并预警潜在的问题。例如，当生产线上的某个环节出现故障或异常时，AI 系统能够迅速捕捉到异常图像，并通过数据分析判断问题的性质和严重程度，及时发出预警信号，以便工作人员迅速处理。

例如，比亚迪汽车在生产线上引入了 AI 视觉检测系统，用于实时监控车身焊接、涂胶、喷漆等关键工序。该系统通过高精度相机捕捉生产过程中的图像数据，并利用深度学习算法进行实时分析，以识别并预警潜在的质量问题。据了解，该系统在涂胶检测环节中的缺陷检出率达 99%，大大提高了生产效率和产品质量。再如，立讯精密作为苹果供应链中的重要企业，其电子元器件的生产过程中广泛采用了 AI 视觉检测技术。AI 视觉检测系统能够实时监控产品的外观、尺寸、缺陷等特征，确保产品符合高标准的质量要求。在电容元件的外观检测中，AI 视觉检测系统实现了 360° 无死角全面检测，检测效率高达每分钟数百件，且缺陷检出率稳定在 99% 以上。

7.2 智能驾驶——AI 技术引领交通未来

在科技日新月异的今天,智能驾驶正逐渐成为交通领域的热门话题。随着人工智能技术的飞速发展,智能驾驶技术不断取得突破,为未来的交通出行带来了无限可能。

7.2.1 什么是"智能驾驶"

1. 智能驾驶的定义

智能驾驶是指利用先进的传感器技术、计算机视觉、深度学习、人工智能算法以及车辆控制系统等,使汽车能够在一定程度上或完全自主地进行驾驶操作,实现环境感知、决策制定、路径规划以及车辆控制等功能,提高交通出行的安全性、效率以及乘客的舒适度,同时减少人为驾驶错误和交通事故的发生。

2. 智能驾驶的发展历程及趋势

(1) 智能驾驶的发展历程　自 20 世纪初以来,智能驾驶技术经历了从无到有的飞跃式发展。从 1921 年第一辆遥控汽车的诞生,到 21 世纪初 DARPA 挑战赛(2004—2007 年)中斯坦福大学 Stanley 无人车夺冠,这一技术逐渐从概念走向现实。特别是近十年来,随着特斯拉 Autopilot 系统(2014 年 10 月发布)的推出,以及激光雷达、高精度地图等关键技术的突破,智能驾驶技术已经迈入了商业化应用的快车道。如今,智能驾驶技术正以前所未有的速度改变着人们的出行方式。

(2) 国内智能驾驶发展现状　在国内,智能驾驶技术发展迅猛,自 2017 年百度 Apollo 自动驾驶开放平台成立以来,已吸引了超过 200 家合作伙伴,共同推动智能驾驶技术的研发与应用。小鹏汽车、蔚来汽车等国内车企纷纷推出搭载 L2、L3 级别自动驾驶功能的车型,如小鹏 P7 的 NGP(智能导航辅助驾驶)系统,已在实际道路中展现出强大的自动驾驶能力。此外,政府也加大了对智能驾驶技术的支持力度,多个城市被选为智能网联汽车"车路云一体化"应用试点城市,为智能驾驶技术的落地应用提供了有力保障。

(3) 国外智能驾驶发展现状　国外智能驾驶技术的发展同样令人瞩目。特斯拉作为行业的"领头羊",其 Autopilot 系统已在全球超过 100 万辆汽车上得到应用,累计行驶里程超过数十亿公里。同时,谷歌 Waymo、Cruise 等也推出了无人驾驶出租车。此外,欧洲和日本等国家和地区也在积极推进智能驾驶技术的发展,通过加大研发投入、完善法规体系等方式,推动产业向更高水平迈进。

(4) 未来智能驾驶发展趋势　展望未来,智能驾驶技术将继续向 L4、L5 级别的高级自动驾驶迈进。预计到 2030 年,全球将有超过一半的新车具备自动驾驶功能。随着技术的不断成熟和成本的进一步降低,智能驾驶技术将加速商业化应用,不仅改变人们的出行方式,还将对物流、交通管理等领域产生深远影响。同时,产业链各环节的协同发展将推动整个行业的繁荣。在推动智能驾驶技术发展的同时,也需要关注安全与伦理问题,加强技术研发和法规建设,确保技术的健康发展。

3. 智能驾驶系统的组成和技术原理

(1) 智能驾驶系统的组成　智能驾驶系统核心在于其高度集成的模块化设计,主要包括三大关键部分：

1）环境感知子系统：作为智能驾驶的"感官"，该子系统集成了激光雷达、高清摄像头、毫米波雷达等多种高精度传感器。这些传感器如同车辆的"眼睛"与"耳朵"，能够实时捕捉并解析车辆周边的三维空间信息、动态障碍物数据以及道路环境特征，为后续的决策提供坚实的数据基础。

2）决策规划子系统：作为智能驾驶的"大脑"，该子系统负责处理来自环境感知子系统的数据，运用先进的计算机视觉算法与机器学习技术，对图像、视频进行深度分析，识别道路标志、交通信号、行人及其他车辆，并预测其未来行为。同时，结合高精度地图与精准定位技术，制定出最优的行驶路径与驾驶策略，确保车辆安全、高效地到达目的地。

3）车辆控制子系统：作为智能驾驶的"执行者"，该子系统接收来自决策规划子系统的指令，通过精确控制车辆的动力系统、制动系统、转向系统等关键部件，实现车辆的加速、减速、转向等动作，确保车辆按照既定的策略与路径行驶。

（2）智能驾驶系统的技术原理　智能驾驶系统的技术原理涵盖了多传感器融合技术、计算机视觉与深度学习、高精度地图与定位技术以及实时控制与优化等多个方面。

1）多传感器融合技术：通过对不同传感器数据的融合处理，提高环境感知的准确性与鲁棒性。各传感器之间优势互补，共同构建起车辆周边环境的全面认知模型。

2）计算机视觉与深度学习：运用先进的图像处理与机器学习算法，对图像视频数据进行深度分析，提取出有用的信息，如车道线、交通标志、行人等，为决策规划提供重要依据。

3）高精度地图与定位技术：高精度地图为车辆提供了详细的道路环境信息，而精准的定位技术则确保了车辆能够实时知道自己的位置。两者相结合，为决策规划提供了精确的空间参考。

4）实时控制与优化：在车辆行驶过程中，实时控制子系统根据决策规划子系统的指令，对车辆进行精确控制。同时，通过不断优化控制策略，确保车辆在复杂多变的交通环境中保持稳定、安全的行驶状态。

7.2.2　AI技术在智能驾驶中的应用

AI技术在智能驾驶中的关键应用体现在多个方面，这些应用不仅提升了行车安全性，还优化了交通流量、减少了拥堵和交通事故。

1. 自动驾驶汽车

在深入探讨自动驾驶汽车的前沿应用时，不得不提及一个引领行业风潮的案例——百度Apollo旗下的"萝卜快跑"。作为自动驾驶出行服务领域的佼佼者，"萝卜快跑"不仅在国内多个城市成功开展试点运营，更是在技术突破与实际应用上树立了新的标杆。接下来，将通过"萝卜快跑"这一实例，具体展现自动驾驶汽车在技术革新、安全性提升以及乘客体验优化等方面的成效。

在武汉市，"萝卜快跑"实现了全无人自动驾驶汽车跨越长江大桥的壮举，成为国内首次无人驾驶汽车跨越长江的案例，如图7-9所示。这一突破不仅展示了自动驾驶技术的成熟度，也为市民提供了更加便捷、高效的出行方式。"萝卜快跑"自动驾驶汽车搭载了多种传感器，包括激光雷达、毫米波雷达和摄像头等，用于感知周围环境，并通过深度学习算法处理传感器提供的数据，实现对道路、车辆和行人的精准识别和跟踪。AI系统还负责规划行驶路径和速度，以应对不同的交通情况，确保行车安全。自 2022 年 8 月在武汉经开区启动全无人自动驾驶商业化示范应用以来，"萝卜快跑"已投入无人驾驶汽车超过 400 辆（数据截至 2024 年 7 月），为公众提供的自动驾驶出行服务订单已超过 700 万单，测试里程和覆盖人口均呈现指数级增长。随着订单量的增加和自动驾驶出行服务的普及，"萝卜快跑"在市场上的认可度也在不断提高，除武汉外，在杭州、北京等多个城市也已落地运营无人驾驶汽车，并计划在未来几年内扩展到更多城市。

从"萝卜快跑"在自动驾驶出行服务领域的表现，不难看到自动驾驶技术正逐步从概念走向成熟，并开始在更广泛的交通场景中展现其潜力。无锡的自动驾驶公交车项目，正是这一趋势下的又一重要实践。该项目结合了公共交通的特定需求，为市民带来了更加智能、便捷的出行体验。接下来，将目光转向无锡，探索自动驾驶公交车如何推动自动驾驶技术的发展与应用。

2023 年 3 月，无锡市首批智能网联汽车在经开区正式投运，投入的 50 辆车城智能巴士为纯电动无人自动驾驶车辆，如图 7-10 所示。这些自动驾驶公交车在关键硬件及软件套装上都实现了自研，其自动驾驶技术在感知、定位、决策规划等方面处于国内领先地位。投运之前，已进行了 1 年 50 万 km 的路面测试，并经过了公安、工信、交通等多部门权威评测。

图 7-9　国内首次无人驾驶汽车跨越长江

图 7-10　自动驾驶公交车

截至 2024 年 5 月，车辆自动驾驶行驶里程超 500 万公里，年度运营接驳人数超 10 万人次，上座率达 50%，在全国单一投放微巴车辆数量最多、服务覆盖范围最大、安全运营里程最长，形成了全国首个最大规模城市公交微循环接驳体系。

2. 智能交通系统

作为中国物联网技术的发源地之一，无锡凭借其强大的科技创新能力和完善的产业链体系，在车联网领域迅速崛起。随着智慧城市建设的深入推进，无锡车联网小镇应运而生，如图 7-11 所示。它不仅是国家级车联网先导区的核心区域，也是探索智能交通系统创新应用的前沿阵地，自 2019 年获批国家首批车联网先导区以来，小镇便开启了智能交通系统建设的加速模式。车联网小镇已完成双向数百公里

图 7-11　无锡车联网小镇

的智能网联道路改造，并设置了多个关键点位，实现了智能网联技术的全域覆盖。

小镇的智能交通系统深度融合了信息技术、通信技术与交通工程，实现了车辆与智能网联道路基础设施之间的实时信息交换。通过高精度定位、环境感知与决策控制等技术的综合运用，车辆能够在复杂多变的道路环境中安全、高效地行驶。同时，引入人工智能技术，如机器学习、深度学习等，对交通流量进行预测和优化调度，提升交通运行效率。

通过智能交通系统的优化调度和智能协同，小镇内的交通运行效率显著提升。据统计，自动驾驶公交车的平均行驶时间缩短了约20%，准点率提高了30%以上。同时，通过实时监测道路环境和车辆状态，可以及时发现并预警潜在的安全隐患。例如，智能红绿灯系统可以根据车辆行驶速度调整信号灯配时，减少因闯红灯等违法行为导致的交通事故。据统计，小镇内的交通事故率较以往下降了约15%。

3. 物流运输

在物流运输领域，快递小车作为重要的配送工具，对于提高物流效率和消费者体验起到了关键作用。以京东为例，其快递小车在技术创新、服务模式和运营效率等方面都具有显著特点。

京东快递小车是京东物流自主研发的智能配送设备，具备L4级别的自动驾驶能力，能够在开放道路上自主行驶，无需安全驾驶员在视线范围内，如图7-12所示。这些小车能够根据不同场景和运营模式高效完成配送任务，具有强大的运载能力和良好的环境适应性。

图7-12　京东快递小车

在技术创新方面，京东快递小车采用先进的自动驾驶技术，包括环境感知、路径规划、决策控制等核心模块，确保在复杂道路环境中的安全行驶。通过智能调度系统，京东物流能够实时掌握小车的运行状态和位置信息，实现对配送任务的精准调度和优化。京东快递小车不仅适用于社区、商业区等开放环境，还能在封闭园区、医院等特定场景下高效运行。

在服务模式方面，京东快递小车能够实现无人化配送，减少人力成本，提高配送效率。在小区、超市等场景下，小车能够自动开到指定地点，消费者通过输入密码等方式取件。甚至在某些地区，京东还采取了人机协同的配送模式，即一个快递小哥负责多台无人驾驶小车的调度和监控，进一步提高配送效率。

在运营效率方面，京东快递小车的运用显著提升了物流运输的效率和准确性，降低了人为错误和延误的风险。因为人力成本和燃油消耗的减少，运营成本得到了有效控制。同时无人配送的便捷性和高效性增强了消费者的购物体验，提升了京东物流的品牌形象。

7.3　智慧金融——AI技术重塑金融服务

随着AI技术的不断突破与应用，智慧金融不仅提升了金融服务的效率与质量，还为用户带来了更加个性化、智能化的金融体验。

7.3.1 什么是"智慧金融"

1. 智慧金融的含义

智慧金融（Smart Finance 或 AI Finance）是建立在金融物联网基础上，通过金融云，利用大数据、人工智能、云计算等金融科技手段，使金融行业在业务流程、业务开拓和客户服务等方面得到全面的智慧提升，实现金融产品、风控、获客、服务的智慧化。智慧金融代表着金融服务演化的更高级阶段，是金融与信息技术深度融合的产物。

2. 智慧金融的特征

智慧金融作为金融科技的高级形态，其核心特征在于深度融合人工智能、大数据、云计算、区块链等前沿技术，以智能化、个性化、高效化、安全化为核心驱动力，重塑金融服务的全链条。一方面，智慧金融实现了服务的智能化升级。通过机器学习算法对海量金融数据进行深度挖掘与分析，精准洞察用户需求，提供定制化金融产品和服务，提升客户体验与满意度。同时，借助自动化决策系统，有效降低人为操作风险，提升金融服务效率与精准度。另一方面，智慧金融还注重构建开放共享、安全可信的金融生态体系。区块链技术的引入，为金融交易提供了去中心化、不可篡改的账本记录，增强了金融服务的透明度和安全性。智慧金融还促进了金融机构之间的数据共享与协同合作，打破了传统金融的信息孤岛，加速了金融资源的优化配置与高效流通。

3. 智慧金融与传统金融的区别

智慧金融与传统金融之间的区别，可以从多个维度进行深入探讨。

1）服务模式与理念：传统金融以金融机构为中心，采用标准化的服务模式，提供相对固定的金融产品和服务。其服务理念往往侧重于满足大众化的金融需求，客户体验与个性化服务相对有限。智慧金融则彻底颠覆了这一模式，以用户为中心，通过深度挖掘用户数据，运用人工智能、大数据等技术，提供高度个性化的金融解决方案。

2）技术应用与创新：传统金融在技术应用方面相对保守，主要依赖于传统的 IT 系统来支持业务运营。虽然近年来也在逐步推进数字化转型，但整体而言，技术创新的速度和深度有限。智慧金融则是金融与科技的深度融合，它充分利用人工智能、区块链、云计算、大数据等前沿技术，推动金融服务的全面智能化升级。

3）风险管理与合规：传统金融在风险管理和合规方面主要依赖于人工审核和监管机构的指导。虽然也建立了相应的风险管理体系，但在面对复杂多变的金融市场时，其响应速度和准确性往往难以保证。智慧金融则通过大数据分析和人工智能技术，实现了对金融风险的实时监控和预警。

4）用户体验与互动：传统金融在用户体验和互动方面相对单一，主要通过线下网点、电话银行等渠道提供服务。虽然也提供了网上银行、手机银行等线上服务渠道，但整体而言，用户体验和互动性仍有待提升。智慧金融则注重提升用户体验和互动性，通过构建智能化的服务平台和生态系统，实现了金融服务的无缝连接和全天候覆盖。

7.3.2 AI 技术在金融服务中的应用

AI 技术正深刻改变着金融业，从基础层到应用层，推动智能化转型。生物识别、计算机视觉等技术提升了安全性和效率。AI 在智能营销、投顾、风控等方面发挥作用，提升了用户体验，降低了运营成本。当前，人工智能在金融服务中的主要应用类型涵盖了智能投顾、智能量化交易、智能客服、金融预测与反欺诈、辅助投资决策以及自动化授信融资等多个方面，如图 7-13 所示。

1. 智能投顾

起源于美国的智能投顾（Robo-Advisor），是基于现代投资组合理论（MPT），融合人工智能与大数据分析技术，根据客户的个人偏好、风险承受能力及预期收益，自动计算并提供个性化的投资组合配置建议。相比传统投顾，智能投顾以其良好的用户体验、较低的准入门槛、较少的人为干预及较低的道德风险，

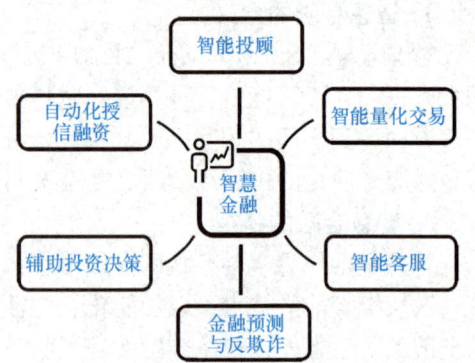

图 7-13 人工智能在金融服务中的主要应用类型

展现出强大的竞争力。然而，其发展也面临监管滞后和恶意推荐等潜在风险。

在国内，蚂蚁金服旗下的"蚂蚁财富"是智能投顾领域的佼佼者。自 2015 年推出以来，蚂蚁财富通过 AI 技术为用户提供个性化的资产配置建议，利用大数据分析和机器学习算法，深入了解用户的财务状况、风险偏好和投资目标，并据此推荐适合的投资组合。通过人工智能技术，不仅降低了个人投资者的理财门槛，还通过算法优化投资组合，帮助用户实现资产的稳健增值。

2. 智能量化交易

量化交易本就依赖于计算机对海量数据的深度分析，以发掘潜在的盈利机会。人工智能的融入，提升了量化交易的技术水平和数据分析能力，使得量化模型更加精准高效，为投资者创造更多价值。

国外方面，Citadel Securities 是智能量化交易领域的代表企业之一。作为华尔街最大的做市商之一，Citadel Securities 利用先进的 AI 技术和高速交易系统，在股票、债券、外汇等多个市场进行高频交易。其量化交易模型能够实时分析市场数据，快速识别交易机会，并以极低的延迟执行交易策略。这种高效的交易方式不仅为 Citadel Securities 带来了丰厚的利润，也推动了整个金融市场交易效率的提升。

3. 智能客服

基于大数据分析、深度学习与自然语言处理技术，智能客服为金融机构与海量用户之间搭建起一座即时沟通的桥梁。这一创新服务模式不仅提高了服务效率，还显著改善了用户体验，成为金融信息服务领域的重要应用。

例如，招商银行将 AI 技术应用于客服领域，推出了"小招机器人"智能客服系统。该系统通过自然语言处理技术，能够准确理解客户的问题，并提供即时的解答和服务，无论是账户查询、转账汇款还是业务咨询，小招机器人都能迅速响应，为客户提供便捷的在线服务。据统计，智能客服系统的应用使得招商银行的客服成本大幅降低，同时客户满意度显著提升。

4. 金融预测与反欺诈

通过对用户信用的精准评估、行为模式的深度预测、风险点的有效规避以及欺诈行为的即时拦截，人工智能显著降低了金融欺诈的风险，保障了金融市场的稳定与健康发展。

例如，PayPal 作为全球领先的在线支付平台，在金融预测与反欺诈方面有着深厚的积

累。PayPal 利用 AI 技术构建了先进的欺诈检测系统，能够实时分析交易数据，识别潜在的欺诈行为。该系统通过机器学习算法不断学习和优化，能够准确判断交易的真实性和合法性，从而有效防止欺诈行为的发生。

5. 辅助投资决策

在投资机构和投行部门，人工智能正逐步承担起资料整理、数据分析及报告撰写等繁重的工作，释放出人力资源以专注于更高层次的决策分析。其强大的数据处理能力，使得投资机构能够更全面、深入地分析市场信息，做出更加精准的投资决策。

例如，腾讯理财通利用 AI 技术为投资者提供辅助投资决策服务。通过收集和分析全球金融市场的数据，腾讯理财通运用机器学习算法挖掘市场规律和趋势，为投资者提供有价值的投资信息和建议。同时，腾讯理财通还根据用户的投资偏好和风险承受能力，为其量身定制个性化的投资方案。这不仅帮助投资者更好地理解市场动态和投资机会，还提高了投资决策的科学性和准确性，为投资者带来了更加稳健的投资回报。

6. 自动化授信融资

传统授信融资过程中，大量的人工审核不仅耗时耗力，还可能因人为因素导致风险增加。人工智能的引入，使得金融机构能够自动评估用户信用，并根据评估结果决定授信额度和检查程序的自动化程度。同时，通过机器学习技术，金融机构还能对借款用户进行实时跟踪监督，有效防范信贷风险。

7.4 AIGC——AI 技术革新创意产业生态

在数字时代的浪潮中，创意产业作为文化与科技融合的前沿阵地，正经历着前所未有的变革。想象一下，一位艺术家借助 AI 技术，在几秒内就能从海量的图像数据中汲取灵感，创作出一幅既充满个性又不失艺术深度的画作；或者，一位编剧利用 AI 辅助系统，迅速构建出复杂而引人入胜的故事情节，大大缩短了创作周期。这些看似科幻的场景，如今正随着 AIGC 技术的兴起而逐渐成为现实。

7.4.1 什么是"AIGC"

1. AIGC 的定义与内涵

AIGC 是人工智能生成内容（Artificial Intelligence Generated Content）的缩写，指利用人工智能技术生成各种形式的内容，包括但不限于文本、图像、音频、视频等。自 2010 年左右开始，研究人员开始尝试使用神经网络来生成图片、音乐等内容。随着生成对抗网络（GAN）、变分自编码器（VAE）等生成模型的提出和不断完善，AIGC 技术逐渐成熟。特别是近年来，基于 Transformer 架构的大型语言模型（如 GPT 系列）的兴起，更是推动了 AIGC 的飞速发展。

AIGC 技术的核心在于通过机器学习、深度学习等算法，对大量数据进行训练和学习，从而具备生成与输入条件或指导相匹配的内容的能力。基于此技术，能够高效地产出高质量、多样化的内容，如引人入胜的文本故事、栩栩如生的图像设计、动人心弦的音频作品以及震撼人心的视频片段，这些内容在创意、风格、细节乃至情感表达上都达到了与人类创作相媲美甚至超越的水平。通过深度学习和大数据分析，AI 系统可以不断从海量数据中汲取灵感，学习并模拟人类的创作思维与过程，从而在内容生成上展现出惊人的创造力和适应性。

2. AIGC 的关键技术

（1）图像生成技术　图像生成技术是计算机视觉领域的一项重要应用，利用先进的计算机算法和模型，从给定的输入数据中自动生成逼真的图像。该技术通过分析海量的图像数据，学习图像的特征、纹理、色彩等规律，进而创造出全新的、高质量的图像内容。在游戏开发、电影特效、虚拟现实等领域，图像生成技术发挥着至关重要的作用，不仅提升了视觉效果的真实度，还极大地丰富了创意表达的可能性。

随着深度学习、生成对抗网络（GAN）等技术的不断发展，图像生成技术已经能够实现从简单图案到复杂场景的自动生成，甚至能够创造出以假乱真的图像作品。这不仅推动了艺术创作的发展，还为医学影像、遥感探测等领域提供了强有力的支持。

（2）动画模拟技术　动画模拟技术是通过数学模型和物理引擎来模拟真实世界中物体的运动和行为。它运用在影视制作、游戏开发、工业设计等多个领域，极大地降低了动画制作的成本和时间，同时提高了动画的真实感和表现力。

动画模拟技术通过精确计算物体的质量、力学属性、环境参数等，能够模拟出物体在不同条件下的运动轨迹、形变效果等。与传统的手工动画制作相比，动画模拟技术不仅提高了效率，还使得动画效果更加自然、逼真。随着计算机技术的不断进步，动画模拟技术正朝着更加精细化、智能化的方向发展，为数字娱乐产业带来更多的创新和突破。

（3）虚拟现实技术　虚拟现实（VR）技术是一种让用户能够身临其境地沉浸在虚拟世界中的交互式体验技术。通过佩戴 VR 头盔、手持控制器等，用户可以进入一个由计算机生成的虚拟环境，在其中进行自由探索、交互操作等。

虚拟现实技术可带来独特的沉浸式体验，在游戏、娱乐、教育、医疗等多个领域展现出巨大的应用潜力。在游戏领域，VR 技术为玩家提供了前所未有的游戏体验；在教育领域，VR 技术则能够帮助学生更加直观地理解抽象概念；在医疗领域，VR 技术则被用于手术模拟、康复训练等方面。

7.4.2　AIGC 技术在创意产业的关键应用场景

随着科技的飞速发展，AIGC 技术正逐步渗透到创意产业的各个领域，成为推动产业创新与发展的重要力量。它不仅提高了创作效率，还丰富了创意表现形式，为用户带来了全新的体验。以下是 AIGC 技术在创意产业中的几个关键应用场景，这些场景之间相互关联，共同展现了 AIGC 技术的应用价值。

1）AIGC+ 影视制作：剧本创作与升级、角色与场景创作、后期制作、宣传发行。
2）AIGC+ 游戏开发：游戏设计与关卡生成、角色行为设计、游戏平衡调整。
3）AIGC+ 新闻媒体：新闻撰写、内容推荐、内容审核。
4）AIGC+ 自媒体：内容创作、数据分析与优化。
5）AIGC+ 智能家居：语音助手、个性化场景设置。

1. AIGC+ 影视行业应用

在影视行业，AIGC 技术展现出了其无与伦比的创造力和实用性。从剧本创作与升级，到角色与场景的细致刻画，再到后期制作的精细调整，AIGC 技术都为影视作品的制作提供了强大的支持。在宣传发行阶段，AIGC 技术还能生成吸引眼球的宣传材料，助力影片获得更多关注。例如，2023 年河南春晚《卯足劲头弄春潮》中的《祥瑞福远》节目，通过 AI 智能绘图和三维制作技术呈现了梦幻般的场景，为观众带来了一场视觉盛宴；再如，快手在 2024 年推出了首部完全由 AI 生成的微短剧《山海奇镜之劈波斩浪》，展示了 AIGC 技术在影视创作中的巨大潜力，显著降低了制作成本并缩短了制作周期。

以下是 AIGC 技术在影视制作各个阶段的具体应用，见表 7-1。

表 7-1　AIGC 技术在影视制作各个阶段的具体应用

阶段	应用场景
前期策划	剧本创作与升级
	角色与场景创作
中期摄制	AI 换脸及换声
	虚拟制片
后期制作	特效处理
	剪辑与配乐
宣传发行	AI 海报制作与预告片剪辑

在前期策划阶段，AIGC 技术为剧本创作提供了强大的辅助，不仅帮助编剧生成创意灵感，构建完整的故事线，还通过数据分析优化剧本结构和拍摄计划。同时，AIGC 技术还能生成角色形象和场景设计，利用虚拟现实技术预览拍摄效果，为导演和美术团队提供直观参考。

在中期摄制阶段，AIGC 技术展现出了其在换脸、换声及虚拟制片方面的独特优势。通过智能算法，可以实现演员面部和声音的精准替换，甚至数字复活已故演员。虚拟制片技术则让实时追踪、抠像和渲染成为可能，极大提升了拍摄效率和画面质量。

在后期制作阶段，AIGC 技术成为特效处理和剪辑配乐的得力助手。它能生成复杂的视觉特效，修复老电影画面，提升画质和色彩效果。同时，还能自动剪辑视频片段，根据影片情感生成或调整配乐，为观众带来更加沉浸式的观影体验。

在宣传发行阶段，AIGC 技术同样发挥着重要作用。它可以快速生成宣传海报，利用智能算法设计出具有吸引力的视觉方案。此外，还能剪辑预告片，精准捕捉影片亮点，提高影片的吸引力和话题性，为影片的成功上映打下坚实基础。

2. AIGC+ 游戏开发应用

在游戏开发领域，AIGC 技术同样展现出了其非凡的创新力与实用性。从游戏概念的萌芽，到角色设计与场景构建的精细打磨，再到游戏逻辑的深度优化与后期调试，AIGC 技术为游戏开发的全过程注入了前所未有的活力与效率。在市场推广环节，AIGC 技术亦能助力生成引人注目的宣传素材，激发玩家的兴趣与期待。

网易等国内游戏巨头在游戏开发领域对 AIGC 技术的应用正不断加速，自 2023 年起，网易在游戏设计中深度整合了 AIGC 技术，为玩家带来了前所未有的游戏体验。2023 年中期，网易旗下的热门手游《逆水寒》率先推出了高智能 NPC（非玩家角色）系统。这些 NPC 不仅拥有复杂的 AI 行为逻辑，能够根据玩家的行为和选择做出智能反应，还能与玩家进行深入的对话和互动,极大地增强了游戏的沉浸感和真实感。同年下半年,网易又在其另一款游戏中引入了 AI 捏脸技术。这项技术允许玩家通过简单的操作,创造出符合自己审美和想象的游戏角色形象。进入 2024 年,网易继续深化 AIGC 技术的应用,不断推出新的创新功能。网易尝试将 AIGC 技术应用于游戏剧情的生成和优化上,通过智能算法分析玩家的游戏行为和反馈数据,动态调整游戏剧情的发展走向和结局设置,为玩家提供更加个性化和定制化的游戏体验。

以下是 AIGC 技术在游戏开发各个阶段的具体应用,见表 7-2。

表 7-2　AIGC 技术在游戏开发各个阶段的具体应用

阶段	应用场景
前期规划	游戏概念与题材生成
	玩家画像与需求分析
中期开发	角色设计与建模
	场景构建与渲染
	游戏逻辑与玩法设计
后期调试	性能优化与 Bug 修复
	玩家测试与反馈分析
市场推广	AI 生成宣传素材
	智能广告投放与数据分析

在前期规划阶段,AIGC 技术能够协助游戏开发者生成独特的游戏概念和题材,同时通过分析玩家数据,精准描绘玩家画像,为游戏设计提供有力依据。

在中期开发阶段,AIGC 技术的优势尤为明显。它不仅能够快速生成多样化的游戏角色和逼真的游戏场景,还能辅助开发者设计复杂的游戏逻辑和玩法。

在后期调试阶段,AIGC 技术同样发挥着重要作用。通过智能算法,AIGC 技术能够快速识别并解决游戏中的性能问题和 Bug(故障),确保游戏运行的稳定性和流畅性。同时,它还能收集并分析玩家测试反馈,为游戏优化提供有力支持。

在市场推广阶段,AIGC 技术能够生成高质量的宣传素材,如游戏预告片、海报等,吸引玩家的眼球。此外,通过智能广告投放和数据分析,AIGC 技术还能帮助开发者精准定位目标玩家群体,提高广告投放的效率和效果,为游戏的成功上市奠定坚实基础。

7.5　职业规划

随着科技的飞速进步,人工智能(AI)已经渗透到人们生活的方方面面,从智能手机到自动驾驶汽车、从智能客服到医疗诊断系统,AI 技术的应用无处不在。这一技术革命不仅极大地改变了人们的生活方式,也深刻地重塑了职业领域,催生了众多新兴职业,同时也对传统职业提出了新的挑战和机遇。

7.5.1 国家政策支持

近年来,随着人工智能技术的迅猛发展,国家层面对于人工智能领域的关注与支持也日益增强。为了推动人工智能产业的快速发展,提升国家在全球竞争中的地位,我国政府相继出台了一系列相关政策,旨在为人工智能技术的研发、应用以及人才培养等方面提供强有力的支持。近年来国家发布了许多支持人工智能发展的政策,无法一一列举,部分政策文件概览,见表 7-3。

表 7-3 近年来国家发布的与人工智能相关的部分政策文件概览

发布时间	制定单位	政策文件名称	主要内容
2017 年	国务院	《新一代人工智能发展规划》	明确了新一代人工智能发展三步走战略目标,将人工智能上升到国家战略层面
2018 年	教育部	《高等学校人工智能创新行动计划》	旨在提升高校人工智能领域科技创新、人才培养和服务国家需求的能力,推动高校加快人工智能领域科技创新
2019 年	国家发展和改革委员会、科学技术部等	《关于促进人工智能和实体经济深度融合的指导意见》	提出了人工智能与实体经济深度融合的重点任务
2022 年	科技部等六部门	《关于加快场景创新以人工智能高水平应用促进经济高质量发展的指导意见》	鼓励在制造、农业等领域挖掘 AI 应用场景,推动 AI 与实体经济融合,为新职业提供广阔应用空间
2022 年	科技部	《关于支持建设新一代人工智能示范应用场景的通知》	启动支持建设新一代人工智能示范应用场景
2023 年	国家互联网信息办公室等七部门	《生成式人工智能服务管理暂行办法》	明确生成式 AI 服务监管原则及要求,鼓励技术创新,为新职业提供法律保障和规范引导
2024 年	工信部等七部门	《关于推动未来产业创新发展的实施意见》	利用 AI 等技术培育高潜能未来产业,推动新职业发展
2024 年	工信部、中央网信办、国家发展改革委、国家标准委	《国家人工智能产业综合标准化体系建设指南(2024 版)》	提出到 2026 年,我国标准与产业科技创新的联动水平持续提升,进一步加强人工智能标准化工作系统谋划,推进人工智能赋能新型工业化

7.5.2 AI 技术领域的岗位概览、开放平台与培训资源

1. AI 技术领域的岗位概览

随着人工智能技术的不断发展和普及,越来越多的企业和行业开始引入人工智能技术,因此人工智能相关的工作岗位需求也在不断增加。高职学生可以通过学习相关课程、参与实践项目和实习等方式,提升自己的专业技能和竞争力,为未来的职业发展打下坚实的基础。针对高职学生,人工智能相关的工作岗位众多,以下为部分岗位概览,见表 7-4。

表 7-4 人工智能部分岗位概览

岗位名称	岗位描述	技能要求
人工智能训练师	负责对人工智能模型进行训练和优化，提高模型性能	熟悉机器学习基本原理，了解常用数据集和标注工具，具备良好的数据分析和处理能力、基本的编程能力（如 Python）
数据标注工程师	对原始数据进行标注，为机器学习模型提供训练数据	细心、耐心，对数据敏感，熟悉标注工具和流程，了解不同领域的数据标注规范
智能终端测试维护工程师	负责智能终端产品的测试和维护工作，确保其稳定运行	熟悉智能终端产品的硬件和软件结构，具备良好的故障排查和解决能力，了解测试方法和工具
人工智能系统集成实施工程师	负责人工智能系统的集成、部署和实施工作	熟悉人工智能系统的架构和组件，具备良好的系统配置和调试能力，了解云计算和大数据技术
智能设备运维实施工程师	负责智能设备的运维工作，包括监控、维护和优化	熟悉智能设备的运行原理和操作流程，具备良好的问题解决能力和应急响应能力，了解网络和安全知识
售前及售后技术服务工程师	为客户提供售前技术支持和售后服务，解决客户问题	具备良好的沟通能力和客户服务意识，熟悉人工智能产品的功能和应用场景，了解常见的技术问题和解决方案
人工智能应用开发工程师	参与人工智能应用系统的开发和实现，如智能客服、智能推荐等	熟练掌握编程语言和开发工具，熟悉人工智能算法和模型，了解前端和后端开发技术

2. 开放平台与培训资源

国内众多科技巨头纷纷推出了自己的开放平台和培训资源，旨在降低 AI 技术的学习门槛，加速 AI 技术的普及与应用。接下来简要介绍国内常用开放平台与培训资源，见表 7-5。

表 7-5 国内常用开放平台与培训资源

序号	企业名称	开放平台与培训资源	网址
1	百度	百度 AI 开放平台	https://ai.baidu.com/
2	阿里巴巴	阿里云	https://ai.aliyun.com/
3	腾讯	腾讯 AI 开放平台	https://ai.qq.com/
4	华为	华为云	https://www.huaweicloud.com
5	京东	京东云	https://www.jdcloud.com/

面对众多的人工智能开放平台，选择一个最适合自己需求与目标的平台显得尤为重要。每个平台都有其独特的优势、丰富的功能以及广泛的应用场景，但如何从中挑选出最适合的一个，就需要根据自身的实际情况综合考量。下面对百度 AI 开放平台、阿里云以及腾讯 AI 开放平台进行简单说明。

（1）百度 AI 开放平台　百度 AI 开放平台是全球领先的人工智能服务平台，为开发者、企业和科研机构提供了全面而强大的 AI 技术支持，同时也为学生提供了丰富的学习资源和工具，具体功能包括以下几个。

1）智能教学辅助：通过人工智能技术，提供智能化的教学辅助工具，如智能题库、智能作文批改、智能教学视频等，帮助学生提高学习效率和成果。

2）个性化学习：利用 AI 技术，根据学生的学习特点和需求，提供个性化的学习内容和学习路径，实现因材施教。

3）AI 开发平台：如 EasyDL 零门槛 AI 开发平台，学生可以在此平台上进行 AI 模型的开发和训练，无需深厚的编程背景即可上手。

4）软硬一体解决方案：提供包括 EdgeBoard 系列 AI 教具在内的软硬一体解决方案，如定制竞速小车、四足型机器狗等，帮助学生通过实践掌握 AI 技术。

5）丰富的案例与资源：平台上有大量的用户案例、行业应用以及丰富的课程资源，学生可以在实际案例中学习 AI 技术的应用。

（2）阿里云　阿里云是阿里巴巴集团旗下的云计算品牌，其 AI 相关服务主要集中在阿里云机器学习平台（PAI）上，是一个集数据处理、建模、离线预测、在线预测为一体的机器学习平台，具体功能如下。

1）一站式 AI 平台：支持数据标注、模型开发、模型训练、模型优化、模型部署以及 AI 运维管控，降低了 AI 应用的门槛。

2）多种计算框架支持：底层支持多种计算框架，包括流式计算框架 Flink、深度学习框架 TensorFlow、PyTorch 等以及 Spark、MapReduce 等主流开源框架。

3）可视化建模：提供可视化建模工具 Designer，用户可以通过拖、拉、拽等方式完成复杂的数据挖掘流程。

4）算法丰富：内置 140 多种优化的算法组件，覆盖特征工程、数据预处理、统计分析、机器学习、深度学习等多个领域。

5）云原生架构：支持云原生架构的 AI 开发、训练和部署，提供全托管、半托管等多种服务形态。

（3）腾讯 AI 开放平台　腾讯 AI 开放平台是腾讯公司面向全球 AI 开发者、企业和科研机构开放的综合性 AI 服务平台，同时智能教育解决方案致力于通过智能化手段提升教学效果，主要功能如下。

1）智能教学辅助工具：提供智能题库、智能批改、智能教学视频等教学辅助工具，帮助教师提高教学效果。

2）个性化学习方案：基于学生的学习行为和学习数据，提供个性化的学习内容和学习路径推荐。

3）学生管理与发展：通过对学生学习行为和学习情况的数据分析，提供智能化的学生管理和学生发展解决方案。

4）在线教育平台支持：为在线教育平台提供智能化的教学辅助工具和个性化学习方案，提升在线教学效果。

5）开放平台与生态：腾讯云智能教育解决方案还提供了开放平台，支持第三方开发者和合作伙伴共同构建教育生态系统。

本章小结

本章深入探讨了 AI 技术在智能制造、智能驾驶、智慧金融及 AIGC 等行业的广泛应用,揭示了 AI 技术如何推动这些行业创新与升级。通过具体案例,展示了 AI 技术如何重塑制造流程、提升驾驶安全、优化金融服务及革新创意产业生态。此外,本章还关注了 AI 技术领域的职业规划,分析了国家政策支持及岗位概览,为读者提供了全面的行业洞察与未来职业发展的指导。

习题

选择题

1. 以下( )不是智能制造的核心要素。
   A. 人工智能技术　　　　　　　　B. 传统手工制造
   C. 数字化转型　　　　　　　　　D. 智能化生产流程
2. "智改数转"主要是指( )的转型。
   A. 从服务业转向制造业　　　　　B. 从人工操作转向智能化和数字化
   C. 从国内市场转向国际市场　　　D. 从大型企业转向小微企业
3. 在智能制造中,人工智能技术主要应用于( )环节。
   A. 产品设计　　B. 纯手工制作　　C. 库存管理　　D. 售后服务
4. 智能驾驶技术主要依靠( )实现自动驾驶。
   A. 5G 通信技术　　B. 人工智能技术　　C. 北斗导航系统　　D. 太阳能技术
5. 智慧金融的核心特点是( )。
   A. 完全依赖人工服务　　　　　　B. 高度依赖人工智能技术
   C. 仅服务于大型企业　　　　　　D. 不涉及数据分析和挖掘
6. 下列( )不是 AIGC 在创意产业中的关键应用场景。
   A. 自动生成艺术作品　　　　　　B. 智能编辑视频内容
   C. 手工绘制插图　　　　　　　　D. 智能音乐创作
7. AI 技术领域的职业规划受( )影响。
   A. 个人兴趣爱好　　　　　　　　B. 国家政策支持
   C. 全球经济形势　　　　　　　　D. 天气预报
8. 在智能驾驶中,AI 技术主要负责( )。
   A. 车辆保养　　　　　　　　　　B. 环境感知与决策
   C. 乘客娱乐服务　　　　　　　　D. 车载冰箱温度调节
9. 智慧金融通过 AI 技术可以优化( )方面的服务。
   A. 人工客服效率　　　　　　　　B. 办公室环境布局
   C. 员工午休时间　　　　　　　　D. 货物运输路线
10. "智改数转"过程中,( )技术起到关键作用。
    A. 区块链　　B. 人工智能　　C. 虚拟现实　　D. 3D 打印

11. 以下（　　）行业最受益于 AIGC 技术的发展。
A. 传统农业　　B. 钢铁冶炼　　C. 广告设计　　D. 食品加工

12. AI 技术在制造业中的应用，最有可能提高（　　）方面的效率。
A. 库存积压处理　　　　　　　B. 产品质量检测
C. 员工午休质量　　　　　　　D. 食堂菜品供应

13. 智慧金融的核心优势是（　　）。
A. 低成本高效率　　　　　　　B. 大量雇佣人工
C. 不需要数据支持　　　　　　D. 仅服务于高净值客户

14. 下列（　　）不是 AI 技术在职业规划中的积极影响。
A. 提供更多就业岗位　　　　　B. 促进跨学科人才发展
C. 降低行业整体薪资水平　　　D. 推动行业创新与升级

参考文献 REFERENCES

［1］姜东洋，刘世兴．人工智能应用基础［M］．北京：机械工业出版社，2023．
［2］胡玲，许维进．人工智能应用基础［M］．北京：中国铁道出版社，2022．
［3］杨洪雪．人工智能应用基础［M］．北京：机械工业出版社，2023．
［4］兰朝凤，柳长源，韩玉兰，等．人工智能应用基础：微课版［M］．北京：电子工业出版社，2023．
［5］刘艳飞，赵清艳．人工智能技术应用基础［M］．西安：西安电子科技大学出版社，2022．